O nó górdio

Carlos Eduardo Leal

O nó górdio

Editor
José Nazar

Companhia de Freud

Editoração Eletrônica
FA - Editoração Eletrônica

Capa
Fatima Agra

Imagem da capa
A virgem – Gustav Klimt

Revisão
Sandra Regina Felgueiras

Editor Responsável
José Nazar

Rio de Janeiro, 2007

CIP-BRASIL. CATALOGAÇÃO NA FONTE
SINDICATO NACIONAL DOS EDITORES DE LIVROS, RJ

L471n

Leal, Carlos Eduardo.
O nó górdio / Carlos Eduardo Leal - Rio de Janeiro : Cia de Freud, 2007

243 p. ; 23 cm

ISBN 978-85-7724-030-2

1. Psicanálise I. Título.

07-2880 CDD-150.195
CDU: 159.964.2

Companhia de Freud
editora

Endereço para Correspondência
Rua Barão de Sertório, 57 – casa
Tel.: (21) 2293-7166 • (21) 2293-9440
Rio Comprido – Rio de Janeiro
e-mail: ciadefreud@ism.com.br
www.ciadefreud.com.br

A morte, afinal, é uma corda que nos amarra as veias.
O nó está lá desde que nascemos. O tempo vai esticando as pontas
da corda, nos estancando pouco a pouco.
Mia Couto

O nó górdio

Quando o homem da Macedônia
Com a sua espada
Cortou o nó, chamaram-no
Naquela noite em
Gordium, "escravo de sua fama"
Pois o nó era
Uma das raras maravilhas do mundo
Obra-prima de um homem cujo cérebro
(O mais intrincado do mundo!) não pudera
Deixar outro testemunho senão
Vinte cordões, emaranhados de modo a
Serem um dia desatados pela mais hábil
Mão do mundo!
A mais hábil depois daquela
Que havia atado o nó.
Ah, o homem
Cuja mão o atou
Planejava desatá-lo, porém
O seu tempo de vida, infelizmente
Foi bastante apenas para atar.
Um segundo bastou
Para cortá-lo.
Daquele que o cortou
Muitos disseram que
Esse fora o seu golpe mais feliz
O mais razoável, o menos nocivo.
Aquele desconhecido não era obrigado
A responder com seu nome
Por sua obra, que era semelhante
A tudo o que é divino
Mas o imbecil que a destruiu
Precisou, como que por ordem superior
Proclamar seu nome e mostrar-se a um continente.

2

Se assim falaram em Gordium, eu digo:
Nem tudo difícil de se fazer é útil, e
É mais raro que baste uma resposta
Para eliminar uma questão do mundo
Que um ato.

Bertolt Brecht

Sumário

Capítulo I
Na cama dos sonhos 13

Capítulo II
Interlúnio I 23

Capítulo III
Alemanha: a arte da paixão e o amor à arte 27

Capítulo IV
Interlúnio II 43

Capítulo V
O encontro 45

Capítulo VI
Interlúnio III 55

Capítulo VII
... e para além 57

Capítulo VIII
Interlúnio IV 71

Capítulo IX
Os olhos estão em jejum quando se abrem de manhã 75

Capítulo X
Interlúnio V 83

Capítulo XI
Domingo com *Marc Chagall* 87

Capítulo XII
Interlúnio VI 99

Capítulo XIII
A cor do prazer 101

Capítulo XIV
Interlúnio VII 111

Capítulo XV
A Documenta: uma mega-exposição de arte 115

Capítulo XVI
Interlúnio VIII 139

Capítulo XVII
O Moskva 143

Capítulo XVIII
Interlúnio IX 149

Capítulo XIX
O dia seguinte 151

Capítulo XX
Interlúnio X 163

Capítulo XXI
M de Miguel 165

Capítulo XXII
Interlúnio XI 177

Capítulo XXIII
M de morte ... 181

Capítulo XXIV
Interlúnio XII ... 189

Capítulo XXV
Depois da morte ... 191

Capítulo XXVI
Interlúnio XIII ... 199

Capítulo XXVII
A sedução perversa ... 201

Capítulo XXVIII
Interlúnio XIV ... 217

Capítulo XXIX
O eterno retorno ... 219

Capítulo XXX
Interlúnio XV ... 225

Capítulo XXXI
A cama desfeita ... 227

Capítulo XXXII
O despertar ... 231

Capítulo XXXIII
Uma gôndola para dois ... 241

Capítulo I

Na cama dos sonhos

Alice acabara de completar 32 anos. Não sabia se sentia mais saudades de sua mãe, que falecera quatro meses antes do seu aniversário, ou de Miguel Balesteros, com quem pretendia se casar caso não houvesse descoberto o que descobrira sobre "aquele cafajeste", como ela passou a chamá-lo. Além disso, a saudade de Karl era contornada pela lembrança de que com ele ela viveu o que poderia ser vivido, com a intensidade da paixão que havia sido possível naquelas circunstâncias.

Acordou angustiada naquela manhã de domingo. Ainda enroscada sob o edredom que o inverno permitia, sentiu-se estranha como jamais havia se sentido em toda a sua vida.

Uma vida um tanto ou quanto desregrada que, após tantos reveses, ela mesma já admitia que em certas ocasiões andara muito *over*, muito além daquilo que deveria fazer se pretendesse dar um curso um pouco mais tranqüilo à sua vida. A verdade é que Alice nunca mediu esforços para tentar ser feliz. Até aí nada demais. Quem é que em algum momento, ou mesmo em vários momentos da sua vida, não deu suas topadas às cegas tentando ser feliz? Fez as viagens que podia e sonhou com aquelas outras que ficaram por fazer. Sempre foi extremamente fiel às suas amigas e *ridiculamente* fiel aos seus namorados. Foi para a Escola Nacional de Belas Artes porque aprendera que a arte imita a vida e, portanto, achara que, através da arte, atravessaria a vida de uma maneira mais ética. Foi fazer Belas Artes porque, enfim, sua mãe sempre a levara aos museus, e percebia desde cedo o gosto pela pintura e pela história da arte correr em suas veias mais do que qualquer outro caminho a ser percorrido. Parecia-lhe o caminho natural entre o olhar da sua mãe e os pincéis carregados de tinta com os quais ela investia furiosamente sobre seus quadros.

Não, não era por falta de talento que ela haveria de reclamar reconhecimento. Aos vinte e seis anos, já havia feito algumas exposições individuais e participado de várias coletivas. Suas obras eram "vigorosas e tristes", como dissera um crítico de arte ao comentar entusiasticamente suas pinturas. Radicalizava entre o surrealismo delirante de um *Dali* e a angústia de um *Munch*. Por vezes seus pincéis eram carregados de tinta e uma espessa massa recobria nervosamente a tela, deixando entrever a densidade noturna de sua vida. Noutras vezes eram as cores fortes em profusão que revelavam atonitamente uma difusão entre figura e fundo que deixava transparecer inconscientemente a interpretação da relação intoxicada com sua mãe.

Mas o problema de Alice, como ela mesma costumava dizer, é que não sabia o que nem quem procurar para ser feliz. Era como se no momento de seu nascimento ela tivesse sido parida no meio de um deserto, na verdade um desterro, e que arrastara pelo resto da sua vida essa sensação de não ter rumo, de não ter um norte, um sentido que lhe orientasse o caminho. É como se tivesse havido uma devastação em terras outrora férteis nas quais só sobrara a aridez para caminhar – sem pontos de fuga ou identificação para seguir um rumo no ser mulher. Gostaria de ter a tenacidade dos Templários em busca do Santo Graal ou de uma guerreira Amazonas, porém sentia-se em constante desânimo. *Sou um desalinho da alma feminina*, filosofava em seus comentários. O naipe de cartas que lhe coubera ao nascer, se por um lado não lhe permitia pedir outras cartas, por outro lado não lhe permitia blefar. A louca busca de ser honesta consigo mesma era um atributo constantemente amaldiçoado por ela. *Todas as vezes em que quis me burlar, caí num vazio no qual só havia espaço para o menos de mim*, comentava nessas ocasiões. Então se deixava levar pela sorte que sua vida lhe permitia e que sua mãe se aguçava em proclamar, ao contrário de tudo o que pensava como sendo bênçãos divinas.

Isso que ela dizia ser sua deambulação pelo mundo causava-lhe transtornos no corpo que iam de uma contundente pressão no peito, passavam pela falta de ar, pelas crises de angústia, sentia-se rejeitada pelo simples desvio do olhar de algum amigo, até dissecar-se em sua pseudomagreza anoréxica. Sua pele alva, lisa, parecia sentir o resfolegar irresoluto de seu corpo e, onde a tez deveria conter luz própria, resplandecia o opaco, a ausência de cor, de vida, de luz. Mesmo assim, era sensual em seu desalinho, em seus longos cabelos negros sempre caídos sobre os olhos castanho-amendoados. Sabia que era pelos homens admirada em relação ao seu corpo e invejada pelas mulheres porque jamais cuidou para que ele tivesse a forma que todas elas se esmeravam para conseguir nas academias. Ela simplesmente era misteriosa em sua beleza, mas isso era insuficiente para fazê-la feliz. Quando muito, situava-se entre a dureza metálica de uma alegria triste e um pôr-de-sol com chuvas.

Mas, naquela manhã de domingo, quando o sol teimava em não aparecer, tudo haveria de se modificar em sua vida. Rolou dengosamente sobre si mesma, a cama a acolhia da vida lá fora, a cama era seu útero materno. Como sentia saudades de sua mãe! Sua única amiga, sua mais doce amargura. Sempre fora dependente dela. As amigas sempre a aconselhavam a buscar sua independência, mas Alice nunca quis saber de sair de perto de sua mãe. *Gostaria de ter nascido xifópaga com minha mãe*, gracejava Alice. Porém todos sabiam da relação doentia entre as duas. Não sabia escolher um vestido, um par de meias ou sapatos sem que pedisse uma opinião para sua mãe. Até onde se sabia, sua mãe não incentivava esse comportamento da filha e até mesmo se impacientava com esse sortilégio que a vida lhe trouxera, uma filha que a sufocava com sua extrema dependência. Quem sufocava quem afinal? Tudo era cinza, cor sombria nuclear daquela relação. Um incesto de idéias, uma camada fina e corriqueira da alergia necessária entre aquelas peles. Medo e desmando: desde os primeiros banhos até o dar-se conta do incômodo do vestido de linho das missas de domingo.

Da vida se antecipa o inverso: que a mãe com sua sombra faça penumbra sobre a vida da filha. Alice, que perdera o pai muito cedo, aprendera que para sobreviver deveria nutrir-se do mundo através da mãe como num elo que jamais deveria se romper. Muito nova, após a morte do seu pai, chegou a proferir uma das frases mais tristes já entreouvidas: *E agora? Como é que eu vou crescer se meu pai não estará mais aqui para me ver?* Se ela, por um lado, teve que crescer apesar da morte do pai, por outro, ela manteve uma relação de extrema dependência em relação à sua mãe.

O que era de se espantar é que entre as duas haviam pouquíssimas discussões e brigas, ou, quando existiam, eram rapidamente contornadas, principalmente por parte da filha, que vivia esses momentos como uma interminável agonia. Ela simplesmente sempre evitou o atrito comum das gerações. Do acordo ou do arranjo que elas haviam feito nunca se soube, mas o resultado de certa maneira parecia beneficiar mais a filha do que a mãe. Essa indústria de beneficiamento tinha como final, em sua linha de produção, uma variável enorme de sintomas que atavicamente iam se amontoando uns sobre os outros. Talvez a mãe de Alice devesse ser mais enérgica, talvez menos tolerante. Ah, o limite. Naquela casa o limite tinha o estranho nome de amor. O paradoxo mais gritante é que em nome dele tudo deveria ser possível entre as duas. Um incesto sem o ato, uma violação sem uma transposição de fronteiras simplesmente porque elas não existiam. O amor, o pecado maior de existir sem fronteiras. No lugar do limite, uma angústia incessante, no lugar do afeto, (ran)cores espatifavam-se pelas telas em (desa)linho. Duas vidas em desalinho, estonteadas pelo silêncio, insuportável silêncio que gritava em cada uma delas. Era silêncio de nada, pois ele estava ali. Cumpria a sua função de morte, ou pior, de não-vida, perante o vazio que açoitava aquelas paredes timidamente pintadas de azul. As noites eram ensurdecedoras como gafanhotos a ralhar sobre os olhos das crianças. Caíam negras, profundas, facas silentes como o verbo por vir. O veludo do amanhecer era o que não havia por existir. Calava-se o amanhã: distante era uma palavra infinita para o efêmero hoje.

O fato é que agora Alice estava sozinha e com ela advinha uma sensação inebriante, uma onda sufocante que mesclava a vileza da angústia com o êxtase do gozo místico. Algo muito indefinido que basculava entre a sensação de estar dentro de um cilindro de aço fechado – era a angústia – e a proteção irradiante do colo materno – era o gozo místico. Beatificação antecipada na qual a criatura, ao recriar o Criador, abria suas asas sobre o indissolúvel eterno retorno do mito feminino. O que teria sido a sua vida até aquele momento? O que teria sido ser uma mulher à busca de um sentido sobre sua existência se o nada como resposta cortava a garganta das suas inquietações.

Encolheu as pernas em posição fetal. Um arfar pesado, taquicárdico, ressoava descompassado em seu peito. *Essa multidão de ninguéns*, como costumava dizer, parecia rondá-la novamente. Novamente o peito a pesar-lhe os dias. Novamente aquela sensação dolorosa do ar por respirar, e a vida por não encontrar a tonalidade adequada. Pronto. Estava desbotada. Era a certeza sórdida de seu término antes do fim, como um mar revolto que lambe a areia com a promessa de retornar ainda mais violento. Explodir em suas veias, reclamar a indelicadeza da vida. Era isso. A vida anoitece assim.

Sempre se achou descontínua, intervalada. Estava sempre entre duas coisas que não sabia definir como eram. Entre a sensação iminente do tombo na escada e a possibilidade arfante de deixar de ser apenas uma menina. Tornar-se mulher. Encantar-se com este intruso momento de despedir-se de algo que ainda não sabia o que era. Então, como largar algo que ela ainda nem descobrira? Como ser outra de si mesma se nem ela conseguia saber um pouco de sua habitual magreza? Como erradicar a infância se mal teria tido tempo de saber o que era brincar! Aliás, o que a vida fazia dela senão uma brincadeira de mau gosto, arrancando-lhe o pai ainda na manhã da sua vida? Era como se a cada manhã precisasse se reconstruir, novamente era como se a cada manhã precisasse se recriar ao infinito, era ainda como se a cada manhã ela precisasse, num extremo esforço, como num imenso *puzzle*, ir juntando suas partes do quebra-cabeças que era sua vida. Havia angústia nesse movimento, mas era de onde sentia surgir o espiral da criação para desenvolver cotidianamente sua arte. Assim, sua continuidade dependia cada vez mais da sua descontinuidade. Será que ser mulher implicaria deixar de ter esse sorriso tímido para a vida? Poderia se aliviar a tempo do tributo da incerteza?

Este movimento atonal de desfazer-se sempre foi corriqueiro em sua vida. Desde criança ela tinha essa sensação de não ser, ou melhor, de ser *mimesis*. Quando ouviu essa palavra pela primeira vez, Alice a confundiu com mimada. Achou que uma palavra fosse a outra e assim brincava solitariamente de ser mimada em sua *mimesis* como sentira ser de sua mãe, mas depois foi elaborando outros objetos que ela chamava objetos-mãezinha-*mimesis*. Outra variação que ela fazia era para os objetos-mãezinha-mimada. Sempre gostou de mimar sua mãe. Achava-a frágil e insegura. A morte de seu pai havia deixado sua mãe extremamente abalada. Ela sabia disso e tentava em seus esforços suprir a falta dele, colocando-se imediatamente à disposição da mãe sempre que ela percebia algo diferente no semblante materno. Nem sempre a tristeza de sua mãe era por causa da viuvez, mas foi assim que Alice sempre interpretou a ausência do seu pai no coração de sua mãe. Um hiato que não deveria existir, uma falta que ela teria que preencher a todo custo.

Desde pequena, Alice aprendera que deveria ser adulta para acompanhar sua mãe. Com isso queimou etapas em seu desenvolvimento infantil. Também por isso, transformou suas bonecas em *Barbies*-mãe-*mimesis*, *Minie*-mãezinha, *Andarella*-mimada, *Suzie*-mamãezinha, etc. Tal era sua criatividade para colocar nomes em suas bonecas que uma tia chegou a dizer para ela fazer um dicionário só para suas invencionices. Alice pouco parecia se importar se troçavam dela ou não. Ela levava muito a sério sua tarefa de nomear seus objetos e bonecas. Talvez seu ar soturno adviesse desse extremo rigor em ser-para-sua-mãe, posição na vida que futuramente se transporia para seus quadros. O sentimento que sempre a perseguia era um só, o da rejeição; embora verdadeiramente ela nunca sentisse que tivesse sido rejeitada por sua mãe, a morte de seu pai sempre produziu nela um profundo desamparo, e era sob essa rubrica do desamparo que ela fazia seu estilo em seus quadros. A diferença entre o sentimento de nunca ter sido rejeitada por sua mãe e o que de fato acontecia só podia ser fruto da ilusão de quem não conseguiria se haver com outra perda. De certa forma, a vida a rejeitara ao levar prematuramente seu pai; portanto, a morte de seu pai acabou por retirar prematuramente uma parte da sua vida. Não suportaria ter a vida inteira decepada pela constatação da indiferença de Elza. Verdade ou mentira? Era certo que preferiria não saber. Viver é também esquecer-se das vírgulas e das dobras das esquinas.

Quis levantar da cama e não encontrou forças. Uma apatia desfalecente parecia consumir suas eternidades mais particulares. Seu olhar, sempre pronto a encontrar um ponto de fuga no qual garimpar suas tintas, parecia acotovelar-se em suas enormes olheiras. *Estou deambulando com minha alma*, sussurrou em voz rouca. Estava sozinha. Estava ridiculamente sozinha em seu mundo e era como se sua cama não lhe coubesse, era como se o quarto se estreitasse, era como se a vida estivesse a ponto de abortá-la. Sentiu a angústia comprimir seu peito. Parecia envergonhada por estar tão só. Seus hormônios pareciam estar em ebulição, mas não estava para ficar menstruada. Procurou um termômetro: febre não tinha.

Agora ela podia localizar. A dor tinha endereço certo. Na região do umbigo. Umas dores fortes, agudas, uma pontada: uma não, várias, alucinantes. Ela rolava em cólicas pela cama. Procurou um ponstan, mas sabia que não eram cólicas menstruais. Assim mesmo tomou. Após três quartos de hora não havia efeito nenhum do remédio. A dor aumentava. Era como se algo fosse sair de sua barriga. Pensou em gravidez, porém Miguel havia "morrido" para ela junto com sua mãe e, desde então, nunca mais tivera outra relação sexual. E, mesmo se fosse gravidez, não haveria de sentir aquela dor desesperada no umbigo. Tomou outro analgésico. Agora já eram quase onze horas da manhã e já havia se passado mais de uma hora desde o último ponstan. Lentamente, como que pressentindo o pior, levantou a blusa e passou cuidadosamente a mão pelos seios túrgidos, depois pela barriga, até chegar ao umbigo, antigo elo perdido de sua cadeia vital.

Sentiu pela primeira vez uma *protuberância*, como ela mesma descreveu. Uma incômoda e desnecessária protuberância parecia se formar por dentro do seu umbigo. Aquilo que era a angústia começou a se transformar em desespero. *Estou com câncer*! Era um tumor. Ela agora tinha certeza disso. Certeza apavorante que ao eliminar a dúvida aniquila, nestes casos, a esperança. Contrita, arrependia-se culposa por algum pecado que não sabia bem qual era, ao mesmo tempo que rogava uma caridade que a vida poderia naquele momento lhe dar. Mas a caridade não vinha, nunca tinha vindo.

A vida parecia não perdoar sua existência. Ela teria vindo fora de lugar, fora de hora, não a tempo de o mundo abrir um espaço para ela. Então, chorava um choro seco, sem lágrimas, uns soluços amargos, desavisados, resfolegados. Foi assim que naquela manhã, pela primeira vez, ela riu. Riu um riso doído, *choraminguado,* deitada que estava em sua melancolia, em sua condição de quase extinção. *Estou morrendo! Vou enfim, encontrar minha mãezinha! Estou morrendo!* Ria apavorada em seus cabelos desgrenhados como que querendo encobrir a realidade do passo incerto do futuro que agora teimava em se descortinar para ela. Lembrou da letra da música da Adriana Calcanhoto que dizia "estou em milhares de cacos, eu estou ao meio", porque era exatamente assim que estava se sentindo. No meio de um caos atemporal. Na surdina da encosta de um precipício, no qual seu corpo todo era um nada a resfolegar. Atônita, ela franzia seu semblante, tentando encontrar, às apalpadelas, a saída dessa neblina espessa.

Mas, se de arte entendia muito, do seu corpo ela era iletrada. O corpo fazia parte do seu quinhão de não-reconhecimento de si própria. O virtuosismo de sua arte contrastava fortemente com o não-saber que recaía sobre sua condição feminina. Além do que, não possuía nenhum saber médico. Até mesmo a perfumaria farmacêutica, que ia do *shampoo* ao analgésico comprado sem receita, era de seu desconhecimento, ou melhor, sua mãe se encarregava de comprar. Seu diagnóstico ainda estava por vir. E, sem dúvida, seria muito mais espantoso e desconcertante do que aquilo que aparentemente se prenunciara.

Sou um corpo largado ao vento, sentenciou. *Um tumor corrói minhas entranhas e minha hora apenas teima por não vir. Então, vou fazer minha hora. É isso! Vou antecipá-la! Vou morrer eu mesma! Não vou esperar que o câncer me mate! Vou me matar antes! Será minha vingança contra o destino. Darei cabo dele antes que ele dê cabo de mim.* E, chorando, riu angustiada do que acabara de pensar. Um calafrio percorreu-lhe a espinha. *Ai, meu Deus! Deve ser a morte. Tenho que partir antes que ela me alcance.* E ali iniciou um diálogo surdo contra a morte. *Já sei, já sei,* gritou silenciosa e exultante. *Farei como no filme "O sétimo selo" de Ingmar Bergman. Jogarei xadrez com a morte e o vencedor leva minha vida. Não me deixarei mais me arrastar pelo desconhecido.* Ah, se ela soubesse contra o que teria que lutar, jamais teria pronunciado tal frase... *Serei forte e a natureza da minha força virá exatamente da minha doença.* Mas era uma doença? Afinal, do que Alice sofria?

Quando adolescente, achava-se sem graça. Tinha as pernas mais finas do que gostaria, o peito que teimava em não crescer era só o demoramento do que ela não sabia. Os olhos rasgados, o rosto afinado, os cabelos negros, o nariz afilado e umas sardas sobre sua pele clara compunham um tipo exótico que na adolescência pode passar por uma beleza discutível. Os meninos gostavam, sua mãe se envaidecia da beleza da filha, mas ela... ela achava aquilo tudo desproporcional, fora do lugar. Quando "ficou" pela primeira vez com um menino, foi muito mais por não ter saída devido à insistência dele do que propriamente por algo que ela tivesse sentido por ele.

Tinha então dezesseis para dezessete anos. Entretanto, nessa altura da vida, já possuía um domínio dos pincéis na mistura equilibrada das cores que prenunciavam a futura artista. Aos trinta e um anos, ganhou uma bolsa de estudos e por seis meses foi morar em Kassel, na Alemanha. Seu sucesso foi tamanho que prorrogaram sua bolsa por mais oito meses e acabou expondo na Documenta de Kassel, uma das maiores exposições de arte contemporânea. Ganhou uma menção honrosa para "artista estrangeira convidada". Mas foi justamente nessa época que Alice desenvolveu um ciúme doentio da mãe. Alice havia condicionado sua permanência por oito meses em Kassel a que sua mãe pudesse permanecer com ela. Como Elza havia acumulado um período razoável de licença-prêmio, achou que era hora de conhecer a Europa e ficar, por que não, um pouco mais próxima da filha. Alice haveria de detestar para o resto da sua vida tanto a idéia de permanecer por mais quatro meses, mesmo que isso lhe custasse o prêmio conquistado, quanto a vinda de sua mãe para visitá-la.

Alice era muito rígida em relação ao seu amor filial. Era, digamos, como uma madeira que vai se quebrar ao vento. Melhor se ela fosse um junco chinês que se verga com o temporal, mas não se quebra. Sua fragilidade era, portanto, sua rigidez e sua rigidez consistia em seu amor/dedicação em desmesura pela mãe. Em contrapartida, Elza era frágil como um papel de arroz em noite de chuva forte. Assim, Alice teve que se tornar adulta e forte muito cedo, muito nova, devido à infantilidade de sua mãe. Ter tido uma mãe assim tão pueril provocou em Alice, desde tenra infância, crises de irritabilidade das quais nunca soube qual era o verdadeiro motivo. Mas agora que sabia estava sozinha. Agora que sabia era tarde demais para qualquer retrocesso. Porém a fragilidade de Elza era o tempero certo para a tirania da vítima. Do alto de sua maternidade, fustigava em Alice o doce veneno de sua esqualidez. Quanto mais Alice se desfazia em mesuras, mais Elza tornava-se exigente e insatisfeita. Buraco sem fundo era aquele ventre oco.

Encolhida na cama de suas memórias, no resfolegar de seus pensamentos, na dor incontida que a dilacerava, guardava para si, tal como uma relíquia, o atavismo da saudade materna. Talvez em seu íntimo, muito além do feminino, que nela era sinônimo de escassez, ela quisesse morrer do mesmo câncer de que sua mãe havia morrido. Tudo começou com um câncer de "mama"; sua mãe fez uma mastectomia, mas que teve uma recidiva dois anos depois, que se tornou fatal em sua metástase devastadora.

Capítulo II

Interlúnio I

Estou desabitada de mim mesma. Procuro, procuro, nua, num abismo-inverno sem chance de chegar ao meu íntimo. Interior mais exterior de mim mesma. Contra espanto, pensamento lacrimoso, minha avó me ensinou a cantarolar assim:

Céu sem lua
Noite sem rimas
Sem ser sua
Beijo estrelinhas.

Sou tão bela
Sou tão menina
Sou de dar nó na vista
Mas isto não se ensina.

De nada me adiantaram essas rimas extemporâneas. Da minha avó só lembro da voz melodiosa e de um contorno fraco de seu rosto pálido. Ou pálidas são as minhas lembranças. Não sei bem. Tudo me chega tão vazio que esse tudo soa para mim como um nada. Insolúvel. Tudo pode caber dentro de um copo. Toda minha imaginação e mais você, e Deus se eu também quiser. Não duvide de mim. Minha imaginação, que sempre foi tão fértil, agora nada quase afogada de destemperos. Correr sempre foi para mim uma ventilação de esperanças. Ainda menina, gostava de descer a rampa por detrás da minha casa aos gritos para contracenar com o ar que vinha nu em minha direção. Eu gostava de brincar com as coisas insolúveis ou que fizessem escala no amanhã. O ar era para mim um desses mistérios. Como é que eu podia sentir o que não via? Isso era o prenúncio do que chamam de amor? Fazia tempo que eu construía castelos, príncipes de cabelos azuis – sempre gostei de inventar cores onde elas não eram esperadas –, olhos de cores diferentes que mudavam de tonalidade de acordo com a emoção que eu-ele sentíamos. Seus braços fortes podiam ir em qualquer direção e alcançar qualquer coisa por detrás da mais alta montanha. Ah, as paisagens, um detalhe à parte: montanhas moles, vermelhas de sangue raivoso – sempre fui muito raivosa por dentro de mim mesma –, contrastavam com planícies que se interrompiam sem a menor licença. Sentada diante do meu sonho, não economizava pedaços da cama por onde minhas aquarelas iriam construir areias movediças, sapos e rainhas más. Nada fugia ao meu controle. Nesse momento mágico, só meu, eu me vestia de invisível para chegar onde nenhum outro ser humano tinha chegado. Onde? Nunca soube direito, mas adorava provocar mistérios. Davam-me calafrios na minha espinha, escapavam por detrás dos meus cabelos, semicerrando os olhos. Descobrir o mundo não era tarefa das mais fáceis. Era preciso uma boa dose de coragem que eu não tinha. Mas eu ia. Sozinha. Triturava os ponteiros do relógio na esperança de não ouvir mais os tique-taques zombeteando por cima dos meus ouvidos. Aquilo de acordar para o mundo era coisa de gente que sabia a rua a tomar quando raiava o dia. Lembro das noites insones quando eu fazia véspera de mim mesma e me deixava levar pelo rufar de um tambor que só muito mais tarde fui saber que era o transformador diante da minha janela. Nessas noites sem lua, adorava inventar histórias. Criava personagens para me fazer companhia ou então eram seres fantásticos para me assombrar. Havia a história de uma pérola que queria ser descoberta, mas ninguém chegava perto da ostra que a continha. Então, a pérola crescia, crescia, crescia tanto que explodia a ostra. E era uma pérola tão grande que os navegadores olhavam para ela e pensavam que havia um sol também no fundo do mar. O capitão Zeus organizava excursões de mergulho para tentar alcançá-la, mas ela estava sempre num lugar tão abissal que eles não conseguiam chegar nem na metade do caminho. Uma outra versão é que o brilho dela era tão intenso que cegava os mergulhadores e eles se perdiam para sempre no oceano das paixões. Não sei por que, mas o

Netuno não entrava nessa história. Talvez naquela época eu não soubesse da existência dele. Uma outra história que gostava de inventar era com seres imaginários que ganhavam vida após um sopro misterioso. Eu e essa história de vento de novo. Talvez houvesse escutado sobre o sopro de Deus que Michelangelo pintou no centro da capela Cistina. Com um sopro ele criou o homem. Então, por que eu não poderia também criá-lo? Assim, soprava sobre o meu abajur e ele ganhava vida. Saía iluminando tudo que via pela frente e as coisas que ele iluminava acabavam tendo luz própria também. Tudo que estava no meu quarto possuía, com maior ou menor intensidade, sua luz própria. Essa história era muito boa porque eu poderia adaptá-la para o que estivesse ao meu redor. É claro que havia os personagens fixos; aliás, sempre começava acendendo o abajur. Depois ia dando vida a tudo que estava ali. Cada um tinha uma função própria assim como também um timbre de voz característico. O lápis tinha uma voz metálica e esguichada como uma ducha fria. Ele estava sempre em briga com a D. Tremetinta, a borracha, que tinha uma voz pastosa como uma manteiga. A cortina, balançando na janela entreaberta, era o meu vestido, com o qual eu saía para voar. Descobri sozinha, e quase que por acaso, que se colocasse um papel translúcido e colorido diante da luz eu poderia colorir o meu vestido-cortina da cor que quisesse. Sair voando era a minha especialidade. Tinha, é verdade, grande dificuldade de voltar para mim mesma. Saía voando e acabava gostando muito mais de ser bruxa ou fada do que daquele corpo bambu que eu era. Certa noite tive medo de não voltar para o meu corpo. Fiquei apavorada, pois não me via mais. Foi numa noite em que houve falta de luz. Eu não me dera por vencida e usei de toda a minha força imaginativa para acender meus "amigos" e saí voando. Depois não me achava mais. Na verdade não queria me achar. Não queria mais saber de mim mesma e nem do meu corpo. Custei a achá-los. Fiquei triste e resignada por ter que aceitar que ali estava eu. E só. Era só isso. Sem nenhum outro adorno. Por isso, talvez, tenha decidido ser artista.

Capítulo III

Alemanha: a arte da paixão e o amor à arte

Mas em Kassel tudo tinha sido diferente, muito novo, *extremamente estranho*, como ela se referia à sua estadia na Alemanha. Na terceira noite em que saíram juntas, Elza conheceu Ravi Ahmad Moustapha, um escritor indiano que estudava literatura hindu-germânica na Universidade de Kassel. Elza logo percebeu que Ravi não era um homem como os outros. Alto, magro, *muito ossudo*, pele morena de uma cor que só os indianos possuem; os olhos muito negros luziam um brilho que ela jamais vira igual. Mãos longas, mas extremamente gentis ao abaixar para pegar sua bolsa que desastrosamente havia deixado cair assim que se encontrara com ele dentro do café superlotado.

Um grupo de músicos atacava o melhor do jazz de Chet Baker, Duke Ellington, Telonius Monk e Herbie Hancok. Os olhares se atravessaram entre a suave penumbra e a cortina de fumaça que o bar exalava. Juntamente com o olhar veio o sorriso denunciador do que estaria por vir. Alice, que estivera sempre ao lado da mãe desde que entraram no bar, percebeu os olhares amantes e, sem poder contê-los, congelou, furiosa, o seu pelo resto daquela noite. Elza, fascinada que estava por Ravi, não deu muita importância, ou, pelo calor do encontro, não percebeu o quanto Alice havia ficado triste ao ser *preterida mais uma vez em minha vida. Trago minha mãe para cá não só para me fazer companhia, mas para que ela possa conhecer a Europa, se divertir comigo, pago sua passagem, suas despesas aqui, e agora vou ter que continuar pagando para estar sozinha.*

O ciúme doentio que sentia com certeza tinha muito a ver com sua insegurança pessoal. Sem ancoragem no suporte que imaginava que seu pai deveria ter lhe dado, a carência paterna era um fardo difícil de ser suportado. Mas, se eram só ela e sua mãe, de quem sentia ciúmes? A resposta vinha quase que de pronto em sua mente. A possibilidade do outro, da intrusão de qualquer outro naquela relação simbiótica dava-lhe a desagradável sensação de perda, perda de seu objeto mais precioso: sua mãe. *Meu ciúme desvairado*, refletia Alice, *é o medo do estrangeiro. Medo do outro. Do estranho estrangeiro que possa surpreender nossas vidas, exilar-nos para o perigoso campo do desassossego. Retirar-nos da tranqüilidade vivida em nossa casa e desterrar-nos para uma região perigosamente minada, contaminada pelo outro*. Por isso, ela própria se surpreendeu quando aceitou o convite para ir para a Alemanha. Surpresa que ela tentou reformular quando viu a possibilidade de levar sua mãe para morar com ela durante o tempo de sua permanência em Kassel. Quando sentia ciúmes, costumava declarar francamente sua guerra contra o inimigo, embora essa atitude fosse uma defesa contra o sentimento de abandono que previamente sentia. O abandono sempre lhe fora uma ameaça que poderia vir de qualquer direção. Por isso, nunca pôde baixar a guarda, nunca pôde sair da sua posição de sentinela. Seus olhos estavam sempre à espreita em relação à chegada do "inimigo". E "ele" agora chegara. Vinha em hora errada, vinha inconvenientemente. Vinha sem a sua permissão. Mas, por acaso, será que alguma vez ela teria permitido? Os céus e as estrelas são testemunhas de que não. Ela jamais teria aprovado uma outra relação de sua mãe, embora ela já tivesse tido outras relações; algumas, é claro, que não chegaram ao conhecimento da filha.

Alice percebia o quanto estava sendo egoísta, invejosa não, mas suficientemente ciumenta. Porém seu amor desmesurado por sua mãe a impedia de pensar diferente. *Sou grotesca, mesquinha e individualista. Sou uma revolta dentro de mim mesma, um desalinho em minha alma, mas foi assim que me fizeram e foi assim que me fiz em minha vida*, suspirava, pensando. Gostaria de que seus pensamentos fossem mais ruidosos, altos o suficiente para que sua mãe os escutasse. Gostaria de que seu corpo de mulher clamasse mais vezes por um homem, porém seus relacionamentos sempre foram marcados por uma *dolorosa insatisfação*. Então, seu corpo se debulhava juntamente com as tintas sobre suas telas a ponto de arrancar dessa relação um gozo, um êxtase que, com os homens, era só a promessa, mas nunca a realização.

Novamente o desconforto: a cama, antes aconchegante, parecia uma colcha de retalhos, só que era ela que estava retalhada em sua dor. O inevitável confronto cotidiano com a morte; a dor triste era, nesse caso, um outro nome para o prenúncio da morte. Tentou resgatar um esquecido *Pai nosso que estás nos céus*, mas tropeçou engasgada várias vezes em sua dor. Novamente levantou com cuidado a blusa, lembrou das mãos delicadas de Ravi, sentiu atração e repulsa, mas continuou deslizando sobre sua pele até chegar ao umbigo. Rodeou-o com sofreguidão e angústia. Mal podia encostar sua mão naquela antiga ligação materna. Se sofrer era isso, então ela acabara de nomeá-lo como sendo o auge, o clímax, e nada mais poderia haver na terra que causasse mais desconforto do que a insciência daquela dor. *Que outro mundo poderia haver no qual a dor pudesse não mais existir? Qual a razão dessa desumanidade? Por que alocar a dor em minhas entranhas, em meu ventre seco, se meu sexo explode coxas abaixo da volúpia por vir? Meus seios clamam por carícias, clamam por uma fertilidade que só a nós, mulheres, é facultada, clamam porque eu poderia sentir, mas sou privada.* Alice pôs-se chorosamente a rir da *privada* com a qual ela se defrontara em seus pensamentos. *Sou mesmo assim: a latrina das sensações deambulantes do universo. Eureca! quando melhorar vou pintar essa minha frase*! exclamou. E ficou repetindo meio que a esmo a mesma frase até quase adormecer: *A latrina das sensações deambulantes do universo, a latrina das sensações deambulantes do universo...*

No pequeníssimo apartamento ao lado da Universidade de Kassel mal cabiam as telas de Alice. Com calefação em todos os ambientes, Alice pensara ao chegar que, de tão pequeno, poderia ter apenas um aquecedor central que seria suficiente para todo o apartamento. Era um pequeno complexo de apartamentos destinado a estudantes, na sua maioria estrangeiros que, tal como Alice, haviam se beneficiado de alguma bolsa de estudos. Esses apartamentos pertenciam à própria Universidade. Eram ao todo quarenta apartamentos de tijolos aparentes e postos num semicírculo bem fechado de modo que o último quase que se reencontrava com o primeiro. Eram construções pequenas, dispostas em dois andares. Uma escada lateral em caracol dava acesso aos apartamentos de cima. Em frente a esse meio círculo havia uma pequena praça arborizada de ciprestes com quatro bancos dispostos de frente um para o outro, dois a dois. Um longo caminho de pedras serpenteava pela grama, ladeado de ciprestes, até desembocar no imponente e antigo prédio principal da universidade. O que o apartamento tinha de melhor era uma enorme janela na sala que dava para a pequena praça arborizada. Embora pequeno, Alice arrumara de um jeito que ficasse com sua cara, ou melhor, que lembrasse algo do seu ateliê. Tinha ficado aconchegante. A sala era boa, com dois sofás de dois lugares dispostos frente a frente, uma pequena mesa de centro que indubitavelmente era dos anos cinqüenta, seus pés palitos a denunciavam, uma mesa de quatro lugares dividia a passagem para um pequeno hall que iria dar no banheiro, na cozinha e no único quarto com duas camas, uma pequena penteadeira de um lado e um armário. A funcionalidade do apartamento era para que o aluno pudesse se dedicar integralmente aos seus estudos. Louças, talheres, roupa de cama, toalhas, tudo estava lá. Quando chegou, Alice teve que preencher apenas um formulário, que na verdade era um pequeno inventário de tudo que havia dentro do apartamento, o qual deveria ser devolvido à mesma funcionária da universidade quando ela fosse embora. Era a única exigência feita a ela.

No mais, era assistir a um curso de história da arte e freqüentar dois ateliês de artes plásticas, atividades que Alice sempre realizou com muito sucesso e enorme prazer. No dia seguinte de sua chegada a Kassel, Alice comprara no mercado das pulgas duas ótimas aquarelas de paisagens rupestres que ela pendurou uma no quarto e outra na sala. Fez das idas ao mercado das pulgas um hábito dominical como quem vai à igreja. Foi lá que conheceu Erika Friede, que, apesar do sobrenome gelado, tornou-se sua melhor amiga. Erika vendia objetos de arte antigos. É verdade que não chegava a ser um verdadeiro antiquário, pois sempre se duvida do "envelhecimento" das peças em exposição. Porém Alice logo percebeu que Erika era uma grande conhecedora de história da arte e conhecia profundamente cada detalhe da história do objeto que ela vendia. Por isso ela nunca quis ter muitas variedades, mas o que vendia era de extremo bom gosto e tinha lá sua marca de raridade condizente com o alto preço das suas mercadorias. A grande afinidade entre as duas era devida ao fato de que Erika também havia cursado a disciplina de história da arte que ela agora freqüentava.

Erika tinha 48 anos, duas filhas adolescentes, Frida, em homenagem a Frida Kahlo, de 17 anos, e Marlene, nome escolhido por Karl, que adorava Marlene Dietrich, de 15 anos. Seu marido, Karl Lieben Friede, 52 anos, era um alemão incomum não em seu tipo físico, mas em seus pensamentos, pois sua sentimentalidade se assemelhava muito mais a uma alma latina do que germânica. Ele estudou arquitetura na Itália, fascinado que era não tanto pelo movimento deflagrado pela *Bauhaus,* mas pelos arquitetos da renascença italiana, porém se tornou um *virtuose* no artesanato em madeira.

Alice havia se apaixonado por uns totens enormes que mais se pareciam com as carrancas do São Francisco. Porém o maior sustento de Karl provinha de sua pequena fábrica de brinquedos em madeira. Erika o chamava carinhosamente de Gepeto. Qual a mentira que ele carregava em seu foro mais íntimo? É a de que era um homem feliz. *Ter tido um pai e um tio que eram comandantes da SS me tornou um homem infeliz. Para tentar apagar essa marca brutal, vivo a fazer brinquedos para que as crianças possam rir. Eu nunca pude*, lamentava Karl.

Ele era um bom homem, mas invalidado pela história pregressa de seus antepassados. Essa herança maldita que carregava fazia de Karl um homem taciturno, mas ao mesmo tempo extremamente terno e generoso, que parecia querer culposamente se redimir diante da sua história. Seu pai, fervoroso adepto do nacional-socialismo, vivia a bradar a glória que era para a nação alemã o surgimento do Führer. Ouvira em criança seu pai tentar doutriná-lo a respeito do quanto a juventude iria se beneficiar com seus incontáveis feitos, colocando uma certa voz impostada, da qual Karl sentia profunda aversão, ao falar da supremacia da raça ariana por surgir no horizonte da nova Alemanha. Desde então, desde pequeno, ele nunca soube bem o porquê, mas agora ele sabia muito bem que aquelas conversas que seu pai tinha com ele eram a sombra do mal que recaía sobre sua alma sensível. Tal como a pesada neve que caía fazendo adormecer as plantas por uma estação inteira, assim foram as palavras de seu pai, que o anestesiaram até que o inverno paterno se descongelasse em sua vida, em sua alma, em sua mente, em suas sentimentalidades. Na verdade, o calor que degelou a geleira que havia dentro dele se chamava Erika, ou melhor, o amor que ele nutriu por ela desde o tempo em que, ainda adolescentes, se cruzaram pela primeira vez em Düsseldorf, numa manifestação contra as armas nucleares.

O brilho nos olhos de Erika, sua revolta faiscante a favor da não-proliferação das usinas nucleares, teve um efeito sobre Karl que ele jamais poderia ter pensado a respeito de seu pai. Como é que ela não se intimidava ao enfrentar a resistência da polícia e, ao mesmo tempo, com que maneira graciosa ela distribuía panfletos, inclusive para alguns policiais, que continham a inscrição: *atomkraft? neim danke!*

Em sua infância, por volta dos oito ou dez anos, sabia que algo não estava direito, percebia que as coisas não deveriam ser como eram, mas, como era muito criança, ainda não tinha discernimento do peso e da significação das palavras e dos fatos. Só sentia que o tom imperialista da voz do seu pai soava desafinado, tonitruante em seus ouvidos. Sentia que a vida pesava sobre si mesma, tal como um prédio mal calculado que se escora sobre suas colunas construídas sobre terreno arenoso, ou como um rochedo que, sem saber o porquê, escora o mar em fúria. Karl não sabia por que a vida pesava sobre sua alma.

É verdade que as crianças custam a entender que vida não é sinônimo de pai ou de mãe; a palavra deles soa assim imperiosa para os filhos, como a única verdade da vida. Mesmo assim, quando começam a descobrir isso, o fosso entre a criança e sua própria vida já está recoberto por monstros imaginários. O percurso de uma vida muitas vezes consiste na transposição deste fosso. Os fantasmas a perseguir uma vida são na verdade fantasmas infantis, quando a dimensão imaginativa da criança ainda não havia distinguido fantasia de realidade.

Seu semblante atavicamente culpado pelo que ele não havia feito contrastava com as expressões alegres de suas marionetes, seus brinquedos favoritos. Sua veia latina deveria vir do tio Vitorio, um Siciliano bonachão dono de uma *dellikatessen* em Roma. Vitorio era casado com uma das irmãs do seu pai e havia morado durante toda sua infância na parte de cima do sobrado onde morava em Düsseldorf. O "tio" Vitorio teve uma enorme influência em, se não desconstruir, ao menos aplacar o peso da palavra paterna, que recaía sobre o menino como a gélida borrasca cai durante a noite invernal sobre a campina. *O passado, aliado ao peso da palavra de meu pai,* confidenciou certa vez Karl, *alçou-me a uma noite em que Deus está ausente e em que todos os meus gestos se dirigem a essa ausência.*

Karl clamava por um Deus-Pai todo-poderoso-de-bondade e não um Pai-Deus que queria fazer justiça quanto ao que ele achava que era certo, mas seu pai nunca soube o outro lado da vida. Nunca percebeu, imbuído que estava em acabar com os estrangeiros que maculavam a "nova raça alemã", que a vida contém um lado B, um outro lado no qual as humanidades despontam sob a neve há muito adormecida, no qual a chuva molha a saudade da infância, no qual o vento vem banhar um sorriso de criança, no qual a régua passa no horizonte, deixando um traço fininho de nuvem-esperança.

Otto Friede, seu pai, só conheceu a fúria do Reich e de sua Gestapo. Tudo nele cheirava a desgraça e destruição. Tudo era raiva, xenofobia, irritação, segregação e destempero. Sua brutalidade para com o filho, suas grosserias passavam sempre da mais banal razão. Seu humor fedia azedo tal como um arenque defumado que os dias já se encarregaram de tornar bolorento. Sua imoralidade clamava por uma vida ética na qual predominava o "faça o que eu digo, mas não faça o que eu faço". Karl desde cedo descobriu que a ética era a conjugação entre o dizer e o fazer. O futuro inventor de brinquedos sabia que seu pai dizia aqueles sermões moralistas, mas não praticava o que dizia, ou melhor, participava delatando as perseguições aos judeus com um prazer que era um misto de prazer e escárnio. Os almoços de domingo eram um pesadelo para Karl, almoços nos quais o pai sentava-se à cabeceira da mesa e todos tinham que esperar que ele acabasse com o sermão dominical. Por vezes, Otto se empolgava em seu discurso monocórdio, repetitivo, e discursava para aquela *ridícula platéia familiar*, como se referia Karl a esses momentos nefastos, como se estivesse falando para uma multidão. E seu discurso demorava o tempo irritante de se comer o kassler e as batatas totalmente frias. E seu discurso demorava o tempo irritante no qual fazia com que a adolescência custasse muito a passar até que, após alguns ensaios, Karl, aos 20 anos, fosse morar com um amigo, na verdade, filho de um amigo do tio Vitorio, em Nápoles. Foi lá que Karl aprendeu a manejar a talha e o formão até se tornar um *virtuose* em sua arte em madeira. O curso de arquitetura ficou para sempre esquecido. De lá ele só retornou para a casa paterna quando recebeu um telegrama de sua irmã que dizia: *Papai está morrendo. Ele quer ver você. Não demore. Beijos da sua irmã. Sofia von Städen.*

Sofia, talvez por razões semelhantes às de seu irmão Karl, isto é, por haver sido intermitentemente humilhada por seu pai, assim que casou deixou de usar o nome paterno. Ela sabia que nada magoaria mais seu pai do que a indiferença do virar as costas para o uso do sobrenome paterno. Ela tinha razão, Otto jamais perdoou a filha por renegar o seu nome. Aos 34 anos, agora Karl se via na iminência desse retorno nefasto do reencontro com o pai.

Papai está morrendo. Essas palavras não saíam do seu pensamento. Deveria sentir pena do seu pai? Deveria se condoer com aquele que nunca ligou para a dor e o sofrimento dos outros? Quantas e tantas vezes Karl havia se referido ao seu pai como um *iceberg* incandescente, como um vulcão que lança bolas de neve em fogo. Era assim que ele definia seu pai: um coração gélido que cospe fogo. Mas esse coração gélido ameaçava apagar-se para a eternidade. Seu coração de filho nunca fora assim. No fundo ele amava seu pai, não bem aquele com o qual sempre se defrontou, mas um outro pai que ele sonhara: algo de Pai ele havia entrevisto quando criança e quisera guardar essa imagem num cantinho de sua alma, e agora, passados tantos anos, esse pai retornava. Havia sido alguma fraqueza que ele percebera outrora, quando criança, em seu pai? E por que essa imagem retornava? Não seria porque agora ele tinha a certeza de que seu pai se encontrava nessa condição de insolvência de suas forças?

Papai está morrendo. Não deveria deixá-lo ir de vez e acabar com esse sofrimento atávico? Não deveria deixá-lo com suas inconveniências, seus ataques tirânicos e sua vontade de extermínio do diferente?

Papai está morrendo. Que culpa aterradora a invocar-lhe o espírito retumbava sob as nuvens da sua memória? Que dívida monstruosa era essa que não cessava diuturnamente de acossar-lhe o espírito? Que mal-estar agonizante era esse que vinha despertar seu sono em pesadelos noturnos?

Papai está morrendo. Que ecos do passado viriam assombrar a estabilidade da sua vida? Que vampiros estariam a sair de dentro de suas próprias cavernas a chupar as lágrimas da sua vida em neblina?

Papai está morrendo. Que torturante má consciência adviria em sua memória para rasgar o véu oportuno da noite encoberta? Que torturante má consciência penetraria em seu íntimo, tal e qual um promotor a vasculhar e devassar a privacidade do réu? Que torturante má consciência soergueria de passados tão olvidados se deixasse o pai ir para além dos seus olhos? Ah, o que os olhos não vêm, diz o ditado, o coração se ilude em não mais sentir até que um telegrama desses venha acordar a lembrança que na verdade jamais havia sido apagada. Só estava hibernando um sono sem sonhos, isento dos pesadelos.

Papai está morrendo. A frase ecoava surda em seus sentimentos filiais. Não, não era um pesadelo de um sonho, era um pesadelo sem sonhos. É o tipo de pesadelo que ninguém deseja, pois deste ninguém desperta. Grotesca e dura é a realidade quando dela não se tem a mínima possibilidade de mudar um côvado do destino. Estava afundando, bem sabia, tal como vau de rio que segue rancoroso por entre pedras e barrancos a não mais desaguar. Onde ele iria desaguar nesse reencontro com o pai moribundo?

Papai está morrendo. Por que, decorridos tantos anos, o medo infantil ainda vinha sobressaltar-lhe a paz encontrada na romântica Itália? Que tempo passado foi esse que se tornava tão nefasto para o presente e ameaçador para o futuro?

Papai está morrendo. Karl sentiu dentro dele algo que não devia. Queria chegar na cabeceira do leito de morte do seu pai e insultá-lo como nunca tivera tido coragem para fazer. Queria xingar com todos os palavrões e depois rir como ele nunca tivera tido também a oportunidade de rir: rir de escárnio e deboche, rir da mais sórdida satisfação, rir escrachado da decadência paterna, rir daquele corpo inerte, rir daquele corpo flácido, esquálido, rir daquelas mãos outrora tão violentas que agora, segundo seus cálculos, ele mal conseguiria levar ao nariz para se coçar. Engraçado, pensou ele, que os mais simples hábitos, as condutas mais banais de higiene agora estariam por conta das mãos das enfermeiras, classe profissional de agentes de saúde de quem ele sempre desdenhou como uma profissão menor. Agora ele estava à mercê delas. Karl sentiu, ao pensar nisso, um certo sabor de vingança, uma doce vingança da arrogância paterna que desprezava todos aqueles que ele julgava *seres desprezíveis*, como gostava de alcunhá-los.

Papai está morrendo. Naquele momento, lá no hospital, os cheiros estavam todos fusionados num triste e melancólico aroma: o presente asséptico, porém moribundo, se imiscuía com o passado fétido, porém prometido para a vida: éter, álcool, soros, catéteres, agulhas, sondas, traqueotomia, ressonâncias magnéticas, procedimentos cirúrgicos, chocolates, neve, bolinhos de batata, *kassler*, o azeite e as tâmaras do natal, a fumaça do cachimbo de seu avô, tudo era a um mesmo tempo presente e passado, tudo era ao mesmo tempo distante e irremediavelmente próximo. Parecia que o mundo rodopiava num turbilhão de galáxias desordenadas. Um enjôo no olhar, uma náusea na respiração, um mal-estar incomensurável parecia cortar-lhe a carótida. Queria vomitar a bílis negra das palavras: melancolia. Uma incrível estranheza que parecia fazer copular sentimentos tão díspares, afetos tão incomunicáveis como se fosse uma comunhão, como se tudo isso que estivera sempre tão afastado se encontrasse unido como que por encanto. O réquiem para esse funeral estava apenas em sua abertura. Toda a grandiloqüência do encontro ainda estava por vir. Todos os antigos temores ainda por reviver. A vida se precipitava sobre ela mesma como um agonizante cadafalso. A vida deslizava aos borbotões como uma enorme avalanche de uma montanha que jazia adormecida desde a era glacial.

Papai está morrendo. Tinha vontade de seguir em direção contrária. Tinha vontade de continuar a viagem empreendida aos vinte anos quando saiu da casa paterna. Continuar, continuar e cada vez mais se distanciar. Agora percebia que a Itália era perto demais. Talvez devesse ter ido para a América ou mesmo a Ásia. Mudar não só de país, mas também de continente. Fugir, fugir, fugir para o mais longe possível, como se a distância geográfica é que determinasse o peso do esmagamento constrangedor sofrido na infância. Não foi propriamente o peso, mas sua constância, ou melhor, sua dolorosa e eterna continuidade que foi minando o ânimo da esperança de dias menos sombrios. Dia após dia, mês após mês, ano após ano, foram intermináveis e longuíssimos os maus-tratos sofridos desde a infância, desde quando sua memória lhe permitia lembrar.

Papai está morrendo. Karl lembrou que, quando pequeno, talvez tivesse uns cinco ou seis anos, seu pai o fazia sair de casa na neve – suas pernas afundavam até o joelho –, atravessar todo o extenso pátio, mesmo quando a neve era mais grossa, ir até a velha casa que servia também de depósito de esterco para as plantas e os materiais de jardinagem e apanhar lenha para a lareira, enquanto seu pai ficava recostado lendo o *Discours de la servitude volontaire* de *Etienne de la Boétie*, ou o *Frankfurter Allgemeine.* Suas mãozinhas trêmulas dentro da luva mal podiam com umas três ou quatro toras de lenha. Ao chegar, era ele quem tinha que colocar mais lenha na lareira. Seu pai o mandava de volta, reclamando que ele havia trazido pouco. É óbvio que Otto nunca agradecia ao filho por estas coisas; ao contrário, sempre achava um jeito de recriminá-lo pela sua lentidão ou imperícia para realizar essa ou quaisquer outras tarefas designadas por ele.

Em certas ocasiões, ao invés da recriminação direta, ele citava de cor trechos do *Discurso da servidão voluntária*:

Para adquirir o bem que querem, os audaciosos não temem o perigo, os avisados não rejeitam a dor; os covardes e embotados não sabem suportar o mal nem recobrar o bem, limitam-se a aspirá-los, e a virtude de sua pretensão lhes é tirada por sua covardia; por natureza fica-lhes o desejo de obtê-lo.

Como não temer o perigo quando este parecia advir justamente de onde deveria surgir a palavra que consola, a mão que ajuda, ou o abraço que afaga? Como não temer a vida quando ainda em menino se machucava, como quando em certa ocasião ralou os joelhos e o pai, ao invés de ajudá-lo, fez do evento motivo para o escárnio acentuando que ele só tinha ralado o joelho por não ter sido homem o suficiente para permanecer de pé? Na dura disciplina imposta por Otto, ele não permitia que o filho dobrasse o joelho nem para rezar. Quanto a isso, ele discursava que o homem só precisa de Deus quando é fraco e a nova raça ariana deveria ser forte tal como os deuses gregos, que nunca se dobravam diante dos mortais. Essa idéia de um deus grego sobrevinha-lhe ao pensamento ao atravessar o pátio carregando não só as lenhas, mas o peso da responsabilidade de não poder jamais arquear suas pernas pela imagem que seu pai esperava dele. Ter que corresponder ao severo ideal paterno acabou por ter em Karl um efeito diametralmente oposto: tornou-se, através da sua insegurança, extremamente sensível e preocupado em demasia com o sofrimento dos outros, em especial das crianças.

Talvez tivesse vindo dessa época o interesse pela madeira, ou melhor, talvez ele tivesse pensado que outros destinos aqueles feixes de lenha poderiam ter a não ser queimar para aquecer em vão o gélido coração de seu pai. Tornou-se então um artesão que retirava de cada criança que entrava em contato com seus brinquedos o sorriso que ficara apagado em sua infância. Dizem que a marca da tristeza sulcada num rosto em tenra infância jamais se apaga. Karl guardara não no rosto, mas em seus olhos, a lembrança triste do desamparo infantil.

Papai está morrendo. Essa frase, dura e seca, martelava implacavelmente sua reminiscência. Como fora difícil e tempestuosa sua adolescência! Lembrou que aos doze anos tivera vontade de conversar com alguém sobre um livro que ele havia retirado da biblioteca da escola: *Mente Zen, Mente de principiante*, de Shunryu Suzuki. A princípio o que chamou a atenção nele foi a capa com aquelas caligrafias que ele jamais havia visto. Depois, com mais cuidado, como ele realmente tinha pelos livros, seus olhos debruçaram-se na segunda parte do título: "Mente de principiante". Achou que era para ele. E era. Não para aquele momento, mas para o que ele viria a ser: o ensinamento Zen ficaria para ele como algo para sempre latente. À espera de ser revisitado tal como numa espécie de *Déjà vu*. Recordou da frase de Tozan, um famoso mestre Zen que o sensibilizou às lágrimas: "A montanha azul é o pai da nuvem branca. A nuvem branca é o filho da montanha azul. O dia todo eles dependem um do outro, sem que um seja dependente do outro. A nuvem branca é sempre a nuvem branca. A montanha azul é sempre a montanha azul". A singeleza dessa afirmação, a simplicidade de como as coisas deveriam se processar entre as pessoas, entre seu pai e ele, entre ele e o mundo inteiro, fez com que Karl passasse dias inteiros dentro do seu quarto. Noutros dias ele saía a esmo pelas cercanias da sua casa. Não entendia o efeito da meditação, muito menos o que seria o *satôri*, a iluminação. Mas no fundo do seu coração ele sabia que deveria haver um outro mundo no qual as pessoas respeitavam e eram respeitadas independentemente de qual cor fossem, da religião que tivessem ou da fragilidade de suas parcas existências. Seu pai apenas deveria ser seu pai e ele simplesmente ele. Seu pai uma montanha e ele uma nuvem. Essa idéia pareceu-lhe extraordinária. Seu pai, enquanto montanha, permaneceria para sempre, e ele, enquanto nuvem, seria, em sua leveza, passageiro, efêmero. Tal como *Hèbèl*, o Abel bíblico cujo significado também é fumaça, nuvem e, por extensão, inconsistência e fraqueza. Assim, seu pai deveria deixar de importuná-lo, deveria deixá-lo viver a vida que ele percebia existir para além das cercanias do olhar iracundo e intempestivo do seu pai. Mas não era dessa maneira que as coisas aconteciam naquela casa. Herr Otto, em sua frialdade, se intrometia na vida de todos ao mesmo tempo que não movia um côvado para auxiliar ninguém. Seu estilo ditatorial fazia das pessoas em sua casa soldados de um exército sem armas para se defender.

Porém, agora, tudo se invertia. A montanha que parecia eterna virara uma avalanche perpétua. Uma avalanche de sentimentos estranhos, confusos, que relançava esse filho para tempos imemoriais, retirando do jazigo da sua memória lembranças há muito esquecidas. Era seu pai que estava morrendo. Por que a presença de uma morte faz com que a vida ressuscite antigas propriedades, áridas, nas quais a semente jogada deveria ter se tornado estéril? Mas não era qualquer morte que se avizinhava. Era a morte daquele que num só golpe lhe dera e ceifara a vida. Havia, naqueles sentimentos, dívida, culpa mesclada a ódio e temor. Deveria compor um *Réquiem*? Deveria compor uma sentença funeral? Uma carta de despedida? Chegaria a tempo de vê-lo com vida?

Ele, que por tantos e tantos anos desejou sua morte, agora se deparava com o medo filial, esse sentimento tão comum, mas ao mesmo tempo tão afastado de um saber algo sobre ele que os filhos, quando o sentem, perdem-se tal como nos perdemos num pântano sombrio. Então a vida grita, grita o mais alto que pode por um sentido, um único sentido que reoriente o pensamento. A grotesca dualidade das indecisões veio perturbar a unidade que havia conseguido à custa do afastamento não só de seu pai, de sua família, mas de seus amigos da adolescência, enfim, da sua pátria.

O auto-exílio estava chegando ao fim e, com ele, Karl suspirava a esperança de reencontrar-se um pouco consigo mesmo. Queria declarar paz ao seu interior, pois o mundo exterior sempre lhe parecera extremamente inquietante, inóspito e hostil. Queria uma declaração universal pelo seu direito à paz. Queria que todos os seus múltiplos eus, que todos os seres imaginários, fantasmagóricos que habitavam sua alma lhe prestassem ao menos um minuto de silêncio e que, fazendo assim, o retirassem do constante desassossego. Queria retirar dele o menino franzino, triste, doentio, inseguro, inibido com as meninas, amedrontado com os adultos, envergonhado por simplesmente ser, porém o menino sensível, gostaria de guardá-lo; não sabia bem por que, mas este gostaria de carregar consigo pelo resto da vida. Lembrou do livro que falava sobre a mente Zen, da calma absoluta, do Nirvana que nunca havia encontrado. Sabia dessas coisas em teoria, mas a prática sempre andou fugidia, erma, distante.

Pensou no que falaria quando chegasse junto ao leito de seu pai. Sim, porque agora já não era mais tempo de emudecer diante do pai. Ele que por tantas vezes se calara, ele que por noites e noites sonhou em dizer sobre sua vida para seu pai, sobre o que gostava e o que não gostava, sobre o que sentia e o que não sentia, sobre como gostaria de que seu pai fosse, agora parece que o destino e o próprio tempo haviam se encarregado de proporcionar esse momento, quando a verdade deveria ser dita de forma nua e sem medo ou máscaras. Mas seu pai o escutaria? Isso pouco importava. O que era necessário era simplesmente dizer, talvez dizer aquilo tudo para si mesmo, mas dizer diante dele.

Chega o tempo na vida de um homem no qual ele precisa se encontrar com sua história, e sua história estava grudada na máscara mortuária que em pouco tempo iria encobrir o rosto de seu pai. Era preciso retirar da máscara o peso fúnebre da mortalha para que ele pudesse retomar o acesso à sua vida.

Karl havia se decidido. Iria se apresentar a seu pai. Se seu pai não o conhecia, esse era seu sentimento, chegaria diante da cabeceira do pai e lhe diria: *Meu pai, quero lhe apresentar o seu filho. Quero lhe apresentar minhas mãos, que o senhor nunca segurou, meus braços desajeitados, pai, que esperaram em vão pelos seus abraços. Quero lhe apresentar meus cabelos que você nunca tocou; aliás, pai, o senhor sabe ao menos a cor deles? Quero lhe apresentar, pai, meu rosto sulcado, minha testa franzida e meus olhos tristes a esperar por uma palavra sua que os acalentassem. Quero lhe apresentar meu sexo, que o senhor dizia rindo que nunca iria dar bons frutos. Quero lhe apresentar, pai, esse corpo que veio do seu corpo e que parece que só serviu para que o senhor fizesse escárnio dele. Quero lhe apresentar meus pés, que o senhor afirmava que nunca me levariam a lugar nenhum. E, mesmo que o senhor não tenha dito isso, o seu silêncio foi sentido da mesma maneira. Porém, mais do que tudo, pai, quero lhe apresentar minha alma. Essa que se consumiu em idas e vindas neve afora, esperando pelo socorro dos céus que não veio. Essa alma, pai, foi o senhor quem forjou no fogo dos castigos e das intemperanças. Essa alma que todos, menos o senhor, diziam que era uma boa alma, era a sua palavra que parecia dar a sentença final sobre sua forma. Porém pude ver a tempo que minha alma vai para além do senhor, pai, que sou feito de outros materiais, que foram surgindo ao longo da minha vida e, por isso, além de vir me apresentar, eu o perdôo pelo que o senhor não foi. Eu o perdôo pela sua alma rude, grotesca, não polida. Eu o perdôo pelas suas ausências, pelos seus maus-tratos feitos sobre aquele menino tão pequeno e que agora homem se tornou. Eu o perdôo pelas náuseas que você me provocava com seus discursos monótonos à mesa durante o almoço.*

Eu o perdôo porque agora sei que, embora gerado em parte pelo senhor, sou feito de uma matéria diferente: sou feito de sensibilidades e artes, de solidariedade e senso de justiça. Eu o perdôo não só hoje, mas para todo o sempre. Vá e descanse em paz.

Assim, Karl pôde exumar o corpo e a presença do seu pai enterrado vivo em seu coração e chorar pelo seu funeral. Ter dado um lugar àquele que morria foi equivalente a ter dado um lugar em definitivo para sua própria vida.

Alice, que por muitas e muitas noites nos fins de semana freqüentou a casa de Karl e Erika, a tudo isto ouvia atentamente, compartilhando cada palmo de dor entre uma *bratwurst* e um vinho italiano, gosto desenvolvido por Karl quando de sua estadia na Itália. Combinação insólita, mas que ajudava na digestão do sofrimento familiar desse que parecia fadado ao sofrimento até a pseudo-redenção pela morte do pai.

Foi uma pseudo-redenção porque Herr Otto continuou eternamente morrendo como um pesadelo interminável na vida de seu filho. Foi só depois do nascimento de Frida, sua primeira filha, ou seja, quando Karl se tornou pai, que seu pai saiu da condição de um morto-vivo, tal como um zumbi que havia se alojado dentro da sua alma. Foi quando viu o rosto da sua filha pela primeira vez que a mortalha de seu pai baixou em definitivo ao sepulcro do esquecimento. Maravilhoso mistério no qual uma nova vida vem livrar o sujeito de uma morte infinda. Delicioso mistério que desfia a culpa do carretel insolúvel da angústia e relança o homem para aquilo que há nele de criação. Então ele se torna pai, então ele se torna pai de si mesmo e, segurando a vida com as duas mãos, batiza a nomeação desejada para além das suas antigas seivas. É como reconstruir a espinha dorsal a partir de um lance no qual o jogo do espermatozóide encontrou no óvulo a imperiosa fertilidade a que uma nomeação veio dar lugar. E a luz se fez em sua vida como um deus que recria o universo inteiro. E ele viu que aquilo era bom. E ele viu que não precisava ser nenhum deus grego, porém apenas ele mesmo. Deixou então seu coração fluir a partir da contra-experiência. Pensou que ali, naquele momento, deveria se interromper uma herança nefasta, a qual ele nunca havia aceitado. O preço da constante recusa aumentava com a severidade da imposição.

Dois anos depois nasceu Marlene, sua segunda filha, que era semelhante em tudo a Erika. Talvez esse tenha sido o passo definitivo para Karl enterrar de vez a lembrança dolorosa de seu pai. Agora havia ficado apenas a sensação de um certo nó familiar que deveria ficar para sempre apodrecendo. Mas não o incomodava mais. Marlene, em sua vivacidade e seu espírito inquiridor, trazia a luz que faltava acender naquela casa. Ela fez acender o que havia de oculto ou inibido de luz em cada um.

Capítulo IV

Interlúnio II

Pareço estar fora de forma. Fora de forma de mim mesma. Fico quieta, irritadiça, postergada para além dos cavalos selvagens que correm despudorados na campina. Eles estão nus, crinas soltas ao vento e sem remorso correm. Escancaram seus desejos sem nenhuma detumescência para além das margens do rio da alegria. Ser alegre é correr solta? Tinha uma alegria presa, acorrentada a sentimentos que me chegavam a galope. Uma alegria surda, quase triste. Às vezes tornava-se uma euforia triste e eu me iludia pensando que era alegria. Mamãe ralhava com minha teimosia. Era para ser do meu jeito ou não era. E a vida não era. Era assim. Triste em minha teimosa alegria. Uma alegria desdentada. Tinha sete anos e achava a vida desdentada como eu. Perguntava insólita para o primeiro homem que via na rua: a vida é desdentada? Achavam graça e respondiam solícitos, ou com desdém. Não lembro das respostas, mas lembro de um velhinho que me perguntou muito sério: você tem pai? Saí correndo, chorando. Entrei em casa desesperada. Por que aquele homem tinha que perguntar justamente isso? Será que ele me achou muito pequena para ficar sozinha na rua? Mas não eram nem seis da tarde. Será que era uma pergunta de quem não tem pai? Ou uma pergunta para fazer para ele? Essa era uma das muitas respostas que jamais terei. Tive vergonha de contar para minha mãe e menti, dizendo que tinha tropeçado e caído. Nessa noite não quis sair de mim, mas iluminei todos os objetos do meu quarto.

Capítulo V

O encontro

Havia algum tempo que Elza não mais acompanhava Alice nessas idas à casa de Karl e Erika. Elza estava cada vez mais enamorada de Ravi, e aproveitavam os momentos juntos para visitar museus, irem ao teatro ou beberem uma cerveja escutando um bom jazz. Para Alice, não havia momentos melhores do que, nos finais de semana, estar em companhia dos amigos. Às vezes saíam juntos, noutras ficavam em casa conversando sobre as relações familiares, sobre arte, ou vendo um filme. Em algumas dessas saídas, Alice havia encontrado sua mãe e Ravi. Talvez por isso ela sempre preferia ficar na casa dos amigos. Sua mãe buscava em Ravi o afastamento necessário de sua filha e ao mesmo tempo a deliciosa sensação de estar novamente apaixonada. O ciúme doentio de Alice parecia se dissipar misteriosamente na Alemanha. Ao menos pela condição estrangeira das duas, talvez ainda pela seriedade com que Alice se dedicava à bolsa adquirida e aos resultados que deveria apresentar ela permitisse o distanciamento de alguns quilômetros entre ela e sua mãe.

O fato é que para Elza estava sendo fantástico, mesmo com a dificuldade da língua, ou talvez até pelas situações engraçadas que decorriam daí através do tropeço de cada um: tudo se tornava motivo de risos e encantos. A sensibilidade e a cultura de Ravi a encantavam. Ele a convidara para conhecer a Índia assim que terminassem seus estudos. É claro que quando Elza, toda empolgada, contou para sua filha da proposta de Ravi esta fechou a cara num misto de tristeza, ciúme e cólera. Elza, que tudo cedia à filha, explodiu num acesso de raiva que Alice jamais vira em sua mãe. Disse aos berros do controle excessivo, da mesquinhez da filha, do egoísmo exacerbado de só querer tudo para ela e do quanto ela deixava de cuidar de si própria. Por mais inexplicável que a insólita situação parecesse se revelar, Alice recuou e sentiu um certo bem estar com a novidade daquela reação de sua mãe.

O limite que nunca havia existido ali se impunha por força do amor. Alice percebeu isso em sua mãe. Se um evento não é suficiente para desfazer os nós de uma relação, ao menos pode possuir a força de ter um efeito temporário. Assim estavam entendidas. Alice jamais deveria voltar a se intrometer em sua relação com Ravi e Elza jamais se deixaria submeter aos caprichos da filha em nome do seu amor. Até quando duraria este pacto? Até quando uma alma agüenta ser esticada? Qual o limite suportável no qual, ao menor tangimento do arco, a corda reverbera todos os inimagináveis e ensurdecedores sons da alma? Quanto mais se estica a corda que tange a alma, mais sensível ela se torna às sentimentalidades e aos desvarios. Às vezes, antes que a corda arrebente, é a desrazão e são os atos insensatos que precedem a loucura.

Ah, que estranhos são os terrenos através dos quais as estradas de acesso ao coração dos outros são construídas. Muitas vezes se pensa que estamos em terreno sólido e, quando abrimos os olhos, o terreno cedeu tal qual areia movediça. O que excita os olhos muitas vezes ilude a alma. Talvez por sabermos muito pouco sobre os outros, ou talvez porque a ignorância sobre nossos próprios desejos nos faz enveredar por caminhos cada vez mais distantes daquilo que poderíamos pretender chamar de felicidade. *É porque devemos ter fidelidade à nossa felicidade que não a alcançamos? É por desejá-la desmedidamente que a perdemos?* Alice perguntava ao infinito sem respostas.

Na noite da briga com sua mãe, Alice acordou com o céu cheio de madrugada. A insônia viera despertá-la para uma sensação que não era tristeza nem contentamento; talvez fosse a felicidade clandestina a bater soturnamente à porta de seu Vesúvio de emoções. Abriu a janela naquela fria noite européia como que querendo se reconsiderar com o universo. Uma brisa suave invadiu-lhe o corpo e fez tremer sua alma. Sentiu-se una, toda, com o manto das estrelas a encobrir seus pensamentos. Permaneceu assim como que embriagada de si mesma. Deitou o dorso de sua mão sobre seus seios e percorreu vagarosamente até encontrar seu ventre. Sem saber bem o porquê, novamente *me desvirginei*, como chamava sua masturbação. Alice sempre tinha a idéia de que cada encontro com seu sexo era um novo acontecimento totalmente não programado, fora do hábito, sem o fervor das compulsões. Assim, tinha a idéia do autodefloramento no orgasmo, que fazia seu corpo estremecer até ir ficando molenga, quietinha. Deixou-se cair juntamente com a noite sobre a *berger* que havia embaixo da janela.

Enquanto recompunha seu corpo, sua alma flutuava na densidade pictórica que o quadro da sua vida lhe ofertara. Paisagem sempre por se desfazer, como que para sempre em profunda mistura de tonalidades à procura da cor da existência. Moldura que teimava em enquadrar a cor do mal-estar, enquanto que a tinta da felicidade parecia sempre fadada ao desalinho do ser. A felicidade era uma cor específica jamais encontrada, embora mesclasse os tons sempre na expectativa de que da sua inexistência brotasse ao menos uma centelha de esperança. E a esperança tinha ao menos um nome? Ou seu nome era vazio? A felicidade era um vazio? A ser preenchido?

Quando pintava, Alice procurava em sua sublimação preencher o vazio da sua existência. Por saber que esse total preenchimento era impossível, às vezes deixava propositalmente na tela uns espaços em branco, ou sem iluminação, como que denunciando a impossibilidade de inscrever em sua vida o encontro consigo mesma. Esses espaços vazios na tela eram, por assim dizer, seu estilo, sua assinatura, sua marca registrada. Às vezes era um minúsculo ponto em branco, noutras eram largos espaços onde ela usava uma técnica de descolorir com uma mistura de ácido e terebintina a tinta já impregnada sobre a tela. Ao redor desses clarões, a pintura então ganhava cores extremamente fortes, densas, com um volume de massa espantoso, como que querendo denunciar um limite, uma borda do intransponível.

Por inúmeras vezes teve a estranha sensação de não saber onde terminava o quadro e começava seu corpo e vice-versa, tal era a voluptuosidade pela qual era acometida nesses momentos de criação. Tal como o desmaiar da noite que ainda não fez acender o dia por completo, tal como a borboleta que em sua crise de esquiva já não sabe mais se é casca da árvore ou se ainda é uma crisálida. O que saía do casulo da alma de Alice eram seus quadros, que não demoravam muito para voar até pousarem ante os olhares extasiados dos espectadores e críticos de arte. Era impossível ficar indiferente à sua obra. A força do enigma que a compunha exigia de cada um uma manifestação qualquer que ia de uma exclamação até a necessidade imperiosa de comentar com outros interlocutores sobre a sensação experimentada.

Porém, quando era convidada para uma entrevista, Alice timidamente se esquivava, ou, quando muito, dizia da impossibilidade de teorizar sobre a própria obra e que deixava essa tarefa para seus críticos. Ainda, argumentava que tudo que gostaria de dizer estava lá, que tudo o que não cabia dentro dela transbordava ali para aquelas telas.

Em seu ateliê, ela lançava mão de enormes tubos da tinta americana *Grumbacher*, sua marca favorita, embora também usasse a inglesa *Artisan*, ou ainda a holandesa *Van Gogh*. Seus quadros tanto podiam nascer de fora para dentro, ou seja, da cor ao vazio, como de dentro para fora. Então, no extremo limite dessas bordas, ela abusava do *Cadmium Orange Hue*, do *Cadmium Red Médium*, do *Naphtol Rot Hell*, do *Phthalo Blue*, ou ainda do *Naples Yellow Hue*, do *Violet Thio* e de muitos outros que ela ia combinando numa mistura precisa de técnica aliada à experimentação e ao acaso. Alice se debruçava pesquisando as cores como quem pesquisa a origem de um enigma que precisa ser desvendado como se disso dependesse a salvação da terra, ou, mais ainda, a salvação dela própria. Era seu enigma terreno, desmedido, mundano, precário, sujo do tempo e encardido da sofreguidão da falta de espaço.

Com o corpo já refeito do prazer solitário experimentado, sentiu o frio aumentar e, delicadamente, voltou à janela para um último olhar para a paisagem noturna que os contornos de sombra e luz deixavam entrever. A luz distante da universidade incidia sobre uns ciprestes que serpenteavam ao redor do jardim próximo à sua janela. O ritmo do vento entoava sobre os ciprestes um assobio fino, noturnamente assombroso, que fez com que Alice apressasse com temor o fechamento das janelas. Fechou-se em si mesma.

Tinha esse hábito de tornar-se ostra de si mesma. Não sonhava em ser uma pérola, como muitos poderiam desejar, ou como ela antigamente fazia em sua histórias, mas em se deixar abrir pelas lambidas constantes do mar a roçar-lhe o enclausuramento da alma. Que ser-por-vir encantado seria esse que chegaria no meio da noite dos seus sonhos e com uma espada mágica quebraria de um só golpe a sua crosta? E que palavra mágica deveria ele ainda proferir para acabar de vez com o feitiço do eterno pesadelo de existir? Assim, com as pernas encolhidas e os braços a contornar suavemente os joelhos, adormeceu e sonhou: *eu estava numa floresta de árvores muito altas e de tão altas pareciam que tocavam o céu; estava descalça e com um longo vestido branco feito de um tecido que parecia nuvem de tão leve e esvoaçante essa sensação no sonho era agradabilíssima tal como a Gradiva parecia que eu caminhava sem tocar o solo uma leve brisa de um frescor primaveril banhava meu corpo algumas folhas desprendiam-se delicadamente das árvores e vinham fazer companhia ao meu vestido por detrás da copa verde phtalo das árvores o céu azul petróleo fazia-se sentir sem nenhuma nuvem, em toda sua majestade se não bastasse estar banhada por uma espécie de volúpia infinita uns raios começaram a surgir do céu e exatamente no ponto em que tocavam meu vestido justamente nesse ponto, ele se tornava transparente revelando o frescor do meu corpo queria permanecer assim por toda minha vida imprescindível a mim mesma como se o universo todo comungasse do meu corpo eu me bastava e a felicidade era absoluta continuei caminhando e mais adiante havia uma árvore diferente de todas as outras era belíssima seu tronco era generoso os galhos baixos eram convidativos para subir assim fiz quanto mais subia mais generosa ficava aquela árvore seus galhos firmes pareciam crescer a minha frente à medida que eu subia impulsionada por uma curiosidade que é natural em mim mesma continuei avançando avançando avançando e quando dei por mim parece que eu repetia a história tantas vezes ouvida em criança do João e o pé de feijão na minha versão moderna deste conto infantil não havia gigantes estava numa espécie de sala enorme e rodeada de tanta luz que quase me cegava foi quando ouvi a voz de um homem a chamar meu nome Alice! Alice! virei-me de pronto para aquela voz doce e melodiosa que surgia por detrás de mim queria abrir meus olhos para poder ver melhor quem era que se aproximava porém a luz como já disse era intensa cerrei os olhos e com a mão espalmada por cima da sobrancelha vi ali de início um vulto depois pouco a pouco ele foi se tornando cada vez mais nítido embora eu não o reconhecesse era um homem alto bonito talvez com uns quarenta e cinco anos trajava um terno com um corte impecável seus cabelos negros ligeiramente grisalhos davam-lhe um ar nobre suas mãos foram se aproximando das minhas e ele suavemente continuava a me chamar de uma maneira que nunca ouvira antes a intimidade da sua voz me deixava numa sensação em que eu parecia oscilar entre atônita e excitada meu coração parecia aos sobressaltos fui tomada por uma sensação infantil quanto mais ele se aproximava mais eu deixava de ser uma mulher e me tornava novamente uma criança quando ele chegou bem próximo a mim me tomou em seus braços eu devia ter talvez uns cinco seis anos. Era meu pai.*

Alice acordou chorando no meio da noite. Talvez este ser-por-vir que ela tanto ansiava em sua vida, em seu dia-a-dia, tenha vindo lhe fazer uma visita no meio da noite de seus sonhos. Acordou na mesma posição fetal em que adormecera. Não dormiu mais naquela noite.

Aquele encontro com seu pai, mesmo que em sonho, fez com que ela repensasse a posição de eterna viúva em que sua mãe se encontrava. Era um encontro como ela nunca tivera antes. A sensação de leveza e bem estar no início do sonho, a floresta mágica, seu pai tão próximo a chamá-la. Tudo era como num conto de fadas. Mesmo tendo sido um sonho, ela não parava de pensar no que poderia ter concorrido para que essa experiência lhe parecesse tão significativamente real. Teria sido a atitude enérgica da mãe, fazendo-se finalmente passar por aquilo que Alice supunha ser uma autoridade paterna? Ou teria sido a história da vida de Karl que tanto a tinha impressionado? Ficou pensando como seria ter um pai e, através dessa ausência, quais seriam as conseqüências da relação simbiótica com sua mãe.

Lembrou que detestava o dia dos pais. As professoras sempre insistiam para que ela fizesse alguma coisa para aquela que era sua mãe e pai ao mesmo tempo. Com seu temperamento decidido e enérgico, nunca se deixou convencer por essas armadilhas que tentavam lhe impor. Se já não bastassem as outras armadilhas que ainda estavam por vir em sua vida... Se não tinha pai, não tinha e pronto. Ah, como era dolorosa essa decisão para ela. Não queria deixar transparecer para ninguém esse sofrimento. Tinha uma certa vergonha de não ter pai. *Todas as minhas amigas têm pai. Por que só eu não tenho?* queixava-se quando era pequena para sua mãe, que tentava sempre amenizar a falta paterna, incentivando-a nas artes plásticas, pois desde cedo ela mostrara uma incomparável aptidão e interesse por tudo que a isso se ligasse. Depois, pouco a pouco, talvez por compreender a dor de sua mãe, parou de fazer essas queixas, embora de seu coração a queixa sobre a ausência de seu pai não saísse jamais.

Levantou-se muito cedo da cama. Naquele dia, quando sua mãe acordou, a mesa do café da manhã já estava posta e Elza encontrou no rosto de sua filha um sorriso que ela não via há muito tempo. Sem dizer uma palavra, Alice deu um longo beijo na testa de sua mãe e ficou abraçada com ela por alguns minutos. No centro da mesa havia, dentro de uma jarra de cerâmica azul com flores brancas e amarelas, um ramo de ciprestes ao lado de uma *Azalif* (azaléia) de um vermelho intenso que parecia sangue. Na mesa havia de tudo um pouco do que sua mãe gostava: suco de maçã, geléias, queijo gouda, torrada integral, leite, água quente para o capuccino e pão preto. A mesa se tornara pelas mãos da filha uma pequena cenografia do que poderia ser a vida real. Naquele instante a felicidade estava próxima de ser alcançada. Embaixo da xícara de sua mãe, uma carta escrita em tinta lilás sobre um papel sépia reciclado belíssimo, onde se lia:

"Querida mãe, estou tão acostumada a só exigir de mim e de você que acabo esquecendo que você também tem a sua vida. Quero você tanto na minha insegurança que acabo fazendo você prisioneira dos meus caprichos. Só você sabe, mãe, o quanto me sinto insegura quando vejo você com outro homem, sinto muito repetir isso, com outro homem que não seja o meu pai. Talvez por isso eu tenha me tornado assim tão possessiva e intolerante quando entra uma terceira pessoa na nossa relação. Mesmo quando é comigo que acontece, eu fico embaraçada com um homem na sua presença. É estranho, mas é como se eu estivesse traindo você e papai. Sei que isso não é certo e que você encontrou em Ravi um reatamento da sua condição de amar e se tornar amada. Talvez, mãe, não seja só ciúmes o que sinto numa hora dessas, mas o pior de todos os sentimentos que uma filha pode ter da mãe: inveja. Sinto inveja pela facilidade com que os homens sempre se aproximaram de você. Quanto a mim, parece que estou fadada a continuar casada com minha arte, porque em matéria de relação amorosa tenho sido um fracasso. Minhas relações, como você bem sabe, têm sido trilhadas pela desilusão. São homens pelos quais não me interesso, ou, quando me interesso, das duas uma: ou eles não me percebem, ou então meu julgamento inicial sobre eles é totalmente errôneo. Eles se revelam mais carentes do que eu. São homens inseguros que precisam de uma mãe e eu quero ser uma mulher para eles. Em geral são fracos e impotentes de caráter, embora possam se revelar ótimos profissionais. Em matéria de amor, acho que a gente inicialmente acaba se apaixonando pelo que o outro não é, e nos desapaixonamos pelo que ele vai revelando ser. Pensando assim, temo dizer que o amor é uma ilusão. Mas como essa ilusão é necessária para mim, mãezinha. Amo muito você, sem ilusão nenhuma, tá? Quero o seu bem, quero ver você feliz. Aproveite a vida. Da filha que está sempre ao seu lado, mil beijos, Alice". Se havia verdade naquelas palavras, ou se era puro remorso e culpa, não convém aqui saber. Convém saber que havia sempre uma imperiosa necessidade de não-briga, de uma re-ligação, como se costuma dizer para o sentido religioso do termo. Para uma relação sacrossanta, ou cobre-se a verdade com um manto sagrado através do qual esta emergirá, ou re-liga-se sempre das cinzas.

Elza abraçou sua filha e as duas ficaram chorando assim entrelaçadas no sofá por um longo tempo. O café esfriou naquela manhã gélida de sábado. As duas não comeram nada. Quando esses momentos entre elas aconteciam, era como se não precisassem de mais nada no mundo. Elas se bastavam, elas se completavam assim como um pássaro completa com seu vôo a tarde que se esvai. Alice sabia que a sua recaída nessa compreensão toda por sua mãe tinha efeito passageiro. Elza também sabia disso, só que ambas nutriam o desejo de não se darem conta dessa realidade. E assim atravessavam a vida como se estivessem com os olhos vendados numa grande montanha russa de emoções.

Alice, deitada no colo de sua mãe, voltou a dormir, mas dessa vez não teve sonho nenhum. Bastava o aconchego revigorante daquela sensação de proteção que o ninho materno proporcionava. Assim como uma pequena planta que, nascida sob as outras, se contorce toda procurando a luz do sol, Alice seguia em sua vida de maneira idêntica, procurando em vão em sua mãe a luz que tanto faltava em seu caminho. Quando acordaram desfizeram a mesa do café. Tomaram banho, arrumaram a casa, que na verdade não dava muito trabalho, a não ser pelo cavalete e pelas telas que ficavam num canto da sala próximos à janela. Alice colocou uma calça jeans, uma bota marrom clara, uma camiseta branca colada ao corpo e jogou sobre seus ombros o longo casaco vermelho que havia comprado no mercado das pulgas. Uma pequena bolsa colorida do tipo mochila, onde carregava, além do imprescindível batom vermelho carmim, um pequeno caderno de desenho e alguns lápis *Caran D'ache* que compunham seu arsenal básico para sua saída a esmo durante os fins de semana. Com seus longos cabelos negros e corpo esguio, fazia um tipo exótico que chamava a atenção por onde passava. Elza preferiu colocar uma calça de veludo preta e um pulôver cinza. Meias muito grossas de lã, uma bota preta e suas inseparáveis luvas. Sentia muito frio nas extremidades do seu corpo, principalmente nas mãos.

Já passava das duas da tarde quando desceram do apartamento e, sem que nenhuma das duas falasse qualquer coisa uma com a outra, fizeram o caminho oposto ao que sempre faziam como se não quisessem encontrar com ninguém conhecido da universidade pelo caminho. Desceram por uma ruazinha à esquerda que contornava por trás o prédio em que moravam até encontrarem uma rua maior e transversal ao sentido da universidade. Era uma rua larga com árvores muito bem cuidadas, plantadas diametralmente opostas e em perfeita simetria uma com a outra, como se todo dia surgisse por ali um jardineiro a cuidar da perspectiva. No fim dessa rua havia uma imponente catedral construída no século XVIII e ao lado, mas um pouco recuado, para que quem olhasse para o fim da rua propositalmente não o avistasse, ficava o Museu Fridericianum (em homenagem a Frederico II, que tinha sua residência oficial de verão ali), onde era realizada a mostra principal da Documenta de Kassel. Ali ficavam expostas as principais obras de artistas selecionados do mundo inteiro. Atrás havia um pequeno pavilhão talvez construído na década de cinqüenta, com um estilo futurista para a época, com enormes janelas ovais de vidro, no qual havia um espaço para a "Mostra paralela para artistas estrangeiros convidados", que era o caso de Alice, e no qual eram também realizados, em dois salões, os debates concorridíssimos sobre as tendências da arte no mundo contemporâneo. Alice havia conseguido ingresso exatamente para os três que mais a interessavam: "Arte e engajamento político na vida urbana", "A desconstrução do olhar" e "Arte e cinema". O primeiro debate, segundo o *release* que ela havia recebido, era centrado especialmente numa ONG africana com sede em Angola e refletia sobre a possibilidade de, através da arte, sensibilizar outros povos e países desenvolvidos para a situação de miséria na África. Seu presidente, Papa N'Dour, havia sido um ativista político ligado à antiga FRELIMO (Frente de Libertação de Moçambique) e há muito tempo havia trocado as armas pela arte. O segundo deb*arte*, como ela chamava, era sobre a filosofia e a arte. Os olhares nessa mesa estariam todos voltados para a nova leitura de dois livros de Merleau-Ponty, *O olho e o espírito* e *O visível e o invisível*, e o desaparecimento da categoria de sujeito no mundo pós-moderno. O terceiro e último debate mostraria as novas tendências do cinema enquanto sétima arte e um debate de alguns curtas que já estariam passando durante a semana inteira pelos cinemas da cidade.

As duas caminharam em direção à catedral, mas viraram numa pequenina rua de pedestres onde sabiam que existia um restaurante italiano, "Da Giorgio". Giorgio era um siciliano sessentão, gordo o suficiente para caber sempre mais "una pasta", como ele dizia. Cabelo desalinhado, grossas sobrancelhas grisalhas, olhos muito negros com enormes bigodes brancos que avançavam sobre uma bochecha constantemente avermelhada e um sorriso cativante como se ele conhecesse você há muito tempo. Esse jeito amigável do Giorgio fazia dele uma figura popular e de seu restaurante sempre um lugar muito concorrido. Assim é que mãe e filha, apesar da hora, tiveram que esperar um bom tempo até conseguirem um lugar para sentar. Giorgio, que as conhecia, veio pessoalmente recebê-las e anotar seus pedidos. Duas taças de vinho tinto da casa, de entrada, uma salada de aspargos, cogumelos frescos e tomates e, como prato principal, Giorgio sugeriu para Alice um *capeletti ao funghi* e para Elza um *rondelli a la siciliana*, que era com manjericão e espinafre. Reconciliadas com a fome por não terem feito o desjejum, tomaram um *capuccino*, dois *Amaretos* e ficaram ali tarde afora, conversando sobre amenidades e a experiência das duas na Alemanha.

Retornaram vagarosamente de mãos dadas para a casa. Mal haviam chegado a casa, o interfone tocou. Era Ravi, convidando Elza para sair. Por um instante, Alice, que estava por detrás da sua mãe, a fuzilou com um olhar e estava preste a desferir um contragolpe verbal quando lembrou do sonho com seu pai e recuou. Decidiu que iria até a casa de Karl e Erika Friede.

Capítulo VI

Interlúnio III

Fico horas em silêncio debruçada sobre mim mesma. E o silêncio é como o vôo das borboletas que alguém me disse ser capaz de ressoar pelo universo afora. Fico contente por elas. As borboletas. Como é que conseguem tal façanha? Como podem, tão minúsculas, tão leves, tão delicadas, tão cheias de cor, afetar o último suspiro do sistema solar? Já sei. Devem ser suas cores e algo mais... Descobri o enigma do universo! Mamãe vai ficar contente. Eu vou ficar contente por ela. Aliás, já estou. Aliás, ser contente é ser como uma borboleta. Então, prestem bem a atenção pois só vou dizer uma única vez senão quebra o encanto: a borboleta é um ser extraterrestre e os ocelos em suas asas são, na verdade, os olhos do universo sobre nós. Então, pensei, eles possuem todas as respostas. Fiquei encantada com a sabedoria da minha fantástica descoberta. Era uma teoria sobre a origem do universo que poderia ser comprovada. Nessa noite fui para a cama pensando em como capturar uma borboleta no dia seguinte e submetê-la a um grande interrogatório. Pensei nas perguntas chaves e rascunhei num papel para não esquecê-las: 1) Quem havia descoberto primeiro as estrelas? 2) Por que o leite é sempre tão branquinho se as vacas comem capim, que é verde? 3) Para que serve Deus? (preciso mesmo perguntar isso?). Rasurei esta pergunta, mas resolvi deixá-la. 4) O que é ter um pai? 5) Por que as meninas precisam ficar menstruadas? (ouvi mamãe conversando sobre isso semana passada). 6) Por que só existe cemitério de elefante se todos os animais morrem? 7) Pra que servem as perguntas se muitas não têm respostas? Essas eram as principais, mas listei mais de trinta perguntas. Ansiosa para comprovar a minha teoria, deixei a janela aberta para acordar mais cedo. Acordei assustada ainda de madrugada com o temporal que invadia meu quarto. Minha mãe chegou meio minuto depois. *Alice, já não te falei para não escancarar a janela? Depois fica gripada, doente e vai me dar trabalho.* Fui dormir na cama dela. Lá fora chovia o dia inteiro. Dentro de mim também. Não queria dar trabalho para minha mãe. Queria apenas ajudá-la a resolver o insolúvel enigma do universo. Havia chegado bem perto. Eu mesma alguns dias mais tarde abandonaria essa teoria. Achei-a ridícula demais. Assim como eu.

Capítulo VII

... e para além

Alice chegou à casa de seus amigos lá pelas 20:30h, o que na verdade era até cedo, porque eles tinham o costume de dormir muito tarde. Mas Erika estava muito indisposta, com gripe, febre e uma faringite que já se arrastava há duas semanas. Frida e Marlene haviam viajado. Erika se desculpou com Alice, tomou uma aspirina e foi se deitar. Karl abriu uma garrafa de vinho tinto, colocou um dvd do Chet Baker, "Live at Ronnie Scott's", com Elvis Costello e Van Morrison, acendeu seu cachimbo e sentou-se confortavelmente em sua poltrona ao lado da lareira. Alice pegou sua taça de vinho e sentou-se, encolhendo os pés sobre as pernas no sofá ao lado de Karl. Quando, lá pela sétima música, Van Morrison cantou "Send in the clowns" e a garrafa de vinho já se encontrava bem abaixo da sua metade, Karl fez pela primeira vez uma pergunta pessoal a Alice. *Você não tem um namorado?* A pergunta feita assim em tom germânico, seco, na cara, pegou Alice desprevenida em sua fragilidade. Algumas lágrimas foram o suficiente para ele perceber que havia entrado num terreno muito doloroso para sua amiga. Mas era inevitável. A pergunta já havia sido feita. E a uma pergunta assim, vinda de uma pessoa que já tinha se aberto tanto contando seu passado, ela não teve como se esquivar. *No momento não*, disse timidamente. Toda a sua desenvoltura e desembaraço para falar de coisas externas, sobre a arte, principalmente, parece que iam por terra quando o assunto era ela mesma. Nessa ocasião ela se encolhia, tornava-se tímida, sua expressão mudava para uma palidez melancólica. Nesses momentos ela tinha o hábito de pegar com uma das mãos seu cabelo, torcê-lo na nuca e jogar por cima do ombro. Quem a conhecesse sabia que quando ela fazia esse movimento é porque estava em apuros ou emocionalmente descontrolada.

Karl voltou a encher a taça de Alice e a sua para repetir a pergunta de outra maneira.

– *Por que uma pessoa como você não tem ninguém nem lá no Brasil?*

– *Como eu? Como assim?*

Ele não disse uma palavra. Voltou a colocar fumo em seu cachimbo, acendeu-o lentamente, soltando umas boas baforadas que fizeram Alice virar o rosto em outra direção.

Karl então pegou um pedaço do *ementhal* fatiado e colocou suavemente na boca de Alice. Ela, assustada, não recusou; ao contrário, sentiu, como há muito não sentia, a pele de um homem a roçar seus lábios carnudos. Beijou delicadamente a ponta do dedo de Karl. Só de sua mãe aceitava essas coisas, como comidinha na boca. Aquela situação ali, com Karl, um homem tão bem casado, por quê? Ela não entendia, mas, com o coração aos sobressaltos, esboçou um desajeitado *obrigada.* Através daquele pequeno gesto de Karl, lembrou de uma frase do Hamlet que dizia "basta um cisco para turvar os olhos do espírito". Realmente, como podia um simples gesto causar um abalo sísmico assim tão grande que, se houvesse um sismógrafo no Tibet, ele teria captado os tremores em seu peito?

Levantou aflita para ir ao banheiro. Lavou o rosto, olhou para si mesma no espelho, seus olhinhos arregalados brilhavam, e se perguntou: *Você está ficando louca de querer alguma coisa com esse homem?* Deu uma boa gargalhada e respondeu: *estou!* Sua força parece que ressurgia do além. Pegou-se ajeitando o cabelo com uma das mãos. Deu outra risada e, com as duas mãos, voltou a deixar soltos seus cabelos. Como quem calcula seus atos pelos passos dados, ela se aproximou por detrás da cadeira de Karl e começou a tocar-lhe os cabelos. Ele repousou o cachimbo no cinzeiro e com as duas mãos a puxou fortemente por cima de seus ombros, fazendo com que ela caísse em seu colo. Naquele mesmo dia ela saíra do colo de sua mãe para o colo daquele homem que quase poderia ser seu pai. Beijaram-se com tanta força e tão demoradamente que parecia que ela a todo o momento iria perder a respiração. Na verdade ela se sentiu segura nos braços dele até mesmo pela força que ele impunha, pois a impressão que tinha era que, mesmo que quisesse, não conseguiria sair dali.

Não queria explicação nenhuma para o que estava acontecendo. Sentia-se feliz como há muito não se sentia e nessas ocasiões querer achar explicação é querer racionalizar, porém a felicidade se exime de explicações. Quando acontece, ela é. Estava feliz como uma boca que se beija a si mesma e se reconhece no outro. Estava feliz no colo daquele homem e nem lhe passou por um instante sequer onde eles estavam. Inconseqüências do amor dirão uns, cegueira, outros. O fato é que o amor quer estar com um pé fora da lei. Ele quer desatrelá-la de qualquer preconceito, de qualquer lei férrea que venha pôr empecilho a sua realização. Talvez por isso a traição seja tão forte nos seres humanos. Talvez possa ser uma busca desenfreada baseada na crença de um amor ideal, aquele que estaria acima de qualquer lei. E, na verdade, o que o ser humano encontra é a desrealização, pelo desgaste do tempo, da pungência do amor.

O amor, como acontecia naquele momento, e como acontece quando ele surge em todo seu vigor, não quer saber de migalhas ou de ser ao meio. Ele quer ser todo. E ela estava sendo toda para ele. Por isso era feliz tal como uma cachoeira que desconhece o tamanho da sua queda e tão mais majestosa é quanto mais do alto cai. O amor tem pressa. Ele se angustia porque quer tornar o amanhã em hoje e o hoje em agora. A distância dói o tempo do afastamento e não necessariamente os quilômetros a separar os amantes. O amor é a loucura a dois de se querer aprisionar o outro no seu tempo. Não pode haver ilusão maior do que querer aprisionar o tempo. O sofrimento dos amantes é que eles desconhecem a regra dessa versão, sempre reatualizada a cada segundo, da fluidez do tempo. Querer quantificar a presença do outro pelo relógio do coração, que sempre bate aleatoriamente, independente dos ponteiros do relógio, é sempre uma semente para a desconfiança da correspondência do amor do outro.

Mas ainda não tinha havido tempo suficiente para essas coisas entre os dois. Chet Baker já havia deixado de tocar há muito tempo e, se os lábios outrora estavam molhados pelo vinho, agora eles se embebedavam através da fruição da satisfação com que se locupletavam.

E com a mesma fúria com que se beijaram assim também passaram para o sofá. Karl tirou-lhe a blusa e começou a beijar-lhe o pescoço e depois, lentamente, mas ao mesmo tempo com vigor, foi descendo sua boca até os seios túrgidos de Alice, que gemeu intensamente de prazer quando a língua de seu amante tocou o bico rosado de seus seios. Era seu ponto nevrálgico. Ela se contorceu e gozou, apertando suas pernas em torno da perna de Karl. Mais relaxada, mas não satisfeita, tirou sua roupa, ajudou delicadamente Karl a se despir e no fogo ardente da paixão entregou-se toda para ele.

Refeitos da embriaguez dos corpos, recompuseram-se como a ocasião pedia, fitaram-se por um longo tempo como que querendo adivinhar o que se passava para além da janela da alma. Uma barreira havia sido transposta sem que nenhum dos dois soubesse o que poderia encontrar do outro lado. Nesses casos, depois da euforia da paixão vem o tremor que faz parceria com a culpa: *Será que deveríamos ter feito o que fizemos?* Não, não importa saber aqui quem disse essa frase. Ela por si só já pairava no ar diante dos dois tal como um enigma que precisa ser decifrado, mas sobre o qual não se sabe nem bem a que pergunta refere. O tempo verbal da frase já está no passado e a dimensão da culpa é a capacidade que ela tem de reatualizar o passado com as responsabilidades do presente na incerteza do futuro. A culpa é amiga da covardia moral. Uma deixa rastros, pegadas, para que a outra fielmente a siga. A seta de fogo atemoriza, atordoa, deixa cambaleantes os amantes. Se fosse possível voltar atrás talvez tivessem dito, como o Rei Lear, "o arco está curvo e teso; evita a flecha"; mas era tarde demais. O verbo no passado confirmava inapelavelmente o ato transgressor. E apelar para quem? Para a razão? Em geral é para o que se apela depois da desdita. Mas não havia sido maravilhoso? Cruel paradoxo que cerca os amantes. Primeiro a felicidade que parece ser eterna, depois a desventura como que para deixar a cicatriz aberta, pedindo que um próximo encontro aconteça para que se possa curá-la, para que novamente tudo se torne um eterno retorno. Parece insolúvel a busca pela felicidade entre os amantes. A razão caminha ao lado da subtração do amor apaixonado. Quanto mais se racionaliza menos se ama. Diz um ditado que o louco de amor tem tudo menos razão.

Fale, fale alguma coisa comigo, pelo amor de Deus. O amor não suporta muito o silêncio. Ele precisa da palavra para ser feliz. Assim, os amantes clamam que um dirija a palavra ao outro. A contínua perpetuação do silêncio retira-o da dimensão do enlaçamento e transforma-o na mudez fria e insensível. Mas dessa vez a pergunta vinha subscrita com o remetente certo.

Alice apelava a Karl para que ele com sua palavra pudesse dar continuidade ao que havia ficado como que suspenso no ar. O suspense do amor não permite que seja eterno e aqueles minutos estavam durando mais do que uma vida inteira. *Fale, fale meu amor. Não me deixe assim tão angustiada. O que será de nós agora?* Percebia-se que Alice depositava naquelas três frases o problema de toda uma vida: a busca de um amor, a angústia por essa procura e o temor diante da incerteza do futuro. Karl permanecia impassível. Voltou a acender seu cachimbo e entre uma baforada e outra deu um enigmático sorriso e perguntou sem responder:

– *Você quer mais um pouco de vinho?*

– *Quero que você responda a minha pergunta.*

– *Preciso de mais tempo para pensar. Nossas vidas possuem desmembramentos muito diferentes, embora nós possamos identificar muitas coisas em comum.*

Sim, meu querido, temos muito em comum. Tal como a deusa Eco no mito de Narciso, Alice só ouvia as últimas palavras de seu amado.

Por que os homens precisam de tanto tempo para pensar enquanto as mulheres, principalmente nessas ocasiões, parecem possuir a resposta na ponta de suas línguas? Alice teria dito sem pestanejar: "Larga tudo e fica comigo. Sou toda sua". A seta incandescente da paixão sabe que a menor distância entre dois pontos é uma reta. Por isso trata de abolir tudo que possa ser um empecilho no meio do caminho.

– *Meu mal,* disse num lamento quase que sussurrando, *foi ter sido sempre muito impulsiva. Sempre quebrei a cara com esse meu jeito atirado de ser.*

– *Talvez eu seja prudente demais.*

– *Prudente? Aonde você pensa que vai com essa prudência toda? Isso pode ter sido uma virtude para os estóicos, mas eles pareciam não desejar nada. Eles jogavam o desejo deles pela latrina. Karl, você é um homem sensível, inteligente. Será que você não encobre a sua vida com esse excesso de prudência?*

– *Mas como excesso? Você me conhece para dizer que sou excessivamente prudente? Nós nos conhecemos há tão pouco tempo. E se for? Qual é o mal?*

– *O mal? O mal? Você ainda tem a coragem de perguntar qual é o mal? Mas justamente esse é o mal dos homens, fazerem perguntas deste tipo.*

Finalmente eles estavam conversando. As mulheres sempre precisam instigar um pouco os homens, mexer com seus brios para que eles comecem a falar. Em geral, é com o intuito de defesa ao ataque que eles julgam haver sofrido. Mas isso pouco importava naquele momento. O que realmente era importante para Alice é que tudo não terminasse sem uma explicação, ou melhor, sem uma declaração convincente do amor dele por ela. Afinal de contas, havido sido ele quem com aquela pergunta sobre o relacionamento amoroso dela e aquele pequeno grande gesto de fazer provar de sua delicadeza ao colocar em sua boca um pedaço de queijo, que ela havia devolvido com um pequeno beijo na ponta do indicador, começara tudo. Muitas vezes um coração espera apenas por um pequeno e aparente sinal, mas só na aparência mesmo, sinal para que ele dê, ao gesto, uma significação de pertencimento e singularidade. O coração se abre aflito, feliz e radiante, emocionado por haver sido retirado de seu isolamento. As rejeições e desapontamentos outrora sofridos são encobertos por uma névoa de esperança que, ao envolver os amantes, os retira do compasso do mundo exterior. Providencial névoa, bruma amiga que resgata a privacidade de se ter um coração só para si. Quanto tempo dura essa bruma? Ah, os corações são feitos de um material estranhíssimo. Alguns sobrevivem fora dessa bruma por horas, dias, semanas seguidas. Outros, como era o caso de Alice, eram feitos de uma pleura sensibilíssima, fragilíssima, que parecia querer romper-se a qualquer hora. Pobres desses corações, pois estão fadados ao descontentamento quando exigem do parceiro um revestimento que os coloca numa encruzilhada: ou se tornam fortes demais, o que gera uma superproteção, o que era o caso dela com sua mãe, ou então vivem a reclamar a inutilidade do outro, apontando exatamente para a posição de vítima infeliz a ocupar na relação. O que também era, por outro lado, a relação dela com sua mãe. Destinatária de encruzilhadas e paradoxos vitais, Alice deambulava de coração em coração, querendo reencontrar o seu. Ali estava ela agora novamente nessa situação: impulsiva e ao mesmo tempo submetida ao outro. Ou melhor, era a sua impulsividade que gerava imediatamente sua dependência. Lance que ela nunca soube como antever ou antecipar: a próxima jogada do seu coração. Havia uma enorme fruição de prazer ao se arremeter assim para o outro e ao mesmo tempo havia um enorme gozo, sofrido, por já não mais saber de si mesma. Na mesma ação amorosa em que ela parecia se achar toda em seu ser, ela ficava obnubilada em não-ser.

Não era assim com suas pinturas. Ela era igualmente impulsiva, arremetida ao encontro das tintas e telas, e conseguia saber com mestria como se conduzir em sua vida profissional e artística. Mas, no campo afetivo, não havia mestria nenhuma. Estava sempre na posição do aprendiz que comete sempre os mesmos erros. Se, na verdade, a não ser no caso de Sócrates, que afirmava que do amor ele sabia um pouco, não há um saber sobre o amor, ao menos com a experiência de vida o sujeito pode ir aos poucos se equilibrando em suas antigas relações para que com as futuras não caia nos mesmos erros. Não, definitivamente não era esse o caso de Alice. Cada nova relação era tida como uma tábula rasa. Ponto enigmático de origem de onde nada parecia partir ou para onde nada parecia convergir. Era como uma criança impetuosa que na praia, ao haver mergulhado mais fundo do que suas pernas alcançavam, sucumbia agonizante por não saber nadar. Assim, tornava-se insegura e dependente. Tudo que ela havia experimentado nas antigas relações ficava esquecido como que num limbo para sempre inalcançável. Ignorava a força das marés, o empuxo das correntezas, a fúria do mar bravio ou a calmaria nefasta dos ventos que teimavam em não soprar.

– *Vamos para o Brasil comigo?*

– *Brasil? Onde você está com a cabeça? Depois de uma primeira relação você já quer que eu largue tudo, minha mulher, minhas filhas, meu emprego e me aventure para um outro país com você?*

– *Aventura?*

– *Não quero simplesmente uma aventura com você. Quero uma vida. Como dizia Orlando, da Virgínia Woolf, "uma vida e um amor". É isso que eu quero com você. Uma vida e um amor. Que a gente possa fazer um pedaço de caminho juntos em nossas vidas. Não quero pouco com você. Você é especial, desde o início achei isso, só que, pela nossa situação, não tinha coragem de falar. Agora me sinto mais à vontade para declarar o meu amor por você. Amo você de uma maneira toda especial, como jamais amei outro homem.*

Isso era verdade. Havia algo que ela percebera em Karl e nunca havia registrado em outro homem. Mas o que é a verdade em matéria de amor? Como saber o quanto o coração se ilude em sua mais doce e cruel verdade? Mas ela acreditava que dessa vez haveria de ser diferente. A vida poderia lhe sorrir, por que não? Lembrou-se de que ainda no Brasil, duas semanas antes de partir, consultou uma astróloga que havia lhe previsto um novo encontro amoroso para muito breve, encontro que mudaria radicalmente a sua vida. Lá estava, como previsto, o cometa do amor a clarear a negritude do céu da sua alma. Mas qual haveria de ser essa mudança tão radical em sua vida? E o que havia em Karl que o diferenciava dos outros homens? A sinceridade e o sofrimento. A autenticidade de sua sinceridade era espantosa. Karl nunca usava de meias palavras. Era direto sem ser grosseiro. Ora, era essa modulação entre a sinceridade e o cuidado em não maltratar que dava o tom do seu sofrimento, pois a resultante era uma enorme sensibilidade para consigo e para com as pessoas que faziam parte do seu círculo de amigos. Por isso ele tomava o cuidado de não se cercar de muitas pessoas, porque sabia que não poderia se esquivar de todos. Por isso ele se designava como prudente. É verdade que a prudência, se não for seguida de uma ação através da qual se construa algo produtivo, pode se constituir numa paralisação que emperre a vida de prosseguir seu livre curso. Alice tinha medo de que a prudência de seu amigo, tornado amante, fosse construída sobre essa paralisia.

Quanto ao sofrimento que ela havia escutado a respeito da vida dele, bem, talvez fosse exatamente esse o ponto de identificação entre eles. A dor reconhecida e compartilhada por outra pessoa em toda a sua extensão e profundidade torna-se mais fácil de carregar. Não é que a princípio resolva ou equacione buscar a etiologia da dor, mas ao menos a pessoa não se sente tão só para carregá-la. E o mundo moderno tem estado entorpecido por uma galáxia humana de solitários. Quando nos olhamos à distância, a ilusão criada, pela própria distância, é que estamos próximos uns dos outros tal como muitas estrelas que chegam até a se inscreverem como constelações. Mas elas na verdade estão a milhares de milhões de quilômetros uma das outras: quando nos olhamos em superfície, em aparência, parecemos formar uma só unidade, porém quanto mais nos percebemos em nossas mazelas, singularidades e particularidades percebemo-nos igualmente a uma distância abissal uns dos outros. A globalização uniu a desunião.

Alice escutara tão atentamente a história da relação turbulenta e conturbada entre Karl e seu pai porque ela também havia, durante toda a sua vida, provado do fel de ter que existir quando realmente a vontade, muitas vezes, era de se abandonar como uma uva esquecida numa fruteira. Desde o início ela sentira uma forte atração não propriamente pelo homem Karl, mas pelo seu sofrimento, e, com isso, um impulso muito grande de ajudá-lo. Não há dúvida de que o amor pode ser um grande remédio para os males da alma e os sofrimentos do coração. Só que, às vezes, um dos lados esquece de que para que ele surja de todos os confins dos sentimentos perdidos é necessário que haja reciprocidade. O amor pede reciprocidade, cumplicidade e conivência para que haja um terreno fértil onde ele possa criar raízes e se desenvolver. Portanto, para que as sementes jogadas ao solo do coração não se tornem infrutíferas ou estéreis, é necessário que sejam adubadas a quatro mãos. Pequena, mas importantíssima regra básica para que uma relação se torne um amor-paixão, que cada um cuide bem do seu Bem.

– Quero você tanto que, como o salmão que na época da desova sobe o rio em sentido contrário, vencerei qualquer obstáculo, qualquer correnteza contrária para estar com você. Pintaria todos os quadros do mundo, pintaria o seu sorriso por detrás da sua barba, o seu olhar pintaria mil vezes, ah, pintaria diretamente sobre o seu corpo, sobre sua pele, tal como no filme "O livro de cabeceira". Pintaria os céus, a primavera, pintaria um pinóquio (O marionete preferido de Karl), *pintaria o ar que você respira, tornando-o para sempre leve e ligeiramente perfumado, pintaria o Vesúvio, sua montanha preferida, pintaria ainda Veneza, a cidade dos amantes, e esse seria o nosso maior quadro. O amor? Ah, o amor eu pintaria de todas as cores e, se todas as cores não fossem suficientes para pintá-lo, eu extrairia todos os pigmentos de todas as árvores, de todas as misturas terrosas, azinhavradas.*

– Meu amor, abaixe um pouco o tom da sua voz. Erika pode acordar a qualquer momento.

– Ai, que lindo! (sussurrando) *Você me chamou de "meu amor". Repete! Repete para mim. Eu também amo você. Ah, quanto eu sinto isso que agora pulsa enlouquecido dentro de mim.*

Era força de expressão, dessas que se usa nessas ocasiões sem medir muito o que é para o outro o peso da palavra, que força um sentido para além de toda significação. Quis ser delicado e chamou-a de meu amor. Simples assim. Poderia ter dito: "Meu Deus, fale mais baixo, você vai acordar minha mulher!". Mas não disse. Alice havia, como que num passe de mágica, se casado com aquelas palavras. Ela havia solidamente se casado com o "meu amor", ouvido pelo seu incansável coração.

– *Como assim "pulsa enlouquecido"?*

Karl não sabia bem se era uma brasilidade expressar-se desse modo passional. Talvez fosse coisa do tal sangue latino, pensou. O fato é que ele havia ficado totalmente temeroso pela possibilidade de estar diante de alguém que pudesse ter enlouquecido. Alguém que fugisse da possibilidade do entendimento pela razão. Ah, pensou, às favas os escrúpulos da consciência, às favas o que não seja do bom uso do coração. Razão e coração rimam, mas não se combinam.

Esse discurso ele sabia, porém a prática era o árduo exercício de se pôr em ato o que era teoricamente plausível e justificável. O fosso aberto entre pensamento e ação, dependendo da dimensão que se dê a ambos, pode tornar-se um abismo.

Karl, que certa vez na vida havia juntado todas as suas forças para se afastar da tirania de seu pai e que achava que tinha a sua vida sob seu domínio, totalmente controlada, não sabia agora como prever o imprevisível de uma mulher apaixonada. Uma mulher, assim pensou, pode ser igualmente tirânica no querer ter seus caprichos atendidos a tempo e a hora. Assim havia sido com seu pai, que, sem olhar a quem, derrubava fronteiras, invadia territórios, desrespeitava os outros, principalmente aqueles a quem ele julgava mais fracos. Detestava os economicamente pobres, mas também os humildes de espírito, os contritos de coração, os infaustos da alma, os desventurosos em seus sentimentos. A todos esses pisoteava como quem, com enorme satisfação, amassa uvas num grande tonel. Grande ironia que o destino se encarregou de cumprir. Da uva pisoteada por incontáveis vezes jorrou uma safra maravilhosa, que tinha em Karl a melhor relação para o ditado que diz que quanto mais envelhecido, melhor o vinho se torna. Mesmo temeroso do que poderia surgir da infantil passionalidade de Alice, se não era propriamente um destemido, não era um canalha para abandoná-la. Se ele havia feito a pergunta desencadeadora, era porque o interesse de seus sentimentos era genuíno como o sol da meia noite na aurora boreal. Só achava cedo para nomear de amor um encontro de uma noite. Considerava que o amor adviria com o tempo. A paixão era passageira. Por isso, ao mesmo tempo que ela se torna excitante, mostra-se perigosa, pois sua vacuidade é exatamente a condição da sua volatilidade. Assim, como era seu costume, deu uma longa baforada em seu cachimbo e continuou:

– Pulsa enlouquecido? A loucura, minha cara, tem uma face monstruosa. O delírio de um louco não é algo divertido nem apaixonante de se ver. O louco delirante quer resgatar sua razão, mas o caminho que segue é uma rota de fuga que parece não ter princípio nem fim. Por isso talvez eles se ajustem tão bem à fantasia de serem Deus, que também é o alfa e o ômega.

Karl na verdade sabia o que era a loucura. Não por ter estudado ou ter ele próprio transitado por esses estados confusionais da mente humana. Havia, certamente, sofrido muito, mas foi durante sua estada em Nápoles que o irmão de seu amigo teve um surto psicótico e ele ia com o amigo visitar seu irmão. O que havia chamado a atenção nele não fora propriamente a insanidade dos enfermos, mas a estranha construção asilar na qual ele passara longos dias internado. O próprio lugar era, por assim dizer, uma estrutura esquizofrenizante. Era uma antiga igreja gótica que havia sido acidental e parcialmente destruída durante a segunda guerra mundial. Para substituí-la, uma igreja próxima foi construída e a parte intacta inicialmente serviu de abrigo para os feridos e os traumatizados pela guerra. Com o passar dos anos, alguns anexos foram sendo construídos até que o local se tornasse um centro de referência na Itália para a reforma psiquiátrica e o movimento antipsiquiátrico no final dos anos sessenta e início dos anos setenta. O interessante é que o acaso acabou transformando aquela insólita construção num marco arquitetônico que fazia lembrar, dependendo do ângulo, as igrejas de Gaudi em Barcelona.

Com aquela afirmação, Karl queria demonstrar uma pacificação para o desassossego de Alice: ainda que ele próprio não estivesse tão tranqüilo assim, gostaria de transmitir serenidade, ainda que de sua parte não fosse genuinamente verdadeira. Ao mesmo tempo, tentava demonstrar uma preocupação com o que ela estava sentindo, ou melhor, deixava entrever que não era insensível aos sentimentos dela, que, no entanto, eram diferentes dos dele. Se é essa diferença de aclimatação do tempo dos sentimentos entre um homem e uma mulher que causa sofrimento, é também o motivo pelo qual as pessoas se aproximam, se amam e tentam apagar as visíveis discrepâncias que outrora serviram de amálgama entre os dois. Ou melhor, muitas vezes a razão que conduz duas pessoas a se apaixonarem pode ser a mesma que as leva à separação.

O amor ao encantar engana e, em seu ardil, propõe estratégias que estão para além da compreensão dos orfeus que se arrastam até o Hades.

Mesmo que sua lira de ouro revele seus doces acordes em busca de Eurídice, mesmo que seu canto perfure todas as linhas do horizonte, mesmo que seu canto triunfe sobre o poderoso Plutão, a piedade só pode ser estabelecida para aqueles a quem a vida reservou um testemunho acima dos anéis que descem ao inferno da alma de cada um. Pobre Orfeu, que só é acompanhado pela Esperança até a porta de descida da cidade dolorosa: "Deixai aqui toda esperança, vós que entrais". "O que me restará, se você se for, doce Esperança?". Pois, quando Orfeu se vê só, aí é que ele está todo em seu amor. Nunca sua lira trinou tão forte, nunca se ouviu canto assim. Se não havia mais Esperança para apelar, ele só podia apelar para o amor. E é com ele que Orfeu atravessa o rio da morte e invoca os Deuses do Tártaro onde Eurídice dorme eternamente. "Hoje a Piedade e o Amor triunfam no inferno".

Ah, Orfeu, que dores ainda mais dilacerantes estarão por vir ao perder por uma segunda vez sua amada Eurídice? "Ai de mim, quem me esconde a luz desses olhos amados?". Plutão havia proibido que Orfeu, em sua subida de volta à terra, olhasse para trás para ver Eurídice... "O que teme meu coração? O que Plutão proíbe o Amor ordena. A um deus mais poderoso, que vence homens e deuses, deverei obedecer. Mas o que ouço, infeliz? Será que as Fúrias apaixonadas armam-se contra mim... para roubar o meu amor, e eu consinto? Ó, doces olhos, vejo-os afinal. E ainda... Mas que eclipse, ai de mim, escureceu-os?". Mas os espíritos não perdoam: "Você infringiu a lei e não merece perdão!". Orfeu venceu o inferno e foi vencido por sua paixão. Orfeu perdeu o que conquistou. Agora perdeu Eurídice para sempre. Ao final, recompensado por sua virtude e por abandonar as alegrias e prazeres terrestres, Orfeu irá reencontrar Eurídice nos céus, e entre as nuvens desaparecerão.

Ao terminar de contar a triste história de Orfeu para Alice, foi a vez de Karl irromper em lágrimas pela constatação de um amor impossível. Alice descruzou as pernas e num movimento terno e delicado beijou as lágrimas que teimavam em não secar sobre a barba de Karl.

– *Meu amor, eu mesma sei que é muito difícil seguir em frente sem olhar para trás. Olhar para trás significa, meu bem, olharmos para o nosso passado. Mas, quando olhamos para os céus, para as estrelas, também não estamos vendo o passado? E, no entanto, não rogamos aos céus que nos protejam, que nos livrem de todo mal? Não quero perdê-lo, mas também não o quero de forma etérea, nas nuvens como na triste história de Orfeu e Eurídice que você tão lindamente acaba de me contar.*

– Essa história, que sempre me emocionou, eu sei desde criança. Ela me foi inúmeras vezes contada por minha avó materna. Muitos anos depois, em Florença, eu vi a montagem da ópera de Monteverdi. A história desse mito, contada desde 1607, combina de maneira extraordinária as oscilações entre o céu e o inferno que perpassam o amor em sua jornada cotidiana.

– Parece recriação do mito bíblico: depois da queda de Sodoma e Gomorra, as pessoas que estavam fugindo da destruição eram proibidas de olhar para trás, porém a curiosidade de Sara, a mulher de Lot, torna-se mais forte do que a proibição e, ao desobedecer, como castigo, ela é transformada em estátua de sal.

– O amor vive de uma palavra, que só existe em português, cuja significação um dia você me ensinou: saudade. Não é esse o nome? Saudade?

– É sim, Karl. Mas só podemos ter saudade do que vivemos. Senão ela assume o nome de frustração e arrependimento pelo que deixamos de fazer.

– É melhor se arrepender daquilo que se fez do que daquilo que se deixou de fazer.

– Concordo com você. Talvez por isso eu não tenha hesitado nem um só instante quando você me perguntou se eu estava só. Sua pergunta me soou como um convite.

– Na minha pergunta já estava sua resposta?

– Você é a resposta da minha vida.

Karl novamente silenciou. Quando sentia na afirmação de Alice uma determinação implacável, aliada à idéia de finitude, isso o assustava, pois para ele se associava ao estranho sentimento de fatalidade. E sempre que ele era espetado por esse sentimento reagia com enclausuramento, pois esse sentimento o fazia lembrar das situações sem saída vivenciadas com seu pai.

Haviam passado a noite inteira naquele umbral através do qual os amantes se lançam em busca da aventura da felicidade. Já eram 5:30h da manhã. Karl propõe levar Alice em casa.

– Depois podemos continuar conversando?

– Claro que sim. Não sei se amanhã, quero dizer, hoje, poderei ter um tempo para a gente se ver. Mas assim que puder continuaremos a conversar. Também tenho muito a lhe perguntar e a querer saber de você.

Os olhinhos de Alice voltaram a brilhar. Finalmente escutava de Karl não propriamente uma declaração de amor, mas talvez, muito mais importante para ela naquele momento, uma declaração do interesse dele por ela. Assim ela se sentiu feliz naquele amanhecer.

– *Você me faz sentir toda...*

Karl a interrompeu com um longo e demorado beijo à porta da entrada para o conjunto de apartamentos que dava para a casa de Alice. Sorriram. Esperou que o carro de Karl desse meia volta e desaparecesse por detrás da universidade. Vagarosamente, como que querendo desfrutar de cada instante vivido, caminhou pela pequena alameda de ciprestes que a conduziria de volta para seu apartamento. Sentou no banco da pequena praça rodeada de salgueiros chorões. Sua alma estava leve, suavemente encantada com o encontro. Relembrou do dvd do Chet Baker, do vinho italiano, do clima aromatizado pelo cachimbo de Karl, das mãos dele percorrendo seu corpo, sua ida desajeitada ao banheiro, o beijo e a entrega na relação sexual. O frio da manhã não permitiu que ela continuasse ali por muito tempo. Subiu lentamente os dezoito degraus que a conduziriam à entrada do apartamento e novamente parou. Voltou a sentar, como querendo desafiar o frio, dessa vez no último degrau que a separava de sua mãe. Pensou que ela talvez estivesse acordada esperando-a. Sentiu um arrepio percorrer-lhe a espinha. Não era um arrepio causado pela baixa temperatura que fazia. Era um estremecimento da alma. Por muitas horas não havia pensado nela nem por um minuto sequer. Mas não se sentiu culpada por isso. Ao contrário, sentiu-se em paz como se tivesse alcançado a bonança após um torvelinho. A paz viera através do encontro com Karl. A briga com sua mãe, o sonho com seu pai e a reconciliação através da carta com Elza haviam ficado num passado longínquo, embora não se tivessem passado nem 48 horas entre esses acontecimentos. Entretanto, lá estava ela de volta como numa espécie de eterno retorno para sua mãe.

O dia teimava em não surgir por detrás de pesadas nuvens acinzentadas. Era uma manhã de domingo. Não precisaria levantar muito cedo da cama, pois não teria que ir à universidade. Porém sabia que aos domingos sua mãe gostava de passear nos parques pela manhã e freqüentar os museus à tarde. Poderia fazer uma negociação com sua mãe. Dormiria pela manhã e de tarde a levaria ao Museu *Lasar Segall* para assistirem à exposição de *Marc Chagall* e, se desse tempo, iriam visitar a exposição do *Antonio Peticov* na *Neue Galerie.*

Capítulo VIII

Interlúnio IV

Andava atônita nesses dias, procurando por alguma coisa que eu não sabia muito bem o que era. Sempre fui muito curiosa e bisbilhoteira. Adorava quando algum adulto me chamava assim: menina, larga de ser bisbilhoteira e vá cuidar da sua vida. Vá brincar. Mas eu estou brincando – retrucava com sorriso de vitória esparramado no canto da boca. Então vá brincar de outra coisa. De outra coisa não sei brincar. Então vá já para o seu quarto. Eu saía de fininho, pensando que a arte de bisbilhotar era a melhor do mundo. Era puro interesse científico. Queria saber mais sobre mim mesma. Achava que os adultos poderiam me dizer. Os adultos sempre escondem o melhor das crianças. Isso não é filme para criança, isso não é hora de criança estar acordada, isso não pode porque resfria, etc, etc, etc. Putz, como é difícil essa vida de criança. Eles não sabiam como é que eu fazia para descobrir o que conversavam. Fingia que não estava ali. Nisso eu era muito sabichona. Me fingir de não-eu. Era como brincar de estátua, mas sem o outro para brincar. Aliás, o outro era eu mesma, porque os outros ali presentes para mim não existiam. Me fingia de objeto da sala. Podia ficar por horas imóvel. Às vezes eu era um abajur, uma mesa de canto sem utilidade, noutras eu era uma linda penteadeira. Minha mãe não ligava, quer dizer, às vezes cochichava alguma coisa com sua amiga, as duas riam, olhavam de soslaio para mim, mas eu vencia sempre aquele jogo de não-ser. Assim, conseguia ficar sabendo de um monte de coisas, como por exemplo, por que beijar na boca era tão gostoso. Argh! Que nojento, pensei. Soube dessa história do beijo pela Marília, amiga da minha mãe, que tinha conhecido o André, um professor de geografia da faculdade dela. Certa noite fui até o quarto da empregada. Minha mãe tinha transformado esse quarto num "depósito geral", como ela chamava. Havia uma certa ordem naquele amontoado de coisas inúteis e extemporâneas. Mamãe, pra que que você guarda isso tudo aqui? Não mexa, minha filha. Um dia poderemos precisar. Minha mãe era sempre carente de alguma coisa. Ela sempre dizia que devíamos guardar tudo porque um dia ainda precisaríamos daquilo. E vivia guardando coisas. Talvez, por isso, se guardasse tanto. Será que ela tinha a mesma carência que eu? E do que eu carecia? Não sabia bem. Escovar os dentes? Isso eu fazia. Pentear meus cabelos? Idem. Estudar? Adorava ler. Mas me faltava algo que eu sabia que era um temor procurar. Era procurar bem no fundo de mim, um poço sem fundo. Tinha medo de mergulhar e me afogar em mim mesma. Tive vontade de sair do quarto. Não tinha acendido a luz. Estava com uma lanterna. Assim tudo ficava mais emocionante. Dava um certo ar *noir*. Suspense e mistério. Ali não havia a proteção do meu quarto. Eu estava muito só. Estava sem mim. E era isso que me assustava. Não ter nem a mim por perto. Estar desovada de amigas num recreio sem cantina era estar só. Eu me era. Muito, muito mais. Transbordava. Senti o suor frio, azedo, que brotava debaixo dos meus braços. Aquele cheiro de enxofre era meu ou do quarto? Por que eu nunca sentira aquele cheiro antes? Já estivera ali naquele quarto inúmeras vezes com mamãe... de repente, gelei. Estava ali, sozinha, e não devia. Estava ali sem a autorização de mim mesma. Estava enlouquecendo. A loucura de amor é isso? É amar o que não se conhece? Amar o misterioso e fétido cheiro da vida? O amor é uma coisa ruim? Cheira mal? Mas sempre ouvi que devia estar sempre cheirosinha. Assim é que mamãe ama você, filhinha. Eu estava me provocando para me sentir. Agora me sentia toda, plena, como se o mundo fosse muito menor do que eu, e tinha medo por isso. O cheiro era mais forte, inebriante. Entrava pelas minhas narinas, pelos meus olhos, ouvidos, pelos meus poros. Ai, estava demais em mim. Comecei a ficar tonta, zonza e desmaiei. Acordei de madrugada com pavor. Naquela noite minha mãe estava com febre e tinha ido dormir mais cedo e era eu agora que estava febril de mim mesma. Era um calor insuportável. Bati na lanterna. A pilha já começava a enfraquecer. Num ímpeto, tirei a blusa, depois o *short*. Trêmula e lentamente, fui retirando a minha calcinha. Estava nua e quase no escuro. Era como se descobrisse todo o universo em meu corpo. Tremia o tremor dos mortos-vivos.

Tive medo de mim, de estar enlouquecendo. Ria de nervoso. Toquei com profunda curiosidade o meu corpo. Passei a mão pelo meu rosto, querendo achar alguma feição do tremor que me invadia. Achei um nada, um vazio de expressões. Passei a mão pelo meu pescoço, desci até meus seios e me achei sem graça. Desci curiosa até a minha mão se perder entre minhas coxas. Apertei uma contra a outra e fiquei ali sem saber mais o que fazer. Me contorci doente sobre minha descoberta. Fui escorregando, febril, me deixando deslizar até que meu rosto tocasse o chão frio daquele quarto. Eu estava muito em mim mesma. Estava me sentindo melhor, quase eu mesma. Era isso ser mulher? Procurei me acalmar. Já não tinha tanto medo. Nem percebi que não havia mais luz na lanterna. Eu me iluminara. Aquilo que eu fazia com os objetos do meu quarto eu havia feito comigo. E por que é que eu precisava me desnudar para me iluminar? Naquela noite, voltei muito séria e pensativa para o meu quarto. Sabia que deveria voltar ainda àquele cômodo inúmeras vezes. Pela primeira vez eu sentia que era bom me perder em minha existência. Havia tremor e excitação, mas nenhuma dúvida. Agora eu sabia. Sabia ao menos que deveria me precipitar sobre esse corpo sem viço, aspargos sem molho. Era uma enxurrada de perguntas que já não me calavam. A cratera de um vulcão começava a se abrir em mim. Nunca mais se fecharia.

Capítulo IX

Os olhos estão em jejum quando se abrem de manhã

Abriu a porta com cuidado para não fazer barulho. Em cima da mesa da sala, sob a jarra de cerâmica azul com flores brancas e amarelas, estava um bilhete de sua mãe: "Querida filha. Não vou dormir em casa. Desculpe, mas provavelmente não poderei passear com você no domingo pela manhã. À tarde você quer ir comigo ver a exposição do *Marc Chagall* como havíamos combinado? Deixei a mesa arrumada para o seu café da manhã. Beijos. Amo muito você. Mamãe".

É impressionante como os movimentos do amor são cruéis para com a própria pessoa, pois, num passe de mágica, tal qual um relâmpago fulmina num campo um animal a céu aberto, Alice caía prostrada no sofá onde horas antes estivera abraçada com sua mãe. Cretina! Cretina! Gritou a plenos pulmões. Cretina! Mãe desnaturada! Poço seco! Seco! Seco! Seco! Sua voz foi perdendo o vibrato, diminuindo, diminuindo, até quase coincidir com ela própria. Aos poucos, passado o ímpeto da fúria e da decepção, foi se recompondo, passou a mão no rosto, ajeitou o cabelo por cima do pescoço e ficou pensando que enquanto ela se preocupava com sua mãe, pensando coisas tais como se ela estaria acordada esperando pela sua chegada, fazendo um movimento cuidadoso ao abrir a porta para não despertá-la, ela estava aproveitando a vida. Sua mãe sempre a surpreendia... e agora mais essa. Devia estar transando com o Ravi. E ela? Também não estava com Karl? Ah, pesado coração filial que desconhece a razão quando o monstro do ciúme vem açoitar o pensamento. Atordoada pelo bilhete, só teve tempo de andar até a cama e, sem trocar de roupa e com o bilhete cerrado em suas mãos, adormecer profundamente.

Sonhou que estava morando com o Karl, mas não era na Alemanha. Estava em sua casa em Pendotiba, bairro bucólico, vale entre montanhas exuberantemente verdes nas cercanias de Niterói, no Rio de Janeiro.

Nessa época, Alice morava numa casa simples, confortável, mas num local extremamente agradável nos arredores da cidade. Era uma casa toda de madeira, pré-fabricada, com dois quartos, uma suíte e uma varanda que circundava as duas laterais e a frente da casa. Um jardim gramado onde predominavam as bromélias, suas favoritas, os hibiscos, as dracenas marginatas, os três pés de areca, uma palmeira muito delicada mas extremamente ornamental, além da hera que subira graciosamente ao redor de todo o muro lateral da casa. As pontas das samambaias na varanda quase tocavam os gerânios das janelas. Junto ao portão da frente ela havia plantado dois bouganvilles lilás, um de cada lado da entrada. Nos fundos do quintal, ao lado de duas enormes amendoeiras que produziam uma generosa sombra, ela havia mandado construir um enorme galpão que era seu ateliê. Amplo, espaçoso, muito bem arejado através de dois janelões, um na parede esquerda e outro na parede dos fundos. A janela dos fundos havia sido estrategicamente construída após Alice descobrir o melhor ângulo de visão para a majestosa montanha que se descortinava imperiosa em seu mistério verdejante. A outra janela permitia que o sol da manhã entrasse inclinado, desenhando sua trajetória de luz de forma a valorizar cada parte por onde ele tocasse. Filtrada pelos lambrequins esculpidos pela própria Alice, na seqüência de seu movimento a luz encontrava a fotografia em preto e branco dos seus avós maternos, que ela não conhecera. Logo ao abrir a porta, à direita ficava uma pequena escada de ferro em caracol que subia para um jirau onde ela colocou uma rede, uma mesa na qual ela esboçava seus quadros e umas gavetas enormes presas na parede por duas cantoneiras que guardavam toda a sorte de papéis e documentos. *Minha vida está ali*, dizia ela, referindo-se às gavetas. Na parte de baixo do ateliê, justamente abaixo do jirau, numa grande bancada de madeira rústica, ficavam seus inúmeros pincéis, brochas, solventes e uma infinidade de tintas em relação às quais ela se referia como sendo seu arco-íris aqui na terra. Se Alice é introvertida aos olhos do mundo, o seu próprio é maior que todos. Seu espaço é seu tempo vertido em cores densas, oblíquas, inseridas como notas sobre uma partitura, correndo de forma caudalosa para as telas virgens. Manchas, borrões se liqüefazendo, partituras soltas de uma ópera inacabada, era sua vida ali transposta para uma infinidade de enormes papéis, telas maiores que a própria Alice. Ali em seu ateliê era assim, como ela própria dizia, ali era o lugar de transbordar tudo que não cabia dentro dela, tudo aquilo que transbordava de sua alma temperada do transfeminino. *Sou transfeminina*, dizia como que para chocar sua mãe que a questionava sobre sua feminilidade. Ironia que só ela sabia o que queria dizer: transfeminina, certa vez confidenciou a uma amiga, era seu jeito metafísico de se recriar para além das possibilidades de ser, já que sua existência conturbava-se ao ser insatisfatória para sua própria protagonista.

Ela só veio morar no apartamento atual muitos anos depois de sua volta da Alemanha.

No sonho, Alice e Karl estavam casados e ele lhe dizia ao pé do ouvido: "Não quero saber do seu passado, dos homens que teve, só não quero que você me confunda com eles". E ela respondia: "Você é único! Você é único!".

Acordou assustada com o som da sua própria voz. Riu encolhida, um pouco envergonhada consigo mesma ao lembrar do sonho. Mas gostou intensamente de ter sonhado que estava casada com Karl e morando no lugar que ela idealizou para morar com um homem assim: sensível, inteligente, charmoso, companheiro, mas que prontamente troque uma lâmpada quando se precise. Faria da garagem uma oficina para que ele trabalhasse com madeira. Logo o imaginou fazendo personagens do folclore brasileiro: sacis, boi-bumbás, mulas-sem-cabeça, pensou nela, tornou a rir. Achou graça da sua *boutade*. Ela, uma mula-sem-cabeça. Certamente que seria só para as coisas do amor e das sentimentalidades. Imediatamente lembrou do bilhete de sua mãe. Procurou-o pela cama sem sucesso. Certamente que o bilhete não havia sido um sonho. Olhou no chão, e nada. Teria sido um sonho? Voltou a procurar na cama, debaixo dela, retirou os lençóis, o pesado edredom e o mistério persistia. Olhou para as horas. Já passava das 13:30h. Foi quando se dirigia ao banheiro que ouviu um barulho na cozinha.

– *Mãe? Mamãe?*

– *Andou dormindo agarrada com meu bilhetinho? Estava com saudades da mamãe, né?*

Pronto! novamente outro passe de mágica. Num único segundo, ao ouvir a voz da sua mãe, suspirava aliviada como que pelo reencontro com ela mesma. A relação com sua mãe tinha esse efeito de produzir, a cada reencontro, um encontro de Alice consigo mesma.

– *Oi, mãezinha! Você está bem?*

Por um instante ela esquecera o fato de sua mãe ter passado a noite com Ravi Moustapha. Por um instante, mas não por muito tempo.

– *Vamos sair, filha?*

– *Vou tomar um banho. Você não vai sair com o Ravi, vai?*

O tom irônico da voz Elza já conhecia há muito tempo.

– *Claro que não, filha. Vou sair com você.*

– *Para mim nada está claro. Você agora só quer saber do seu indiano.*

Quando ela deixava de chamar algum namorado de Elza pelo nome, já era sinal do descontrole dos seus ataques de ciúmes. E, entrando no banheiro, continuou o escárnio...

– *Ele tocou flauta para a cobrinha dele sair de dentro do cesto?*

– *Alicê!!!!*

Ao sair do banho, Elza perguntou a sua filha por que ela havia dormido de roupa e a que horas havia chegado. Alice, que nunca soubera mentir para sua mãe, corou envergonhada. Não da hora que havia chegado, porque ela já havia passado noites inteiras fora de casa com outros namorados, mas do envolvimento com Karl. Assim, arriscou timidamente dizer que havia chegado de madrugada e, como estava muito cansada, dormira de roupa. Mas olhos de mãe serão sempre olhos de mãe que observam para além das simples aparências. Embora dominada pela dependência afetiva da filha, Elza percebeu algo de diferente em Alice. E insistiu, como que já adivinhando o adendo da noite anterior.

– *Você estava na casa de Karl?*

A resposta ou ressaltaria a suspeita ou enterraria de vez a pergunta, hipótese que agradaria muito mais a Elza. Às vezes, pergunta-se para não ouvir. Mas a pergunta já estava feita e com ela veio a resposta seca e em tom desafiador de Alice.

– *Estava sim. Por quê?*

Elza percebeu que o terreno estava minado e que se insistisse em sua curiosidade a filha poderia novamente destemperar o humor e estragar a visita à exposição de *Marc Chagall.* Elza definitivamente não estava a fim de pagar esse preço, ainda mais depois da noite que havia passado com Ravi.

Na verdade, sabemos que quando alguém quer se defender de uma pergunta indesejada a melhor resposta é o ataque. E Alice sabia que sua mãe recuava sempre que ela avançava. Muitas conversas foram interrompidas dessa maneira. Só quando era do interesse de Alice o diálogo prosseguia sem grandes intercursos. Porém, mais dias menos dias, Alice voltava impreterivelmente ao ponto exato onde haviam interrompido a conversa assim como uma mosca volta ao local de onde foi enxotada, assim também como um assassino volta ao local do crime por sua irresistível curiosidade. Alice era extremamente curiosa, só que num sentido inverso do que se pode esperar da curiosidade normal. Era ela que ficava curiosa, melhor dizendo, ansiosa, para compartilhar o segredo não revelado com sua mãe. Era uma compulsão, uma obrigação, um imperativo que a colocava como num confessionário diante de sua mãe-padre. O silêncio de Elza causava um empuxo à fala em Alice. Confissão sem interrogatório, apenas um desejo irrefreável de dividir sua vida com sua mãe. E nessa divisão havia ao mesmo tempo submissão e controle, fúria e apascentamento de uma doutrina sempre por se refazer. O equívoco de Alice era interpretar a mudez de sua mãe como um silêncio convidativo à fala. Elza simplesmente estancava a fala e emudecia diante das intempéries da filha, porém esta entendia que o espaço vazio, na verdade criado por ela mesma, deveria ser preenchido com algo. Então, diante do hiato, perante o negro fosso entreaberto entre as duas, só as palavras poderiam fazer novamente uma ponte de luz que as religasse em suas existências.

Tal como quem retorna à antiga religião abandonada, ao antigo deus em desuso, gasto pelos pedidos em vão, desgastado pelas promessas não cumpridas, a palavra de Alice pendia para uma vocação de arrebatamento, de recriação de si própria e de desobstrução da poeira acumulada ao longo dos séculos. Sua palavra talvez não tivesse a força de uma fênix, mas provavelmente levasse anos e anos a fio queimando todo seu extenso vernáculo. O poder de sua invocação ganhava céus, atravessava mares, com a força atemporal do cultivo infinito do jardim celestial. Sua palavra ganhava ares de um holocausto em que se invocava a um deus oculto todas as potestades que poderiam acudi-la aqui na terra. A densidade da fumaça que saía de sua boca enquanto falava naquela fria manhã européia era o destino comum do incenso aceso continuamente em seu interior. Quanto ardor havia naquelas palavras, quanto resfolegar irresoluto, quanto arfar de palavras soltas em primaveras, verões, outonos e infernos, quanta vacilação eloqüente do vazio a ser preenchido.

Os olhos estão em jejum quando se abrem de manhã. Por um lado, ainda não se refizeram do regurgitamento das constelações, dos meteoros noturnos, das estrelas candentes do pensamento onírico daquela alma feminina. E, por outro, ainda não se alimentaram das perspectivas mal iluminadas que o novo dia se encarregaria de brindar. Quando um olhar está em jejum, ele pede a reciprocidade de um outro olhar. Alice sempre prescindiu do olhar dos outros para suas obras, mas nunca do retorno do olhar de sua mãe para o seu. A cegueira psíquica sempre é maior do que aquela que a realidade nos apresenta. Ela superdimensiona a realidade de forma a torná-la cada vez mais inóspita e insuportável para encará-la frente a frente. O grotesco da dor da realidade torna-a simplesmente inadequada para o seu manejo cotidiano. Assim, o recurso de Alice sempre foi entubar uma longa e defensiva cegueira para não se dar conta quando o perigo era iminente. A pergunta de Elza avançava para o recuo do olhar sobre a palavra salvífica. Não podia falar que dormira com Karl, nem podia se calar quando o silêncio da mãe se tornava um convite imperativo à fala.

O silêncio era o ponto de entrecruzamento entre e cegueira e a impossibilidade da palavra absoluta; aquela que religaria mãe e filha e ao mesmo tempo retiraria a névoa a embaçar o cristalino da alma sofrida daquelas duas mulheres. Sobre a ponte de palavras reconstruía-se o tempo perdido, tal como se revelava um tesouro escondido sobre o palimpsesto. Ah, o amor, essa raposa que sorrateiramente cega os olhos e ludibria as palavras com outras envenenadas com as delícias da dor ornada de felicidade. Ah, o amor, essa ilusão embalsamada que se quer que se torne infinita, mas que vive a morrer sem saber o que fazer para reviver o antigo castelo iluminado. A realidade, essa outra face da ilusão, surge sempre como o racional a correr contra o tempo infinito da emoção. Que seja infinito enquanto dure, já disseram. Alice escrevia assim sobre essa frase:

"Amor te amo
A morte amo".

Se é certo que a vida inaugura a morte, então que se pudesse conjugar amor e morte simultaneamente, era o pensamento dela que corria desesperado ao encontro da nuvem da incerteza. Ou então que ele pudesse ser etéreo, à flor da pele, enquanto durasse, enquanto fosse fogo-fátuo, dúvida-insegurança, mas que fosse, para além de qualquer alegoria, desvirginado no amanhecer dos canteiros ou no adormecer de uma criança. Ah, o amor, esse jardim noturno de esperanças que engole a tarde da vida quando ela teima em permanecer. Sob a bruma da inconstância, o amor para Alice reinava desterrado, xenófobo, exilado em sua própria terra natal. O ventre da mãe parecia sempre seco, um útero que teria sido encardido desde que se alojara lá para desse abrigo nunca mais voltar; ilusão de fel, o ventre materno sempre se encontrara árido para satisfazer seus desejos de plantio e colheita.

Recolheu-se à infância: pés descalços, parecia um menino. Subia em árvores, colhia mangas sem deixá-las cair para que não se esborrachassem, soltava pipa, magricela que era, brincava de pique-esconde, bandeirinha, mas era com suas bonecas-mãezinhas que seus sonhos se perdiam. Então ela deixava de ser um menino, mas já não mais sabia o que era. Faltava-lhe a referência da mãe, embora esta estivesse cotidianamente ali com ela. O que faltava ela parecia ter de sobra quando brincava com suas bonecas e tratava de ensinar para elas: "Seja calma, filhinha", "não se impaciente, bebezinho da mamãe", "papai já vai chegar, meu neném", "não chore não que a mamãe já volta". Entre o desconsolo e o desamparo, Alice parecia uma sinfonia inacabada, ou uma partitura abandonada sobre a estante que o maestro morreu antes de ensaiar até o final.

"Sinfonia inacabada", "Obra descompleta", "Ruínas", "Colheita morta", "Desconstrução", "Blues in Paris", esses eram alguns dos nomes através dos quais Alice reverenciava seus quadros. Ali está ela, dizia a mãe, ao se referir a Alice para algumas pessoas mais próximas. Ela está em cada pincelada, em cada pingo de tinta cuidadosamente escorrido, em cada encontro vertiginoso do pincel com a tela, em cada lágrima vertida à exaustão enquanto pinta suas telas enormes. Ali brota e se encerra seu coração. Alfa e ômega, gênesis e apocalipse, boca e ânus, Big Bang e escatologias teleológicas. Tudo era desde sempre e tudo era até nunca mais, ao ponto de se perder no infinito das sensações. Explosão vulcânica, afeto desmedido, mas um trapo com cheiro das sentimentalidades rotas da infância. Os longos cabelos negros avançavam sobre os olhos em soluços e parecia que ela estava a recriar naquele breve instante todo o mundo. Na verdade, em momentos assim, de criação, era como se ela avançasse sobre a cena do mundo e, numa golfada e entre grunhidos, despejasse sobre a tela o que do mundo transbordava regurgitando sobre a tela. Parecendo ter compreendido tudo, Nejar Allmén, um crítico de arte, havia escrito na ArtMundo, uma importante revista dedicada à arte contemporânea, sem saber o que se passava com o interior da artista, que suas telas eram "vigorosas e tristes".

Pronto, estavam recompostas, internamente alinhavadas entre elas até onde a ocasião permitia e esteticamente arrumadas para uma visita no domingo à tarde à exposição de *Marc Chagall*.

CAPÍTULO X

Interlúnio V

Era uma sexta-feira. No dia seguinte, mamãe me levaria ao Museu de Arte Moderna. Eu já tinha ido lá algumas vezes. Adorava ir ao MAM para correr naqueles espaços enormes, gritar bem alto e fazer eco com a minha voz por debaixo do pavilhão central. Minha mãe morria de vergonha e me puxava para logo entrarmos para a exposição. Amanhã, filha, vai haver uma exposição de uns artistas contemporâneos de que você vai gostar muito. Arte moderna no Museu de Arte Moderna, completava. Mamãe dizia gracinhas como quem entendia de arte. Ela sabia apreciar, mas na verdade não entendia muito. Eu me encantava com as cores e as formas, principalmente se em relação a elas os quadros tivessem movimento. O movimento dá forma ao mundo. Gostava de saber disso. Não sei se foi alguém que me disse ou se fui eu que descobri sozinha. Bisbilhotice? Devia ser. Mas não havia nenhuma razão estética maior nisso. Era assim e pronto. O movimento dá forma ao mundo, repetia com ar de sabedoria epistolar. A felicidade existia de véspera. Amanhã era muito longe e minha imaginação fervilhava. Nessa noite pensei em como seria a vida de um artista. Pintar lindos quadros, viajar pelo mundo inteiro, ir para Roma, Paris, Nova Iorque, China – na China tem algum artista? Não sei. Vou pesquisar. México, São Paulo, Foz do Iguaçu, Argentina, Friburgo. Ia assim fazendo a minha cartografia imaginária na qual caberiam todos os artistas. Locais conhecidos por fotos, filmes ou cartazes. Locais imaginários: quando crescer vou para o Interlúnio expor as minhas obras lá. Sabia que essa palavra, tão saborosa de falar, tão aveludada, tão cheia de mistérios, tinha algo a ver com a lua. Imaginem uma exposição na Lua! O mundo cabe dentro da Lua? Tudo bem. Eu faria um quadro bem miudinho para caber dentro dela. Peguei minha bolsa favorita dentro do armário. Nela cabia tudo de que eu precisava. Um bloco pequeno para desenhar, um estojo com lápis preto, borracha e, amarrados num elástico, alguns lápis coloridos. Algumas vezes sentava num canto do museu e ia fazendo desenhos um pouco a esmo. Noutras, ficava tão vidrada num quadro que me sentava no chão diante dele e começava a copiá-lo. Eu era boa nisso e todos que passavam não eram indiferentes ao que eu fazia. Eu sim era indiferente a eles. Nem percebia quem passava. Era como se eu não estivesse ali. Era como que tomada por uma excitação interna, um frenesi dramático que me fazia cair defronte do quadro, resfolegante, embasbacada. Certa vez aconteceu isso diante de um quadro do *Marc Chagall.* Tinha um boi voando por cima de uma casa. Fiquei alucinada. Nos quadros todas as minhas fantasias podiam se realizar. Por que eu nunca havia pensado nisso antes? Um boi voando, lindo, colorido e sem asas, só com as asas da imaginação. Se era assim, eu poderia colocar qualquer bicho para voar, até um elefante. Nessa época ainda não conhecia os quadros de Salvador Dali. O surrealismo iria me arrebatar de vez para a pintura. Acho que havia duas Alices, ao menos quanto à arte: uma antes do surrealismo e outra após a descoberta do surrealismo. Ainda cabiam na minha bolsa algumas outras coisas de extremo valor. Uma escova, uns prendedores de cabelo para quando fosse desenhar e, sobretudo, um espelho. Engana-se quem pensa que era para ficar me olhando. Gostava de me virar de costas para o quadro, numa certa distância, como quem o abandona, como quem não quisesse vê-lo, como quem não quer mais ver a si mesmo, como um pássaro triste, solitário, que se deixa abandonar ao vento no horizonte, antes do anoitecer. Retirava cuidadosamente o espelho da bolsa e brincava de procurá-lo. Descobria assim outros ângulos do quadro que ninguém notava. Às vezes, a vida é extremamente dura para olhá-la de frente. Necessito de umas armadilhas para fazer um jogo de vida e morte, de amarelinha sem céu, de pique sem esconde com a vida. A vida era um extremo perigo e muitas vezes eu precisava desafiá-la. Mas não de frente. Com cuidado, aos poucos. Não sabia bem sobre a vida. Sabia que existia um risco de se ir, se ir no viver como uma cadela no cio, que foge assustada por entre os carros de uma larga avenida. Uma avenida sem fim chamada vida. A vida era muito comprida. A morte muito curta. A morte é infinita? Por que às vezes ela se apressa e vem antes da hora? Quando era a minha hora? Não sabia bem quando é que uma esbarrava na outra. Vida e morte. Sobre esse assunto minha mãe era de um silêncio tumular. E meu pai já estava nele. Mãe-vida. Pai-morte. É, talvez fosse isso. Não sabia bem. Amanhã teria arte. Hoje o dia estava me liqüefazendo. Era hora de me deixar.

Capítulo XI

Domingo com *Marc Chagall*

Anexo ao Museu *Lasar Segall*, havia o acolhedor *Kunst Cafe Lasar Segall*, onde mãe e filha entraram de mãos dadas para almoçar. Passava das duas da tarde e a fome que era tanta foi imediatamente aplacada ao som de um quarteto de cordas que tocava *Bach*. O Café estava lotado. Por coincidência, esse anexo ao Museu completava naquela semana quarenta anos de fundação. Por sorte, logo conseguiram uma mesa no canto oposto, mas não tão distante do quarteto. Ao sentarem, o garçom trouxe uma taça de vinho tinto para cada uma, além de algumas fatias de pão preto do tipo kümmelbrot e lascas de queijo *ementhal*. Frente ao espanto das duas, ele foi logo dizendo que era cortesia da casa, pois, se o Café fazia aniversário, elas eram o melhor presente. Vitorio era um italiano e, como todo bom genovês, era romântico e galanteador. Pouco importa se o Vitorio disse essas mesmas palavras para todas que ali antes haviam entrado. A verdade era que um galanteio vindo de um homem de traços tão finos, sorriso largo, cabelos negros jogados ligeiramente para trás, quase com descuido, uma leve camada de barba como quem não se barbeia há uns três dias, um lenço vermelho e branco alinhadamente atado ao pescoço, mãos generosas e com uma voz de barítono que parecia ecoar dentro da alma, soava não como um quarteto de cordas, mas como uma orquestra inteira da qual o próprio Vitorio era o *spalla*. As duas ficaram olhando com que desenvoltura e elegância ele regia as mesas. Retornou à mesa com o mesmo sorriso generoso, entregou a cada uma aquilo que elas pensaram que fosse o cardápio. Era o programa do quarteto de cordas. Nele lia-se numa belíssima letra cursiva dourada sobre papel sépia reciclado:

K.C.L.S. – Barock

Johann Sebastian Bach (1685-1750)

1- Sei Lob und Preis mit Ehren
2- Erbarme dich (from St. Matthew Passion)
3- Jesu, Joy of Mans,s Desirin
4- Ertöt' uns durch dein' Güte
5- Ich ruf' zu dir, Herr Jesu Christ
6- Kommst du nun, Jesu, vom Himmel herunter
7- Lass mein Hertz die Münze sein
8- Dein Blut, der edle Saft
9- "Air on a G String" (from Suite III)

Alice, ainda no meio do suspiro, como que retendo o ar que lhe faltava, sussurrou para sua mãe: *Mãe, os deuses ainda olham por nós. Veja, este é o programa escrito por eles para nós mortais aqui na terra sonharmos que também somos deuses. Bach brinca de ser Deus quando escreve para Ele e nos transporta em sua viagem celestial. "Air on a G String" deveria, mãe, ser uma música para nunca mais acabar de tocar. Ela é infinita, pois ao final parece retornar ao seu início. Tal como os deuses, mãe, que ao fim de uma jornada sempre reaparecem misteriosamente em seu início como se nunca tivessem saído dali. A música perfeita é aquela que faz você perder a noção do tempo e do espaço, por isso ela é clássica, por isso ela é universal, pois não se perde no tempo, mantendo-se sempre atual. Mãezinha, a arte é universal e eu quero que minha arte sobreviva para além de mim, assim como Bach sobreviveu para além de Bach, como Mozart sobreviveu para além de Mozart, como van Gogh sobreviveu para além dele. Não quero morrer com o tempo, não quero me tornar uma página amarelada esquecida e empoeirada num velho catálogo em desuso. Quero que minha arte me exceda, que vá para além de mim, que me transborde, ultrapasse minhas fronteiras, meus limites, meus medos.* Alice, emocionada, poucas vezes falava assim sobre si mesma e sua arte. E quanto mais falava mais ia apertando o braço de sua mãe. Emocionadas, sem tirarem os olhos uma da outra, choravam o choro do amor compartilhado. *Quero*, continuou ela, *iluminar os céus com minha arte, abrir um clarão de espanto e surpresa, quero revolver a lama adormecida dos desvalidos, quero sacudir o mofo dos intolerantes e reclamar potência para os necessitados. Quero atirar tinta fresca e multicolorida na alma dos eternos arrependidos do que nunca fizeram. Mãe, eu faço por você, faço por mim, mas, antes de tudo e de todos, faço para libertar os fracos de opinião. Quero sim que eles se escandalizem com minha arte, assim como Jesus escandalizou os romanos, assim como os impressionistas iluminaram o renascimento. Não, não quero parar de pintar, mãe, enquanto tiver força em meu cérebro e vigor nos meus braços... Ai, enquanto houver Bach por perto, estarei por aí invadindo telas, quebrando conceitos, destruindo regras, desfazendo nós... desfazendo nós... desfazendo nós...*

Um rosado e obeso senhor que estava sentado na mesa ao lado fez um delicado gesto que, na verdade, era um pedido de silêncio.

Quando a fala é atravessada pela emoção, a voz embargada sobressalta para além do previsível e esborracha-se em ouvidos estrangeiros. Alice conteve a respiração ofegante, mas não a ponto de impedir que o choro agora viesse de maneira contundente. Dobrou-se sobre o colo de sua mãe durante alguns minutos para se recompor para a vida. Novamente aquele colo a lhe ofertar, mesmo que momentaneamente, segurança. Novamente, após ter ido aos céus, debulhava-se na plantação desértica de si mesma. Quem a olhasse naquele estado, já semidesfeita do coma do colo materno, não diria que ela é a mesma que com ímpeto feroz lança em seus quadros as cores que despertam o sono dos antepassados e fazem nascer prematuramente os que ainda estão por vir.

Quando Vitorio trouxe o cardápio, Alice optou por uma vitela com ervas na manteiga e *chutney* de maçã e salada verde (alface, chicória, lascas de endívias com queijo ralado e uva passa fresca) e Elza pediu um frango defumado com molho de amêndoas e alecrim e purê de maçã verde com sálvia. Os dois pratos foram acompanhados por mais dois cálices do mesmo vinho da entrada. Dividiram uma tortelete de pêra com creme e canela. Dois capuccinos encerraram a conversa. O quarteto de cordas já havia acabado sua apresentação e em seu lugar um rapaz tocava no violão músicas folclóricas da Alemanha. Na verdade, depois de Bach não caberia mais nada, mas o dono do restaurante, para manter acesa a chama do aniversário, contratou o jovem que, se não decepcionava, também não empolgava. É verdade que alguns dos mais velhos acompanhavam cantarolando aquelas músicas que só tocavam ao coração dos que possuíam uma forte ligação com as tradições.

E rumaram para o encontro com *Marc Chagall.* Logo na entrada um texto que não era do curador da exposição. Em letras enormes, o texto abraçava toda a parede defronte a entrada.

"O meu pai tinha olhos azuis, mas suas mãos estavam repletas de calos. Ele trabalhava, ele rezava, ele se calava. Tal como ele, eu era também calado. O que iria acontecer comigo? Deveria eu permanecer assim a vida toda, sentado em frente de uma parede ou deveria também, tal como ele, acarretar toneladas? Tinha mãos demasiado delicadas...

Teria de encontrar uma profissão diferente, uma ocupação que não me obrigasse a abandonar o céu e as estrelas e que me permitisse encontrar a finalidade da minha própria vida. Sim, isso era, precisamente, o que eu procurava. Todavia, na minha terra natal, ainda nunca ninguém, antes de mim, tinha pronunciado as palavras: 'Arte, artista'. 'O que é isso de um artista?', perguntava eu".

Marc Chagall – A minha vida

Mãe, disse Alice, *não sei da suavidade das mãos do meu pai, jamais saberei a não ser por você, mas mesmo assim não será uma impressão tão viva quanto a do Marc Chagall em relação às mãos do seu pai. Só sei que as minhas mãos também não foram talhadas para outra coisa que não as artes. Minha vida transpira através dos poros dos meus dedos. Eu estaria louca se não pudesse mais usar minhas mãos para pintar. Aliás, acho que só não enlouqueci porque encontrei nas artes a minha ligação umbilical até você, até o que eu nunca entendi em você, sua suave indiferença...*

Elza abraçou a filha mais forte, passou a mão em seus longos cabelos e deu um longo beijo em sua testa sem proferir uma única palavra. Sabia que naquelas ocasiões era melhor um gesto do que uma palavra que, em geral, era mal interpretada pela filha.

Também não quero, continuou ela, *abandonar o céu e as estrelas, mas o que fazer se em minha vida o céu não desce até a terra? O que fazer se em minha vida as estrelas desobedecem ao firmamento e, invertendo toda a lógica celeste, teimam em não brilhar?*

As estrelas tinham em sua luz uma miopia redobrada, uma cegueira de quase desandar, um desvirtuosismo inconseqüente, um quase desamor para aqueles que precisam delas no mar da noite. Ser sempre assim no ir do viver era um sobressalto para o tropeço, um fim sem inícios, uma vida sem curvas na qual o horizonte teimava cotidianamente em deixar de ser. Horizontalizava-se noite adentro sem muitos olhos para a desperspectiva, e o abismo de sentimentos era engolido por monstros gélidos que a arrastavam cada vez mais para muito, muito longe de seu epicentro.

O que a abrilhantava, por assim dizer, o que era luzeiro em sua vida, o que trazia os vestígios do céu de uma aurora boreal era sua arte. Alice possuía um candeeiro em seu interior que justo reclamava escuridão para poder contrastar.

Era feliz em descontinuidades, em fingimentos de ser, de ser fogo-fátuo e iluminar mortalidades. Reacendia-se em moto-perpétuo de tintas fosforescentes a iluminar seu próprio caminho. Havia noite-dia na magia de um caber dentro do outro. Quando era dia, a noite orgulhava-se de sua irmandade, quando era a própria noite, o dia inibia-se, envergonhado de ter que deixar de ser. Faça-se noite-luz!... e Alice viu que isso era bom.

Sinto-me só numa noite sem fim, sinto-me como se a manhã jamais chegasse, numa eterna dívida com a aurora.

A mostra estava disposta em ordem cronológica, obedecendo ao rigor da fase inicial do artista na Rússia, que foi de 1887, data de seu nascimento, até 1910, quando se muda em definitivo para Paris, onde finalmente encontraria ressonância para o desenvolvimento da sua arte. "Ato Feminino, sentado, em Vermelho", um nu feminino de 1908, abria a série que Alice considerou vertiginosa. Sob a forte influência da tradição judaica, Chagall pintou temas como "A Família e a Maternidade", "A Circuncisão de Cristo" e "A Pitada", onde retratou um judeu com barba e caracóis fumando com a Torá em hebraico sobre a mesa e a estrela de Davi ao fundo. Porém Chagall derrubou fronteiras, desconstruindo imagens, pintando vacas sobre o telhado, olhos na parede das casas. Seu lirismo amoroso foi influenciado enormemente pela figura grandiosa de seu pai, pelo seu amor às mulheres, por uma profunda melancolia que o fazia retornar constantemente ao seu passado e pelos temas religiosos. Em sua autobiografia, escreve: "O mais importante é a arte, a pintura, uma pintura que é muito diferente daquilo que o mundo pretende que ela seja. Mas qual? Será que Deus ou qualquer outra pessoa me dará força para que eu possa insuflar o meu fôlego aos quadros, o ânimo da oração e do luto, da oração para a remissão e a ressurreição?". Sua visão do mundo não era nada otimista. Após sua visita à Palestina, A Terra Prometida, seus quadros ganham uma atmosfera tenebrosa de morte, desilusões e sofrimentos. "A Solidão" de 1933, "A Revolução" de 1937 e "A Crucificação Branca" de 1938 demonstram uma espécie de diáspora do artista em relação ao mundo pelos horrores da proximidade da guerra. Ficar atado aos sonhos e, no entanto, admitir a possibilidade da realidade não era nenhum antagonismo para ele. "Todo o nosso mundo interior é realidade, porventura até mais real do que o próprio mundo visível. Se denominarmos tudo aquilo que nos parece ilógico como sendo fantasias ou histórias, com isso só provamos que não entendemos a natureza". Não havia contradição em seu mundo. O poeta Paul Elluard escreve "Para Marc Chagall":

Burro ou vaca galo ou cavalo
Até o corpo de um violino
Homem cantando um único pássaro
Dançando ágil com sua mulher.

Casal mergulhado na sua primavera

Ouro da erva chumbo do céu
Separado por chamas azuis
Da frescura do orvalho
O sangue cintila o coração bate

Um casal o primeiro reflexo

E numa abóbada de neve
Desenha a videira completa
Um rosto com lábios de luar
Que à noite nunca dorme.

Era o próprio Chagall quem se insuflava contra todo e qualquer movimento que enrijecesse a pintura. "Abaixo com o naturalismo, o impressionismo e o cubismo realístico... Cedamos, sim, à nossa loucura! É necessário um banho de sangue purificador, uma revolução da profundidade e não da superfície". E, em outro momento, ele continua: "Mas talvez a minha arte seja a arte de um louco, um reluzente Mercúrio, uma alma azul, despontando nos meus quadros".

Alice e sua mãe estavam, ao final da exposição, extasiadas. Um êxtase feliz definiria a filha. À saída, como que para suavizar a densidade da noite dos olhos, estava o último quadro: "Os Amantes nos Lilases". Deitados, idilicamente, num enorme ramo de flores, o par dedica-se às suas relações intemporais.

Já era noite quando as duas deixaram a exposição e foram tomar um café e ver, numa aconchegante sala, algumas reproduções e souvenires: o marketing moderno proporciona aos olhos famintos a possibilidade de reter ainda um pouco mais do já visto. Elza comprou para a filha a reprodução de "O Pai do Artista" de 1907, feito originalmente com Tinta-de-China e Sépia. Era um desenho de Chagall sobre seu pai.

Abaixo e ao canto, trazia o seguinte texto: "Quando contemplava o meu pai, iluminado pelo candeeiro, eu sonhava com o céu e as estrelas, bem longe para lá da nossa rua. Para mim, toda a poesia da vida se comprimiu aí, na melancolia e no silêncio do meu pai. Era aqui que se encontrava a fonte inesgotável dos meus sonhos: o meu pai comparável à vaca imóvel, reservada e calada, que dorme em cima do telhado da cabana". *Marc Chagall*

Alice terminou de ler, abaixou a cabeça, seus cabelos cobriram suavemente seu rosto e, quando voltou a levantá-la, seus olhos pousaram lacrimejantes e suaves nos de sua mãe. Ela interpretou aquele gesto de ternura como algo a mais: uma maneira especial de a sua mãe retomar o laço tão denso, justamente por ser invisível, da sua relação com seu pai. Alice, por sua vez, presenteou sua mãe com "O Mito de Orfeu". Elza deu um sorriso e perguntou: *mas esse mito não é aquele do amor impossível entre Orfeu e Eurídice?*

A pergunta ficou suspensa no ar com a chegada inesperada de um homem que suavemente pousou sua mão sobre o ombro direito de Elza. Era Ravi. O mundo realmente não era justo com ela, pensou Alice. Diante do sorriso iridescente de sua mãe, ela atravessou um boa noite entre os lábios e levantou-se dizendo que precisava ir à toalete. Realmente foi, mas lá teve uma crise de choro insuportável. Afinal de contas, sua mãe havia lhe prometido irem a sós para a exposição. Para ela não lhe interessava o acaso. Sua mãe deveria ter marcado às escondidas um "encontro casual" à saída do museu. O ciúme não admitia explicações racionais. Destemperada, saiu, foi até o balcão e comprou por impulso "A Queda de Ícaro". Uma reprodução no tamanho original da tela de 213 por 198 cm. Era ela própria que estava em queda, em queda livre. Suas asas haviam sido cortadas no instante de seu nascimento e, sempre que ela teimava em voar, o sol da vida derretia a cera que lhe dava a frágil sustentação em ser. Então suas manhãs anoiteciam bem antes da hora programada. Era sempre o inusitado, era sempre o fatal a rondar-lhe as horas.

Suas lágrimas agora não eram mais de consternação e ternura, mas sim de ódio avassalador. Da delicadeza do cabelo, até alguns instantes atrás, pousado sobre a testa, esse mesmo cabelo agora desgrenhava-se, como se ela se metamorfoseasse em Medusa de cuja cabeça nascem cobras, quase que propositadamente a encobrir a fúria dos olhos. Numa reviravolta do mito de Orfeu, quando sua mãe olha para trás e encontra o indiano, é ela que se esvai de volta para o Hades.

– *Espero você lá fora, mãe.* A frase já parecia conter um chamado para a briga.

– *Filhinha, não vamos estragar nosso domingo. Não posso evitar de encontrar as pessoas. E muito menos posso deixar de falar com elas. Principalmente o Ravi.*

– *Principalmente? Principalmente por quê? Você sabe que eu não gosto dele.*

– *Ora, menina, você tem ciúmes dele. Aliás, dele não. De todo mundo que se aproxima de mim. Você sempre foi assim. Todo mundo que chegava perto de mim você dava um jeito de me deixar pouco à vontade por causa do seu mau humor. Quantas e tantas vezes eu deixei amigos, parentes, namorados e pessoas comuns por sua causa.*

– *E você está aqui na Europa por causa de quem?*

– *Você sabe que é por sua causa. Você sabe que eu não teria dinheiro para estar aqui se não fosse por você. Mas você também sabe que é por minha causa que você agora tem esse reconhecimento todo como artista. Se você foi convidada para a Documenta nessa merda de cidade, é também por minha causa. Eu, que tantas vezes sacrifiquei minha vida pessoal, agora quero dar um basta nisso. Chega! Chega! Você sempre foi egoísta. O mundo sempre girou em torno do seu umbigo. Você com sua possessão nunca me permitiu viver. Sempre se intrometeu entre minha barriga, de onde você saiu, e o meu mundo.*

– E eu por acaso não faço parte do seu mundo? Será que nunca fiz? Será que isso que eu sempre suspeitei é verdade?

– Esse seu egoísmo umbilical ainda vai matá-la! A você e a mim! O seu mundo só me cabe desde que eu não me caiba, desde que eu não seja eu mesma e sim outra, sempre outra, sempre, sempre, sempre...

– E você? Quem você pensa que é? Só porque me gerou você pode ficar por aí reclamando? Eu, ao contrário de todo mundo, talvez tenha sido a única mulher que tenha pedido para nascer. Mas, talvez, não do seu ventre, não dessa barriga que parece nunca ter me cabido. Você com sua falsa meiguice sempre me sufocou. Você, com seus falsos cataclismos sempre me inundou de angústia e solidão. Então me diga o que você fez até hoje de produtivo além de reclamar calada? Hein? Não sabe? Me diga, me diga!

– Fiz... fiz você.

Longo silêncio. Passos pesados, mas não ao ponto de encobrir o arfar daqueles destroçados corações.

– *Sei*, continuou Elza agora já mais vacilante, *que aos seus olhos não foi muito, mas é o que de melhor possuo até hoje. Mas tudo tem seu preço e seu tempo e daqui por diante não abaixarei mais a cabeça para você.*

Por inúmeras vezes havia Elza havia feito essa promessa e jamais havia cumprido. O que haveria agora em especial que modificaria suas antigas recaídas? O amor. Ravi havia tocado o coração de Elza de uma maneira misteriosa, fazendo com que ela se vergasse em sua direção, tal como uma flor de lótus se debruça sobre si mesma com as primeiras brisas da primavera.

Elza tocava em coisas graves do relacionamento entre as duas que poderiam modificar tudo dali para frente. Alice, por sua vez, começava a compreender, talvez tarde demais, que jamais deveria ter insistido com sua mãe para que ela viesse para a Alemanha. Agora, pagava o preço da sua eterna insegurança. O terreno minado que se descortinava entre as duas talvez jamais voltasse a ser limpo outra vez.

Aquele domingo havia sido extremamente exaustivo para as duas. Alice tomou um longo banho bem quente, mas, mesmo assim, teve muita dificuldade para dormir e, por isso, pôde notar que sua mãe, que em geral tinha muita dificuldade para dormir, inexplicavelmente, assim que deitou na cama, adormeceu em sono profundo. Alice levantou, acendeu o abajur, inconformada por ter sido deixada sozinha, e ficou sentada ao lado da sua mãe, contemplando aquela que parecia estar envolta num manto mágico e profundo de sonhos. Novamente aquele ciúme doentio parecia estar arrancando-lhe a alma quando se pegou pensando se a mãe estaria sonhando com Ravi. "Porra", pensou, "será que não desgrudo da minha mãe nem em seu sono, a ponto de em seus sonhos querer visitá-la?".

Elza, na verdade, dormiu um delicioso sono profundo como há muito tempo não dormia. E não sonhou nem um instante com o indiano. Sonhou como era feliz com sua filha ainda bem pequenina correndo de um lado para outro. Coração de mãe tem dessas coisas. Se de dia briga, à noite faz *mea culpa* e se reconcilia consigo mesma. Decerto que o sono também havia sido ajudado pelo alívio por ter descarregado, ao menos um pouco, os anos de sufoco que estavam entalados em seu peito.

Quando finalmente adormeceu, Alice teve pesadelos horríveis. O primeiro deles foi que caía em um precipício sem fim. Acordou assustada, voltou a dormir e, dessa vez, sonhou que comprara uma asa delta e que realizaria o sonho de Ícaro. Estava nos céus quando um pássaro enorme começou a bicar-lhe os olhos e, perdendo o equilíbrio, despencou lá do alto. Novamente acordou, dessa vez ainda mais assustada porque lembrou logo do quadro de Chagall, "A Queda de Ícaro", e de que sentimentos a haviam levado a comprar essa reprodução lá no museu. Voltou a dormir e de novo outro pesadelo. Dessa vez sonhou que era uma mulher bem idosa que já não conseguia andar direito. Usava umas bengalas que faziam com que as pontas dos seus pés se arrastassem em carne viva pelo chão. Quando despertou horrorizada desse sonho, percebeu que sua mãe gemia de dor.

É que a culpa não tarda muito em jogar pesado seu manto obsceno do arrependimento. Na manhã bem cedo daquela segunda-feira, Elza acordou com 40 graus de febre. Seu corpo doía a dor de todas as distensões entre os povos, de todas as fraturas das relações, de todas as hérnias de disco que se avolumam sobre as costas dos descontentes com a vida. Seu corpo estava despedaçado em calafrios, tremores, dores no peito e fisgadas na cabeça como uma antiga enxaqueca que sempre a acompanhara até ter tido sua filha. Nunca mais se dera conta de que a enxaqueca havia passado.

Nunca mais tivera uma única fisgada nas têmporas até aquela irremediável manhã. É preciso sofrer para se ter acesso a algumas verdades, conseguiu ainda pensar antes de falar com sua filha.

– *Amor da mamãe, desculpe-me por ontem. Não sei onde estava com a cabeça quando disse aquelas coisas para você.*

– *Mãezinha, é claro que te perdôo, mas você não falou com a cabeça não. Você falou com o coração. Isso não é ruim, mas não foi bom para mim ouvir algumas verdades, embora saiba também que foi necessário. Agora, feche os olhos que vou buscar um analgésico para você.*

Tudo entre as duas era perdoado quando a doença chegava. Era como se houvesse um trato explícito de não-agressão quando o assunto era a doença de uma das duas. O medo da perda fazia com que se unissem num laço estreitamente indissolúvel. A família era reduzida. Havia duas irmãs do pai de Alice que moravam no interior do Paraná, sendo que a mais velha delas era intolerável, o que fazia da convivência com a mais nova algo impraticável. Já Elza tinha um irmão mais velho que havia morrido num acidente de carro, deixando a mulher com três filhos. Sua mulher casou-se novamente com um rico fazendeiro também viúvo do interior de Goiás, o que tornava difícil o convívio de Alice com os primos. Assim, uma tinha a outra como a noite possui estrelas: para seu puro deleite. Portanto, não podiam se dar ao luxo de se abandonarem na doença. Ao contrário, quando havia a menor manifestação de algum sintoma, era o momento para a exaltação máxima da vida.

– *Mãe, trouxe seu analgésico. Vou botar uma música bem calminha de que você gosta. Sabe, mãezinha, hoje devo acabar de dar meus últimos retoques nos quadros para a Documenta. Você vai ver só. É uma surpresa que vai abalar todo mundo. Os críticos de arte vão ficar de boca aberta. Não vou dizer a você agora para não estragar a surpresa para você também.*

– *Filha*, disse sussurrando, *você é a melhor artista desta Documenta. Você é a grande artista da minha vida. Não tenho a menor dúvida de que vai ser um sucesso qualquer coisa que você tenha feito. Mas... será que não dá nem para adiantar um pouco sobre o que é?*

– *É sobre a humanização do religioso.*

– *???*

– *Estamos todos pregados em alguma cruz. Ah, você vai ver, você vai ver.*

Capítulo XII

Interlúnio VI

Caí abarrotada de imagens. Era tão grande o meu mundo e eu tão isolada na alma. Queria gritar com a alma. Como que se fazia isso? Muitas vezes quis ser um menino. Achava que os meninos eram desalmados. Matavam passarinhos. Minha mãe mesmo era testemunha disso em sua infância. Ela uma vez me contara o que tinha visto: dois meninos pegarem um coleiro no alçapão e depois matarem o pobrezinho torcendo o pescocinho dele. Fazer isso sem sentir nojo nem dó só é capaz aquele que não tem alma. Evitar o sofrimento, recobrindo com um manto de estrelas e meteoros prateados, deve servir também para achar a alma. Deveriam fazer um dicionário que ensinasse como achar a alma. Lá explicam tudo. Menos isso. A alma deve ser tudo, menos isso. Tudo menos isso é igual a alma. Taí, havia feito outra bela equação, e dessa vez mostraria o meu achado, orgulhosa, para mamãe. Vou fazer um dicionário para se achar a alma. Vou catalogar o nome de todas as coisas que eu encontrar pela frente. Todos os nomes de rios, países, pessoas, sentimentos, raiva, amor, ódio, cuspe, medo, árvores, bichos, cores, estrelas, coisas, objetos malucos, etc. O que não couber no meu dicionário vou dar o nome de alma. Gostava de me achar translúcida. Só deveria deixar passar por mim um pouco de claridade sem que me vissem por dentro. Claridade demais atordoa. No verão é assim. Tudo é muito claro. Eu não gosto. Fico mais exposta e me dói a vista. Prefiro a luz do outono que cai enviesada por dentro das coisas, tornando-as mais livres. Livres como uma boca que sabe o chocolate que a espera. Queria ser livre mas ainda não sei para quê. Talvez para comer biscoitos na hora que eu quiser. Talvez para ver os filmes que eu não posso. Talvez para parar de ter talvez. Adorei isso. Parar de ser. Um minuto só. Como se consegue isso? Se eu prender a respiração será que eu consigo. Humpf! Nem um minuto. Como é que se consegue fazer para parar o tempo? Já sei. Vou desligar todos os relógios aqui de casa, aí o tempo pára. Mamãe não vai precisar mais trabalhar e eu vou poder ficar o tempo inteiro brincando. É isso. O tempo inteiro. Mas o que é o tempo inteiro? O que deve ser isso? Existe o tempo pela metade? E se eu jogar fora uma parte dele? É bom a gente poder rir de si mesma. Fica-se assim, como que suspensa no ar. Um pouco fora do tempo universal. A luminosidade sempre foi algo essencial na minha vida. Do escuro abissal tenho medo de dar vertigens. Já a claridade me deixa vulnerável como um coelho que não sabe que pode existir sem ser na páscoa. Mas era só por isso que queria ser menino. Por causa de me sentir sem alma. Sei que fico louca por não saber do meu desalinho em ser tão franzina. Mamãe diz para eu ter calma que vou crescer. Sempre fui muito ansiosa e impaciente. Talvez seja esse meu vulcão por dentro que não aconteça por fora. Há um abismo, verdadeiro cisma que acontece na divisão entre o que há em mim por dentro e o que falta em mim por fora. Queria ser eu pelo avesso. Não conheço ninguém que seja assim, ao avesso. No meu dicionário vou criar um ser pelo avesso. Aliás, vou começar por onde termina. De morto voltará a ser criança e nesse processo cada um de seus órgãos internos passará a ser externo. Aí nada mais será invisível. Alguém te deixou ou morreu e surge uma dor no coração? Vai estar lá, será visível. Você está com ansiedade e dor no peito? Será possível ser localizado. Está com falta de ar, dor de barriga, gases, com bronquite e sufocada? Tudo será possível de ser visto. Acabariam os mistérios. Por que Deus não fez um mundo sem mistérios? Por que tudo é tudo e não é nada? Por que a gente não nasce sabendo todas as respostas para as nossas perguntas? Se eu voasse os meninos me matariam? É isso que se chama morrer de amor?

Capítulo XIII

A cor do prazer

Alice estava em seu *dead line* para a entrega de seus quadros. Fora uma operação trabalhosa o transporte das suas enormes telas do Brasil para a Alemanha. Como ela não havia terminado a tempo, se instalara num velho galpão que servia de ateliê para outros artistas estrangeiros a fim de concluir os quadros, o que ela fazia nos intervalos de suas aulas na Universidade ou mesmo madrugada adentro. Aquela semana seria apocalíptica para ela. Ou terminava e entregava até quinta-feira ou ficaria de fora da Documenta. É verdade que, criteriosa e exigente como era em relação ao seu ofício, quem entrasse e visse diria que estava pronto. Mas para ela faltavam alguns detalhes essenciais. Coisa de artista que trabalha febrilmente em sua obra como os apaixonados trabalham a serviço de fazerem levar suas paixões ao extremo do prazer orgástico.

Ali estava ela no segundo andar do galpão, espaço reservado para ela e que considerava como um santuário; ninguém podia subir para ver. Mesmo sua mãe tinha ordens enfáticas de não subir. Quanto a isso não havia dúvidas sobre a relação entre elas. Elza respeitava muitíssimo o trabalho da filha. Os que por ali transitavam por vezes insistiam para ver o andamento de sua obra, mas ela, com a firmeza e a determinação que lhe eram particulares quando se tratava de sua arte, impedia um a um de subir sequer um degrau da escada. Nessa semana ela estaria mais livre, pois, além de ter conseguido uma licença de uma das aulas, estaria sozinha no galpão, os dois artistas que ocupavam o andar inferior já haviam entregado seus trabalhos. Astrid era uma neozelandesa que trabalhava com argila e metal retorcido. Fez umas figuras humanas que saíam das paredes dos prédios feitos de metal. Eram cenas urbanas e o metal não só circunscrevia os corpos como também os atravessava. O outro artista plástico do andar inferior era um sujeito muito esquisito do qual Alice só soubera que o chamavam de *Clockman*, apelido dado pela Astrid, porque ele trabalhava com uma infinidade de peças de relógios como se quisesse estancar o tempo. Quando *Clockman* entrava, não falava com ninguém. Dirigia-se ao seu canto e ali, entre uma baforada e outra de charuto, entortava ponteiros, fazia profundos cortes nas horas e, ao coçar sua longa barba avermelhada, soltava uns grunhidos incompreensíveis.

Entre os expositores e entre as pessoas envolvidas foi-se criando uma aura de mistério em torno do que ela estaria fazendo. Apenas a curadoria estava a par e já havia aprovado previamente, antes do trabalho pronto. Na verdade, Alice havia mandado umas fotos e um croqui de uma parte de seu trabalho e um extenso relatório do que seria toda a obra. Agora o prazo se extinguia, mas a determinação vulcânica de uma artista adubada pelo seu trabalho fazia frutificar cores e formas mesmo em solo dos mais adversos.

A luz natural há muito já deixara aquele ateliê quando se ouviu o sino tocar. Na entrada do galpão havia como campainha um pequeno e antigo sino de bronze para o segundo andar, já que para o primeiro andar o grande puxador da porta servia em suas batidas para anunciar o visitante. O badalo insistiu ainda uma segunda e uma terceira vez como se quem estivesse ali soubesse do movimento no segundo andar. Alice largou aborrecida os pincéis dentro do solvente, jogou os cabelos para trás e deu um berro que significava que ela já estava descendo para abrir o enorme ferrolho que ficava por dentro a travar a enorme porta de madeira. Desceu as escadas resmungando, pensando tratar-se do chato do *Clockman* que aparecia nas horas mais indevidas ou mesmo alguém da exposição a cobrar a urgência da entrega. Ora porra, esbravejou ela, estava dentro do prazo, então que esperassem. Respirou fundo e pensou que teria que ter um ar severo, mas não seria indelicada; afinal de contas, já haviam dado tudo que ela havia pedido.

Sob a luz fraca que se escondia por detrás da vegetação, Alice reconheceu de imediato aquele sorriso generoso. Era Karl que lhe trazia, numa das mãos, uma boa garrafa de vinho e, na outra, queijos e frios. Instantaneamente, como num grande passe de mágica, a surpresa do amor fez com que seu semblante mudasse radicalmente. Seus olhos se iluminaram, seu coração bateu aceleradamente, descompassado, o sorriso não cabia em seu rosto.

– *Pensei que você pudesse estar com fome...*

– *De você.*

Saiu. Alice só reparou o que havia dito quando já era tarde demais para voltar atrás e pensar racionalmente. Mas ela nunca fora assim de parar para pensar. Em suas relações sempre fora impetuosa, voluntariosa e, quando via, já havia feito ou dito, o que em algumas ocasiões, como por exemplo aquela, dava na mesma, uma coisa ou outra.

Karl soltou uma sonora e gostosa gargalhada que teria sido capaz de ter despertado o coração de toda a cidade. Refeitos do instante do encontro, deram um longo e demorado beijo; só os corações apaixonados, tontos de tamanha desrazão, são capazes de tal volúpia, quando a língua úmida, frêmita, adentra a alma mais do que o próprio corpo. Quase que sem se separarem um só milímetro, entraram no ateliê e já iam subindo quando Alice voltou para fechar a porta e pedir para ficarem no andar de baixo. Sem perguntar o porquê, Karl foi logo retirando o saca-rolhas para abrir o vinho, o que fez com enorme mestria. Suas mãos, hábeis, estavam acostumadas cotidianamente ao trabalho manual. Alice foi até a cozinha que ficava na parte de trás do ateliê para pegar duas taças e uns pratos para servir os queijos e os frios. Só achou uma taça limpa. Não quis perder tempo lavando outra. Beberiam o vinho na mesma taça, ou na boca um do outro tal como aprendera com ele. Era simples o processo, mas era preciso estar apaixonada como ela estava para se fazer isso. Ele bebia um bom gole de vinho sem deglutir e em seguida beijava Alice e fazia escorrer para sua boca o vinho deleitado em sua própria boca. Aliás, era assim que ela preferia, pois o vinho que acabava transbordando pelos cantos da boca era deliciosamente sorvido pelo voraz amante.

– *Tentei não pensar em você*, sussurrou Karl. *Mas sempre quando eu pensava em você pensava em nós dois.* Servindo o vinho, olhou fixamente para os olhos derretidos de Alice e, talvez querendo, como se fosse possível encontrar uma resposta, começou a perguntar: *Quem é essa mulher que me arrebata para além do meu corpo, tocando até o mais desconhecido de mim mesmo? Quem é essa mulher que de homem me faz menino a procurar travessuras? Quem é essa mulher que me retira das minhas certeza atávicas e me transforma num mar incandescente de ondas de prazer? Quem é essa mulher que me enfeitiça e me leva deliciosamente a experimentar o além da dor e do prazer? Quem é essa mulher que entrou na minha vida cinzenta colorindo-a por dentro e por fora?*

– *Vou te colorir*, respondeu Alice suavemente, mas com muita firmeza. E continuou como que dando seqüência às perguntas de seu amante: *Quem é esse homem que me leva a passear para além dos arredores de mim mesma, que me desvirgina a alma e os sentidos? Quem é esse homem que me faz tremer como se estivesse dando luz a milhões de estrelas? Quem é esse homem que troveja meu céu em noite de lua cheia e me despe como um anjo e me possui como uma prostituta? Quem é esse homem meio deus meio demônio que me enfeitiça só com o sorriso que escorre do canto dos seus olhos? Quem é esse homem que me deixa nua de mim mesma mas ao mesmo tempo protegida, louca e atriz para seus caprichos mais sadicamente deliciosos? Quem é esse homem que me faz ficar escondida de mim mesma só para ser surpreendida em meu despertar? Quem é esse homem que não cessa de me fazer ter esperanças no amor, ele, que quando está perto tenho vontade de devorar, mas que quando está longe é só esperança e saudade?*

Num único movimento ela dá um pulo ligeiro e se engancha sobre seu colo, beijando-o como se estivesse possuída por mil ninfas mitológicas. Começou a escorregar pelo colo de Karl e num movimento quase de câmara lenta foi se afastando dele até chegar perto de uma grande mesa do ateliê. Puxou para cima da mesa um lençol branco que teria servido para cobrir as obras ali em produção. Karl fez menção de falar alguma coisa, mas ela o interrompeu apenas com um leve sorriso e o dedo indicador pousado suave sobre seus lábios. Subiu as escadas e retornou com alguns pincéis e tintas. Com a delicadeza de uma artista, foi lentamente retirando a roupa de Karl enquanto ao mesmo tempo o puxava para cima da mesa. Ele, entre estupefato e excitado, ia obedecendo a condução daquelas mãos que o levavam para o desconhecido. Deixou-se deitar nu sobre a mesa. Ela, com a mesma mestria, havia também tirado sua roupa.

– *A mesa está posta.* Disse ela sorrindo baixinho.

Depois do primeiro encontro, ali estava aquele homem apaixonado, entregue à paixão de uma artista. Depois do primeiro encontro, ali estava ela declarada em sua feminilidade, em seu cheiro de sexo que exalava daquele encontro mágico entre eles. Pediu que ele fechasse os olhos e apenas sentisse a cor do prazer.

Então, ela molhou um dos pincéis na tinta vermelha e foi roçando cores delicadamente pelos contornos daquele homem. Sentiu que ele suspirava de prazer a cada toque do pincel num lugar inesperado do seu corpo. Seu corpo retesava, sentia arrepios, seus dentes mordiscavam o canto da boca. Tentou segurar o braço dela, puxá-la para cima dele. Ela, mais uma vez com firmeza, deteve a ação e retornou a sua pintura. Depois foi lentamente misturando cores; azul cobalto, amarelo Paul Veronese, ocre, terra di Siena, várias tonalidades de verde, cinza chumbo, preto, lilás. Parou, distanciou-se para observar de outro ângulo o que estava fazendo. Retomou com mais vigor o pincel, agora adicionando mais e mais tintas como que tomada por uma fúria descontrolada. Ele era sua obra prima, ele era sua obra de arte. Tomada pela ardência desenfreada da paixão, largou os pincéis, se jogou com volúpia sobre o corpo pintado de seu homem e fizeram amor inúmeras vezes entre arco-íris e auroras boreais.

Deitados no chão, sorriram lado a lado um para o outro. Estavam exaustos, corpos suados entre cheiros e tintas. Corpos e almas coloridas. O mundo era todas as cores e o vinho era o nome do sangue que corria em suas veias. Se a felicidade existisse, aquele era o momento no qual ela se fazia presente. Nada mais acontecia fora daquele mundo. O tempo parara, o mundo havia se rendido à força daquela paixão e também estancara todo e qualquer movimento fora deles. O mundo todo convergia para aquele instante. O universo todo era uma orgia de cores, prazeres e beijos.

– Você me encanta, minha brasileirinha louca.

– Meu corpo acabou de ser refabricado pelo meu maravilhoso artesão. Você tornou a dar vida a ele. É como se você tivesse retirado de mim um peso da poeira dos séculos. Jamais me senti assim na vida. Inteira, mulher, parida para o mundo, perdida por você. Adoro me perder em mim mesma e voltar a me encontrar em seus abraços. Eles me devolvem a sensação de plenitude do que havia de desencontro em mim mesma.

– Por um momento, enquanto me pintava, achei que você tinha enlouquecido, que havia perdido a razão.

– Você ficou com medo?

– Por um instante sim, mas depois me deixei levar por você.

– *Foi quando você tentou me puxar para cima de você?*

– *Acho que foi exatamente nesse momento. Creio que eu queria voltar a ter o domínio da situação.*

– *Hum... machista.* (rindo)

– *Não era machismo. Acho que naquele instante tive medo de você.*

– *Bobinho. Vocês homens são sempre assim, uns frouxinhos. Quando sentem que estão ameaçados logo querem inverter a situação. Por acaso você não sabe que as mulheres enlouquecem de verdade quando estão apaixonadas? Ficamos louquinhas, loucamente apaixonadas, e somos capazes de cometer qualquer coisa para ter o que queremos.*

– *Mas não são todas assim.*

– *Sua mulher, por exemplo.*

Esse era o dado de realidade que fazia o encanto desmoronar. Era trazer o mundo que havia se afastado de volta para a cena principal. Karl desconversou e disse que não gostaria de falar de Erika ali naquele momento. Alice pediu desculpas e foram buscar querosene para se lavarem da tinta e depois tomaram um longo e demorado banho a dois. Ainda havia carinho suficiente, não só para esfregarem um ao outro, mas também para outra relação sexual embaixo do chuveiro. Ela perguntou se não havia problema para ele em chegar naquela hora e daquele jeito em casa, pois, por mais que tomassem banho, o cheiro do solvente, da tinta e obviamente do amor havia entranhado na pele deles. Ele explicou que Erika havia dormido na casa da mãe dela em Melsungen, cidade vizinha a Kassel, pois teria que levá-la ao médico muito cedo. Por um lado Alice se tranqüilizou pelo Karl, mas, por outro, pensou que ele só estivera ali porque Erika não estava em casa. Esse pensamento que a atingiu como uma flecha ela tentou apagá-lo, mas foi em vão. Ela certamente teria preferido que seu amante tivesse enfrentado a tudo e a todos para estar com ela. Não queria pensar em Erika como sua amiga, mas foi inevitável. Não queria pensar que ele a tivesse usado, ou que ele era um covarde, mas foi igualmente inevitável. Tudo isso são bobagens, pensou. Daqui a pouco terei esquecido todos esses pensamentos ruins e só a lembrança agradável estará comigo.

Alice pendurou o "lençol do amor", como ela chamou aqueles borrões de tinta e sêmen, numa corda paralela à parede. Guardou como foi possível suas tintas e pincéis, fecharam o ateliê e foram cada um para sua casa quando o dia já ia amanhecendo.

Karl bem que ofereceu uma carona até a casa dela, que na verdade não era tão longe dali. Alice disse que preferia caminhar e sentir aquela brisa fresca da manhã. De mais a mais, a rua não estava mais tão deserta, pois já era possível encontrar os primeiros trabalhadores saindo de suas casas para a jornada diária.

Alice voltou para sua casa já sem os sentimentos de culpabilidade que haviam atravessado seu caminho. E, rindo dela mesma, concluiu que havia sido só um lampejo de insanidade. Ela que nunca aproveitava momentos como esse, ela que sempre estava reclusa nos braços de sua mãe, quando finalmente pudera se livrar não iria se deixar levar por martirizações moralizantes. Assim, caminhou lépida como se estivesse a flutuar. Pelas ruas, àquele com quem cruzava dava um sonoro e germânico "bom dia". Alguns retribuíam, outros, desconfiados daquela mulher com os cabelos ainda molhados e que continham uma pequena mas inconfundível mecha bicolor de tinta, apertavam o passo como que para evitar qualquer contato.

Só quando entrou em casa e se olhou no espelho, viu que grande parte de seu cabelo ainda estava cheio de tinta. Em cima da mesa na sala repousava um bilhete de sua mãe: "Filhinha, estou preocupada com você. Esperei você lendo até as 3:30 da manhã. Você não devia estar trabalhando tanto assim. Você vai ficar exausta. Me acorde quando você chegar". Às vezes as mães dão o mote esperado para o álibi dos filhos. Assim, o álibi estava feito. Sem levantar um pingo de suspeita de que estava tendo um caso com Karl. Se ela perguntasse, o que era perfeitamente natural, diria que ficara a noite toda adiantando os trabalhos.

Quando acordou já eram quase duas da tarde. Espreguiçou dengosamente na cama, rolou de um lado para o outro e ficou agarrada ao travesseiro, recolhida em suas lembranças da noite anterior. Parecia um sonho tudo aquilo. Qual seria o desfecho? Bem, disso ela não queria nem saber. Estava apenas interessada em aproveitar o que a vida estava proporcionando para ela. Finalmente ela podia provar daquilo que a seu ver a vida tinha de mais valioso: a entrega ao amor e às artes. Naquela noite tinha fundido estas duas vertentes numa só. Havia sido maravilhoso e era maravilhoso rir sozinha e ter só seu travesseiro por confidente e companhia.

– *Acordou?* Elza carinhosamente passou a mão pelo cabelo da filha como que notando as tintas ainda ressequidas. Alice levou um susto, pois, absorta que estava em seus pensamentos, nem notou que a mãe havia entrado no quarto. Por um instante esqueceu o que dizer, mas rapidamente lembrou da carta da mãe que havia se tornado seu próprio álibi.

– *Trabalhou muito, filhinha?*

E Alice, dando um largo sorriso, respondeu: *Ah, mãe, aproveitei bastante a noite.*

Na verdade ela não havia mentido, o que sempre era muito difícil na relação entre as duas. Entre elas havia sempre um pacto de se dizer a verdade, o que por vezes tornava a relação muito dolorosa, pois a verdade em certas ocasiões tem o seu dom de expor feridas que custam muito a cicatrizar. Portanto, dizendo que havia aproveitado a noite, falava a verdade, só que por outras vias. Era como se dissesse o correto através de um pequeno desvio de caminho.

– *Terminou tudo? Está tudo pronto para você mandar vir buscar seus trabalhos?*

– *Quase. Mas hoje até o final da tarde termino tudo.*

– *Estava esperando que você acordasse para almoçarmos.*

– *Não sei por que, mas estou morta de fome. Acho que ontem à noite tudo foi muito intenso e acabei por gastar muita energia.*

– *Saí hoje cedo, comprei umas verduras que você gosta e descongelei um suflê de berinjela e um bolo de carne de carneiro temperado com hortelã.*

– *Ai, que banquete, você é a melhor mãe do mundo. Você é dessas pessoas que conseguem transformar coisas simples e triviais num verdadeiro banquete, numa "festa de Babete".*

– *Em que, filha?*

– *Ah, foi um filme que vi em que serviam um banquete.*

– *Vem, a mesa está posta!*

Alice deu uma sonora gargalhada que Elza ficou sem entender direito, mas que pensou fazer parte daquele momento agradável entre elas. Na verdade sua mãe acabara de repetir a frase da noite anterior, quando Alice colocou Karl deitado nu sobre a mesa.

Lá pelas quatro horas voltou ao ateliê. Abriu a porta e o cheiro da noite anterior ainda estava por lá. Olhou para o lençol pendurado e reteve nele por alguns instantes seu olhar. Aquilo era uma verdadeira obra de arte. Havia contornos de um corpo no lençol, porém, como ela havia deixado o lençol pendurado, a tinta durante a noite escorrera. Então, era como se um corpo dali tivesse escorrido. Aquilo a assustou, pois pensou que aquele corpo evanescente, que ela sabia bem a quem pertencia, pudesse deixá-la sozinha.

Subiu para seu ateliê e em menos de três horas estava ao telefone pedindo que viessem buscar suas telas no dia seguinte.

Capítulo XIV

Interlúnio VII

Estava aflita. Andava assim há dias. Precisava voltar ao "depósito geral", ao quarto de empregada. Não ia lá há muito tempo. Sabia que precisava voltar lá. Havia algo por descobrir, mas tinha medo da descoberta. Minha mãe não podia saber. Aquela noite de sábado deveria ser a grande oportunidade. Mamãe estava com enxaqueca e ia se deitar mais cedo. Amanhã era domingo e não precisava acordar cedo para a aula. Eu disse que ia me deitar mais cedo também. Nunca estivera tão acordada em toda minha vida. Se existia um estado de excitação, então ele tinha um nome e um sobrenome: Alice Rygue. Durante o dia já havia me certificado de que havia pilha nova na lanterna. A luz, não-toda, era a minha segurança contra a minha abissal vertigem. Precisava me munir de garantias contra a possibilidade de ficar presa naquele quarto para sempre. O que haveria ali para me prender assim? A verdade? Mas qual? Já devia ser muito tarde, pois não havia nenhum barulho. O mundo inteiro dormia do lado de fora da casa. Só eu estava acordada dentro e fora de mim. Meu coração batia aos pulos. Tinha medo de que mamãe acordasse só com as batidas dele. Fui descalça e com a lanterna apagada. Era mais seguro: não faria barulho nem claridade. Um risco necessário naquele momento. Entrei. Sabia que estava entrando dentro de mim. Acendi a lanterna. O facho estava jorrando feito fonte luminosa. Clareou demais, pensei. Melhor, só assim posso ver tudo. Sentei por um instante num banquinho e fiquei rodando a lanterna, brincando de teatro. Iluminava o teto e umas caixas. Nunca soube o que tinha nessas caixas. Mamãe dizia que eram umas coisas velhas, uns guardados sem importância. Sempre acreditei. Estava prestes a ter a minha primeira decepção com ela. Usei o banquinho para alcançar a mais alta. Quase desmoronei tudo. Foi por um triz. Consegui colocá-la no chão. Abri-a devagar. Não havia nada demais. Uma boneca velha que eu pensei que minha mãe tivesse jogado fora. Eu mesma havia dito que não queria mais. Um porta-retratos sem foto, outro com uma foto de um casal com uma criança e um cachorro. Não reconheci ninguém. Uns óculos escuros engraçados. Coloquei mas retirei logo. Não enxerguei nada. Também pudera, pensei rindo. Eram óculos para o sol e não para um quarto escuro. Havia ainda uma máquina fotográfica velha e alguns retratos soltos dentro de um saco plástico. Voltei com tudo para dentro da caixa. Desci com outra caixa que estava embaixo desta. Era um pouco maior e bem mais pesada. Havia uns livros velhos e uns cadernos. Como pude ver, eram uns cadernos velhos da minha mãe. Quando ela tinha estudado? Um atlas e um mapa-múndi. Um dicionário de sinônimos e antônimos da língua portuguesa. Não soube muito bem o que era e não me interessei. Voltei a lanterna para o lugar de onde havia tirado esta última caixa. Por detrás dela havia um embrulho envolto num papel celofane azul escuro. Quando joguei a luz, o papel brilhou. Fiquei fascinada e com medo. Tinha uma fita prateada pelo lado de fora. O que seria aquilo? Me estiquei toda para pegar a caixa. Brutal constatação. Não podia abri-la sem cortar a fita. Era impossível desatar aquele nó. E eu que me achava tão hábil com as mãos para desatar qualquer nó de barbante. Mas aquele me parecia impossível e a situação me empurrava para uma solução mais drástica. Dez ou quinze minutos tentando e nada. Não podia desistir agora. Fui até a cômoda da saleta e peguei no tato uma tesoura. Sabia que poderia encontrá-la. Voltei triunfante, mas receosa do ato a praticar. Não pensei muito. Se ficasse pensando na certa eu titubearia e não teria cortado a fita. Talvez fosse melhor a vida assim. Sem pensar muito e sem muitas perguntas também. Eu queria respostas e algumas deveriam estar dentro dessa caixa tão misteriosa. Uma vez feito o ato, não tive pressa. Sentei no chão, cruzei as pernas e pus a caixa no meu colo. A tampa quase tocava no meu queixo. Retirei a fita como quem descerra a bandeira em dia de festa. Era a inauguração de mim mesma. Eu me recriava, reinventando-me com meu ato. Tive que novamente usar a tesoura. O papel celofane estava pregado com durex. Se minha mãe descobrisse, então que a bagunça fosse grande e a bronca merecida. Cortando o durex, o papel soltou-se num passe de mágica, como uma manteiga derretida sobre o assoalho negro. Abri a caixa. Havia um papel manteiga branco que envolvia um pano. Rasguei o papel. Era o vestido de noiva da minha mãe. Por que ela guardava tanto esse vestido? Por que tanto mistério por tão pouco? Levantei e ensaiei colocar o vestido. Fiquei toda atrapalhada e levei um tropeção. Caí por cima da caixa. Tive medo da minha mãe acordar com o barulho. Quando levantei, havia um envelope branco que não havia percebido no fundo da caixa. Direcionei o foco da lanterna para o envelope. Abri esperando encontrar ali a certidão de casamento dos meus pais. Foi quando li estarrecida: atestado de óbito do Sr. Luiz Fernando Silveira Rygue. Causa da morte: suicídio. Meu pai havia se suicidado. Por isso minha mãe fazia tanto mistério sobre sua morte. Ah, filhinha querida do meu coração, por que você foi mexer nisso aí? Minha mãe me encontrou chorando muito. Ela acordara com o barulho que eu havia feito. Deixou-se cair extenuada no chão e me colocou no seu colo como fazia quando eu era criancinha. Choramos muito as duas. Estávamos desamparadas por causa daquele mesmo homem. As condições dos sentimentos eram diferentes. Ela chorava o suicídio do marido e eu de um pai que nunca tive. Senti o peso do seu desassossego e o quanto ela queria me proteger dessa tragédia familiar. O dia amanheceu lá fora sem a nossa presença. Depois disso já não era mais uma criança. O trauma, a dura realidade me fez avançar muitos anos na minha vida. Eu, quase beirando os dez anos, poderia ter cabelos brancos e rugas no rosto que não me surpreenderia por isso. Agora eu sabia muito mais da vida através da morte do que pela própria vida. Eu havia provado do fel amargo da morte como ausência absoluta. A ausência do meu pai nunca se fizera tão presente. Estranha presença-ausente. Nódoa que nunca mais saiu do meu coração. Agora eu sabia o que era um coração sem precisar estar pelo avesso. Só tenho o que me dói. A dor do meu coração me fez sentir a vida através dele. A dor do meu coração me fez ver a existência do coração. Nele, uma parte agora existia, mais do que nunca, e essa parte se chamava ausência. Nele, uma parte faltaria para sempre como dor sentida e não pensada. Agora sabia que meu pai habitava meu coração pela sua falta. Para sempre eu pintaria e deixaria nos quadros uma parte em branco. Uma parte faltante. Um vazio impossível de ser preenchido. Precisava, aliás, precisávamos enxugar a ferida aberta. Lágrimas não havia mais. Em silêncio recolocamos tudo no lugar. Nenhuma de nós nunca mais falou sobre esse dia. Compreendi que deveria dar outro destino para mim mesma se quisesse atravessar aquele Aqueronte. Atravessei, quero dizer, continuo atravessando, pois esse rio também faz parte da vida.

Capítulo XV

A Documenta: uma mega-exposição de arte

No dia seguinte, pontualmente no horário combinado, estacionou em frente ao enorme galpão um caminhão baú e dele desceram seis homens já com luvas e plástico bolha para embalar as peças. Alice os recebeu na porta e quando chegaram ao segundo andar viram que seu trabalho estaria bem reduzido. Ela havia chegado às seis horas da manhã para embalar tudo ao seu jeito. Apenas puseram mais uma camada de plástico envolvendo as telas. Enquanto Alice assinava uns papéis da transportadora oficial do evento, eles terminaram de colocar todas as obras dentro do caminhão.

Quando eles se foram, ela se deixou cair no chão, extasiada, a contemplar o vazio emoldurado. Finalmente ela podia se sentir na Documenta.

Esta era a 11ª edição da Documenta. Com 47 anos de existência, a primeira exposição fora realizada em 1955 (como uma tentativa de reerguer a cidade que ainda estava sob as ruínas do fim da segunda guerra mundial). Com quase 3,5 milhões de visitantes, a Documenta ganhou uma projeção enorme e atualmente é considerada a mais importante exposição internacional de arte contemporânea, à frente até mesmo da Bienal de Veneza. Em seus salões já estiveram obras de Van Gogh, Chagall, Paul Klee, de Chirico, Cezanne, Juan Miró, Christo, Jackson Pollock e uma infinidade de outros artistas. Entre os brasileiros, Fayga Ostrower, José Resende, Cildo Meireles, Jac Leirner, Waltércio Caldas, Tunga, Hélio Oiticica, Lygia Clark e Artur Barrio. Alice Rygue não era apenas mais uma artista a expor na *Documenta*. Sua retrospectiva a credenciava para estar entre os melhores.

Naquele ano de 2002, pela primeira vez a Documenta teria um não-europeu, o nigeriano Okwui Enwezor, como seu curador. Porém ele contou com o apoio de seis co-curadores: o argentino Carlos Basualdo, a alemã Ute Meta Bauer, a americana Susanne Ghez, o sul-africano Sarat Maharaj, o inglês Mark Nash e o espanhol Octavio Zaya. Articulada e pensada como um gestor produtivo de idéias, a 11ª Documenta foi dividida em cinco plataformas. As quatro primeiras foram discussões interdisciplinares que começaram a ser realizadas em março de 2001 e passaram por Viena, Nova Délhi, Santa Lúcia e Lagos[1]. Segundo Enwezor, os temas dessas quatro plataformas eram mais históricos do que políticos e o objetivo dessas discussões era captar a consciência histórica do mundo de hoje. As discussões reuniram historiadores, sociólogos, psicanalistas, escritores, antropólogos, cineastas e artistas plásticos. Juntos, eles discutiram o fracasso da democracia liberal e novas configurações de identidade. A quinta e última plataforma foi exatamente a exposição que foi abrigada no Museu Fridericianum, a Orangerie, o prédio de uma cervejaria desativada (o Brinding-Brauerei) e a estação de trem (Kulturbahnhof) e contou com 117 artistas e 450 trabalhos.

Alice iria ocupar um grande salão na Orangerie. Ela havia feito doze telas que mediam 2,0m x 1,65m. Havia sido um trabalho exaustivo, mas ela nunca medira esforços para sua arte. Pelo contrário, esse era exatamente o combustível para sua vida. Se sua mãe a consumia, a arte a redimia e a relançava sempre para o além dela mesma.

Para o dia da abertura da exposição, Alice comprara uma calça de veludo preta e uma blusa de seda também preta com minúsculas flores de cor pérola na gola. Elza lhe emprestou uma echarpe igualmente pérola. As botas pretas faziam um conjunto ao mesmo tempo elegante e sofisticado, sem, contudo, abdicar do seu lado exótico. Ao chegar na Orangerie ela irradiava luz. Quanto aos seus quadros, eles causavam impacto e abalavam as mais sólidas certezas com as quais os olhares pudessem estar acostumados.

Quando Karl entrou com Erika e suas duas filhas no salão onde estavam os trabalhos de Alice, ele empalideceu e, imediatamente, seus olhos se encheram de lágrimas. Cumprimentou Alice quase que mecanicamente,

---

1 Todas essas discussões foram compiladas numa série especial de livros e estão disponíveis para compra no site da 11ª Documenta: www.documenta.de

mas seus olhos já estavam deitados sobre os quadros. Erika e as filhas ainda ficaram um tempo conversando com Alice e sua mãe, enquanto Karl se afastara para ver com outros olhos a exposição de sua amante. Alice espantou-se com ela mesma, pois não ficou nem um pouco constrangida ao vê-las. Nessas horas, a sua relação com a arte extrapolava qualquer outro intruso sentimento.

As telas eram doze Cristos em tamanho natural, doze apóstolos pregados na cruz. O nome da série era: "Por que me abandonaste?". Essa frase estava escrita em vermelho-sangue, ardido, embaixo de cada um dos doze quadros em doze línguas diferentes: português, alemão, chinês, inglês, espanhol, italiano, russo, árabe, francês, japonês, hebraico e aramaico.

O primeiro Cristo era um negro, corpo forte, trabalhador, mãos ásperas que não o identificavam a nenhuma profissão. Usava uma camiseta branca, encardida, onde não mais se distinguia o nome do político que, outrora em campanha, havia distribuído aquele brinde. Estava com uma bermuda suja de terra e tinta. Nascido na favela, seu pai trabalhou duro para que ele pudesse estudar e, com isso, sair daquela vida miserável que ele próprio levava. Mas foi em vão. Contudo, a formação rigorosa e sempre cuidadosa, de seu pai e de sua mãe, impediu que ele tivesse se bandeado por outros caminhos e, assim como vários outros meninos da sua geração, tivesse se tornado um traficante. Nunca teve a curiosidade de experimentar drogas. Desde criança, sempre fora muito alegre, divertido, suas tiradas inteligentes eram seu salvo-conduto entre os traficantes que diziam para ninguém encostar a mão no menino porque ainda iriam vê-lo como um artista na televisão. Foi assim que ele saiu do morro, escapou das drogas, mas sua vida não foi muito diferente daquela que seus pais haviam pensado para ele. A própria escola em que estudou era freqüentemente metralhada pelos antigos colegas do morro. Arranjou um emprego na construção civil e passou grande parte da sua vida a trabalhar de dia e ficar como vigia para poder pernoitar nos canteiros de obras. Teria trabalhado muito, dia após dia em sua vida, até perder o equilíbrio da vida em um andaime. O peso dos dias era o suor que exalava do seu árduo corpo que poderia ter sido torneado em qualquer lugar do Brasil. O racismo disfarçado mediocremente num "preto de alma branca" teria sido, em vida, sua maior cruz. Com sorriso largo, sempre agradeceu humilde pela oportunidade que lhe havia sido dada: ter sido um bom serviçal. Sua cruz era feita de dormentes usados em trilhos de trem. Vida em linha reta, poucas curvas, mesmo trajeto feito do início ao fim dos seus dias. Agora, ele estava ali, cruci*fixado* pelo mundo. Ao invés de pregos, vergalhões enferrujados e retorcidos perfuravam suas mãos e seus pés.

O segundo Cristo era uma chinesa. Os traços finos, miúdos, no rosto um sorriso triste, enigmático feito Mona Lisa. Pelo chapéu em cone, caído ao lado da cruz, deveria ter sido uma trabalhadora em algum campo de arroz, em algum lugar ermo da China. Tinha as unhas sujas de terra, como se tivesse acabado de sair da plantação. Os dedos enrugados como se nunca tivessem deixado de estar encharcados por horas e dias a fio. Sobre aquele corpo esquálido, apenas um vestido muito simples, branco estampado com flores azuis e lilás. Tecido puído, tal como a expressão dos seus olhos, sem brilho. Tivera muitos filhos que também plantavam arroz, e foi só. Sua vida sempre se resumiu a permanecer dentro da lavoura, embora seu passado pudesse ter sido diferente. Seu bisavô paterno havia sido calígrafo da família imperial da dinastia Lao Ming. Conta-se que, apesar da posição honrosa que tinha adquirido, ele teria se vingado do imperador, pois este abusara da sua filha. Quando a filha do imperador foi casar, ele escreveu no convite o nome do noivo de maneira errada de forma a transparecer que ela se casaria com um arqui-rival da família. Sua vingança estava realizada, porém ele foi morto em praça pública e sua família alijada das cercanias da cidade até suas últimas gerações. Tudo que aquela pequena camponesa conseguira com seu marido fora trabalhar numa pequena plantação de arroz e cuidar de uma casa de colono. Sua casa simples, mas arejada como uma manhã de primavera, ficava nas redondezas da plantação. Sua cruz era feita de junco e seu corpo, ao invés de estar pregado, era amarrado com as folhagens que se desprendiam das pontas do próprio junco. Pulsos e tornozelos foram firmemente amarrados com delicadeza. Suas extremidades estavam arroxeadas. Os cabelos negros estavam secos como a palha do arroz. No alto de sua cruz, estava seu nome: Lyn, que quer dizer concórdia, harmonia. Escrita numa caligrafia tão esmerada que ali, com certeza, poder-se-ia dizer que havia a mão firme do seu bisavô.

O terceiro Cristo era um homem branco, gordo ao extremo da inconveniência, adiposo, disforme. Suas bochechas pendiam flácidas, esbranquiçadas, seus olhos arregalados tinham o espanto de um quadro de Munch. Nu da cintura para cima, sua pele flácida dobrava-se sobre o cinto e a calça social preta. Descalço, seus pés lisos revelavam um homem que sempre andara para trás quando a vida exigiu dele alguma humanidade. Havia se acostumado à prática da corrupção. Corrompera pessoas, outras levou à bancarrota, fez com que outras ainda se suicidassem pela derrocada imposta pela desleal concorrência. Manipulou dígitos, falsificou assinaturas, mentiu e especulou sordidamente sobre números e cifras astronômicas. Sua vitória sempre significou a derrota de muitos outros. Frio e calculista, sempre trocou sem relutar o ser pelo ter. Seu amor era medido e mediado pelo poder de sedução que o seu dinheiro podia comprar. Acostumara-se a pagar pelo amor das mulheres e achava que as fazia felizes com um bracelete de ouro ou uma gargantilha com brilhantes. Na verdade, se elas gostavam de ser presenteadas, o achavam também um porco imundo. No fundo elas sabiam que era mais excitante dar prazer a um homem sequioso de sexo do que a ele, que era sequioso de arrogância. As unhas compridas revelavam o desleixo e o pouco cuidado com o próprio corpo. Vivera da opulenta aparência. Acostumado ao mercado financeiro, ali estavam crucificadas a avareza, a gula, a inveja, a ira, a luxúria, a intolerância, o orgulho e a voracidade da preguiça. Seus pés e suas mãos estavam espetados por cones afiados feitos com notas de um dólar. Deles escorriam cifras. Ao fundo, via-se a silhueta do touro de Wall Street a fustigar-lhe os fundilhos. Sua cruz era feita de ouro, embora em suas pontas estivessem a se desmanchar, pois, como reza a lenda, o ouro dado pelo diabo transforma-se em excremento após sua partida.

O quarto Cristo eram duas crianças, irmãs, um menino e uma menina. Subnutridos a ponto de não se poder distinguir a idade certa de cada um, lado a lado, eles se abraçavam como se ainda quisessem abraçar um fio último de infância. Ele a segurava com o braço direito por detrás da sua nuca, e ela, franzina, passava o braço esquerdo por detrás das costas dele. A cabeça da menina apoiava-se no ombro do menino. Em seus olhos não havia esperança. A pele seca não encobria nem os ossos, nem a fome pela qual certamente foram massacrados. Para eles, a promessa da vida não havia sido cumprida. O "pão nosso de cada dia" não chegou àquela casa e a mesa ficara vazia de bênçãos. Queriam ter rezado mais, porém a fé foi minguando até ficar totalmente esquartejada entre uma desilusão e outra. Suas mãos e pés estavam espetados por garfos e facas. O objeto que deveria ter trazido o alimento era o mesmo que matava sem piedade. Se isso não bastasse, o mundo os havia deixado subnutridos de carinho, compreensão, acolhimento, afeto, ternura e paternidades. Eram órfãos de cuidados. Haviam sido desamparados da palavra "acolhimento". Ao fundo desse quadro, quase que como uma marca d'água, pendurados numa cerca de arame farpado, tal como se fosse um varal, restavam uma bola, um carrinho, um urso de pelúcia e uma boneca. Era o varal da saudade. A cruz das crianças era feita de nuvens e inconsistência. A inocência fora transformada em névoa-nada.

O quinto Cristo era um louco. O desvario havia tomado conta da descompletude da sua vida. Alijado da razão pela dura realidade que lhe fora imposta, erradicou-se no delírio como forma de manter um pouquinho de sanidade colorida no preto e branco de seu cotidiano. Quando pequeno, vítima de um assalto, presenciara a morte brutal de sua mãe. Depois desse dia, nunca mais fora o mesmo. Começou a cismar com tudo e com todos e a conversar com pessoas imaginárias. Oscilava entre choros e risos compulsivos. Ficava por horas olhando para o nada, mudo, impassível, atônito, aflito e quase catatônico, como que querendo compreender o que era impossível de ser sentido. Seus olhos eram opacos, escuros e vazios de qualquer vestígio de vida. Em uma de suas mãos, estava uma velha foto amassada. Era sua mãe com ele ao colo. Diagnosticado de esquizofrênico por uns e de psicótico maníaco-depressivo por outros, seus delírios eram conturbados e sofridos como um redemoinho de vento numa esquina cheia de ninguéns. Aos 38 anos de uma vida sombria, não podendo mais conter o peso da angústia que lhe sufocava em todas as direções, pulou fora da vida, fora suicidado pela sociedade, tal como o Van Gogh de Antonin Artaud. Sua cruz era feita de castelos que se desmanchavam no ar. Estava preso em duas torres onde o dia parecia teimar em nunca surgir: uma era sua vida e a outra era feita com retalhos da mortalha da sua mãe. Ele próprio teria sido o rebotalho daquela morte estúpida. Ele sobrara na vida, tal como o sangue de sua mãe sobrara para todo sempre, escorrendo como um nojo, na calçada insana do seu descaminho.

O sexto Cristo era Clarice, uma freira que devotou sua vida a ajudar os necessitados. Haveria de se perguntar o que ela estaria fazendo ali naquela cruz, ou essa era uma pergunta óbvia demais, porque também seria referente a todos os outros que tinham tido a mesma sorte. Seu mal? Ter amado demais a humanidade. Pecou por amor. O mais carnal dos amores. A sua alma virginal não fora capaz de recobrir toda a carne e foi através desse naco de carne crua, sedentamente exposta, que o pecado penetrou em seu corpo. Espinho que queima a lama da alma. Seta que atravessa ardente o corpo apaixonado. Certo dia, ainda mocinha, tivera uma espécie de transe ao olhar para a imagem de Cristo no interior de uma igreja: imaginou-se transando com Cristo. Desde esse dia, ela colocara na cabeça que seria freira, aliás, seria santa. Para tal, falou muito sério com sua mãe sobre seus propósitos, sem, obviamente, lhe revelar o que a tinha impulsionado para aquela inusitada vocação. Entrara para um convento a fim de cumprir seus propósitos. E assim levou a vida até se deparar com aquele jardineiro que era uma reencarnação, feito à imagem e semelhança do Cristo da sua adolescência. O fogo queimou-lhe o hábito e, frêmita de paixão, numa santa e luxuriosa loucura, entregou-se totalmente àquele que nem cristão era, mas que possuía os olhos que inspiravam piedade. O único hábito que o jardineiro tinha era o de levar mulheres, enlouquecidas de amor, para além da sua compaixão. E ela amou o jeito rude e grosseiro como ele a tratou. Amou-o acima de todas as coisas, e viu que isso era bom. Assim, todas as tardes, ela fugia para a capela em anexo, que nessa hora ficava vazia, e ali se entregava de corpo e alma para aquele messias redentor de sua castidade. Gostava de sentir as mãos enormes e ásperas, de quem maneja a enxada e a terra, em contato com seu corpo noviço. O contraste de peles conduzia-a imediatamente ao primeiro dos seus múltiplos orgasmos. Porém, em certa noite insone, flagrou o seu Cristo se deleitando nos seios fartos de sua colega de cela. Aquela dupla visão, da traição e do ciúme, arrebentou-lhe as vísceras por dentro do seu corpo. Daí por diante, ela começou a sentir náuseas e ânsias de vômito que médico nenhum conseguia explicar. Tinha calafrios, seguidos por febres altíssimas que faziam consumir-se todo seu corpo. Ficara imaginando, em seu ciúme doentio, que o jardineiro era só dela. A partir da constatação da traição, ela imaginou que Cristo também não era só dela. Foi-se consumindo numa fraqueza anoréxica até que uma horrenda hemorragia se desencadeou pelo seu corpo e nunca mais foi estancada. Agora, ela estava pregada na cruz. Apenas uma parte rasgada de seu hábito revelava a sexualidade em seu compungido corpo. Justamente aquela parte por onde o feliz pecado havia entrado há muitos anos atrás. Sua cruz era feita de pequenos demônios que, com escárnio e a língua bifurcada, pareciam zombar de quem os olhasse fixamente.

Ao seu lado, estava uma prostituta. Era o sétimo Cristo. Beatrice havia sido uma criança que nascera em berço de ouro. Seus pais possuíam uma vinícola, a *Chez Vainqueur*, onde era produzido um dos melhores vinhos da França. Localizada numa região próxima à Alsácia, a vinícola era procurada pelos melhores *Chefs du Cuisine* não só da França, mas de toda a Europa. Com a educação refinada, Beatrice veio para Paris cursar filosofia na Sorbonne. Depois de seis meses morando com uns tios, Beatrice mudou-se para um apartamento junto com Marcelle, uma amiga da universidade. Marcelle vinha de uma família pobre e, para pagar a universidade, à noite se transformava em Celly, a garota de programas. Foi assim que numa noite, entediada por ficar em casa sozinha, Marcelle, agora já Celly, convidou Beatrice para fazerem um programa, já que havia o amigo de um cliente disponível naquela noite. A princípio estava receosa e relutante, mas bastaram alguns goles de vinho para que a coragem necessária saísse vitoriosa no lugar da antiga temeridade. Beatrice não só foi como, quase que imediatamente após o primeiro "trabalho", largou a universidade com uma convicção inabalável. De cabelos negros, olhos verdes e um corpo sublime, passou a ser a mulher mais desejada da noite parisiense. Se começou a ganhar muito dinheiro com a prostituição, essa nunca fora a sua preocupação, e sim o intenso prazer extraído do anonimato mundano aliado ao êxtase quase místico do encontro com o desconhecido. Buscava a purificação para a inquietude pecaminosa da sua alma e, segundo dizia, parecia se encontrar num transe místico, próximo à beatitude, quando fazia um programa. Era uma resposta ao mundinho em que fora criada, onde tudo era perfeitamente previsível e programado. Do motorista a levá-la para a escola aos passeios de cavalo sempre na mesma trilha. Descobriu na prostituição um refúgio seguro para que o fantasma da monotonia não se apoderasse mais de sua vida. Por mais dinheiro que lhe oferecessem, recusava categoricamente sair com o mesmo homem mais de uma vez. Isso, é certo, os enlouquecia, pois o homem, ao ser rejeitado, dispara o seu apetite para a conquista. E ela não queria ser conquistada, era ela que queria sempre conquistar, como se houvesse sempre um grande Himalaia por subir. A cada nova conquista ela se via afastada cada vez mais da monotonia caseira, do falso pudor que reinava entre seus familiares. "Onde há muito pudor", pensava, "há muita tara enrustida". Pois, agora, ela não seria mais falsa nem para si nem para os outros. De opinião firme, dizia o que sentia e pensava, mas com os clientes era capaz da mais doce mentira para realizá-los em suas pueris e rocambolescas fantasias. Recusava atender telefonemas e escolhia com rigor seus homens com um perfil que poderia mudar de um dia para o outro. Assim, mesmo que um homem quisesse se adaptar, ou mesmo tentar se submeter ao que ela quisesse, sua maneira de ser voluntariosa e vaidosa em seus propósitos impedia qualquer antecipação ou previsão possível. Num dia ela podia escolher um homem que fosse muito rico e com ele viver uma noite de rainha no hotel mais caro da cidade, num outro dia ela poderia sair com um artista de Montmartre e trocar um *portrait* seu por uma noite de intenso prazer. Assim como também poderia sair com dois estudantes universitários e deixar que os dois fizessem sexo com ela, até o amanhecer, às margens do Reno. Poderia ser uma santa para uns, assim como uma amante do sadomasoquismo com requintes de crueldade para outros. Em seus mil disfarces, era uma verdadeira artista na sua profissão. Recusara convites de trabalho no Moulin Rouge e no Crazy Horse, duas badaladas casas noturnas de Paris, pelo prazer de trabalhar na rua. Quando o inverno se acentuava, tinha uma agenda repleta de nomes que lhe davam a confortável posição de escolher ao invés de ser escolhida. Certa noite, num descuido fatal, saiu com um árabe e sumiu durante uma semana. Encontraram-na esquartejada num quarto de hotel de terceira categoria no Quartier Latin. Agora, ela estava ali, majestosa em sua cruz, retratada em seus dias de glória. Sua cruz era feita de folhas de parreira retorcida, seus pés pisoteavam uvas e deles escorria fel.

O oitavo Cristo era Benjamim, um cego de nascença. Antes de ter ciência de que o mundo todo não era cego, não via a dimensão da maldade no coração dos humanos. Isso foi antes da revelação, quando sua alma também era cheia de pureza no ver o mundo. Demorou a perceber que olhava o mundo através do olhar dos outros. Demorou para perceber que os que não tinham problema algum na vista enxergavam menos do que ele. Não só desenvolveu com extrema habilidade os outros sentidos, como também um em especial: ao se aproximar das pessoas, era capaz de sentir não só a energia positiva ou negativa que essa pessoa emanava, como também as emoções e as revelações da alma em todos os seus matizes e meandros. Seus parentes, rindo, diziam que ele era a encarnação de Tirésias, o célebre cego das tragédias gregas que possuía o dom da *mantéia*, isto é, o poder da adivinhação sobre o futuro. Aos poucos, Benjamim foi percebendo uma outra realidade, não tão visível para todos, mas de uma extrema clareza para ele. Tinha o estranho poder de sentir o mais leve tremor na fala do seu interlocutor e perceber as menores e mais sensíveis variações de temperatura de quem dele se aproximava. Percebia o arfar descompassado do coração, ou, o que era inacreditável, o piscar acelerado dos cílios a se cerrarem sobre os olhos, e daí extrair uma percepção aguçada sobre quem quer que fosse. Assim, tal como numa visão de raio-x, penetrava fulminante no coração da alma dos outros. Isso o fazia sofrer, pois ele acabava vendo um lado negro, abissal, do qual ele não sabia o que fazer para se livrar ou livrar seus próximos, pois também estes sequer desconfiavam de sua outra metade inconsciente. Só sentia, e esse sentimento se transformava em sofrimento. Também era possível vislumbrar o outro lado, menos negro, no qual amanhecia luz no coração dos outros. Dessa enorme sensibilidade percebia, tal como se percebe com clareza o contraste de uma gaivota negra contra o céu azul num dia de verão, a indiferença, o amor, a traição, a inveja, a culpa, a intolerância, o racismo, a xenofobia, ou qualquer outra manifestação humana, demasiadamente humana possível. Nada lhe era indiferente, tal como os afetos possíveis e impossíveis, que ficaram abandonados como se abandona um cão vadio no ermo de uma estrada. Mas nada disso ele esquecia, nada disso ele deixava como restos, como vômitos do dia. Benjamim sabia enxergar o valor exato de uma vida, por menor e mais desqualificada que fosse essa vida. Certa ocasião, levaram Benjamim a uma exposição de esculturas de Camille Claudel. Por ser cego, a segurança permitiu que ele tocasse nas obras. Suas mãos escorregaram macias e excitadas entre curvas e ressaltos. E com cada escultura que interagia fazia uma exclamação: "estão dançando!", e era "A Valsa", "é como o nascer da manhã!", e era "A Aurora", "sinto cheiro do mar!", e era "A Onda", "aqui não há mentiras!", e era "A Verdade". Visitantes da exposição foram cercando Benjamim, talvez tão estupefatos quanto com a própria obra de Camille Claudel. E ele continuava a sorrir e a comentar: "vil metal!", e era "A Fortuna", e a que mais o mobilizou, a ponto de soltar um grito, quase um lamento "ai, quanto dor!", e era "A Suplicante". Dos seus olhos vazados escorriam doçura e mel. Foi através desses mesmos olhos vazados que a percepção da vida e da natureza humana fez sua moradia. Havia em Benjamim um "olhar aguçado" para a condição humana, que lhe causava, simultaneamente, fascínio e horror. "O melhor da vida", diziam aqueles desempregados olhos, "é o que não alcançamos com nossas mãos, é sempre o que está por vir". E gostava de citar Fernando Pessoa:

> Não basta abrir a janela para ver os campos e o rio.
> Não é bastante não ser cego para ver as árvores e as flores. É preciso também não ter filosofia nenhuma. Com filosofia não há árvores: há idéias apenas.
> Há só cada um de nós, como uma cave.
> Há só uma janela fechada, e todo o mundo lá fora;
> E um sonho do que se poderia ver se a janela se abrisse, que nunca é o que se vê quando se abre a janela.

Se, como dizem, os olhos são a janela da alma, os seus foram a janela aberta para a alma do mundo inteiro. Deus, se terreno fosse, o teria invejado, se inveja tivesse. A sua cruz era feita de caminhos trans*lúcidos* de luz que subiam e desciam dos céus numa velocidade vertiginosa. A dor estonteante da verdade emanava sem anteparos dos buracos orbitais através dos quais ele havia sido pregado na cruz.

O nono Cristo era um cidadão anônimo, desses que a gente nem sabe de qual país vem. Um andarilho que, por ser andarilho, não tinha pouso fixo, não tinha roupa certa, nem característica nenhuma que o identificasse a nenhum lugar. Era um cidadão do mundo, mas, ao mesmo tempo, um cidadão fora do mundo, desses excluídos pela vida, renegados e subtraídos pela vida. Um cidadão comum, aliás, estranhamente comum, desses dos quais a gente não fala, mal percebe, um cidadão que passa por nós e nem esbarramos com sua ausência de vida. Do que era feita sua cruz? Sua cruz era tecida de anônimos, de palavras, sons e lugares anônimos. Sua cruz era feita de lugar nenhum, evadido que era da sociedade, pura evanescência que se cruzava bem acima dos seus ombros, como se tivesse o fardo de carregar coisa nenhuma. Sua cruz era feita de desconstruções, de tudo e de nada, de desfazimentos das coisas certas e de cemitérios de andanças. Não foi assim desde o início. Teria tido posses, algum dinheiro razoavelmente farto para seu sustento. Poderia ter sido um comerciante falido, poderia ter sido um estressado bancário; ah, coitados dos bancários, sempre a contar inúmeras somas de dinheiro que nunca serão suas. Poderia ter sido um professor; sempre a pesquisar infinitamente a melhor maneira de retirar do fim da fila o último dos analfabetos e a transformar seus alunos naquilo que ele nunca foi. Também poderia ter sido um operário de uma fábrica que nunca chegou ao final da sua linha de produção, ou um alfaiate a cerzir eternamente os rasgos da alma humana. Esse cidadão anônimo era tudo e era todos e, por isso mesmo, tornava-se quase um deus. Aquele que não tinha um nome tinha a graça de poder ter todos os nomes, assim é que ele era um deus em sua nomipresença. Porém, agora, seu caminhar era estéril como a sombra de um jazigo, e sua vida sem orgasmos era como uma maçã apodrecida numa fruteira. O que havia de dignidade em sua vida era que, diante do medo, ele jamais interrompeu sua jornada, sempre indo além dele próprio – diante do perigo ele jamais parou de caminhar. E o mundo ia assim, dobrando-se, vergando-se aos seus pés. Estar naquela cruz era apenas a continuação de uma viagem há muito iniciada. Era a continuação de sua vida. Tomara que os céus fossem feitos de estrelas tal como o andarilho naquela cruz, pois, para ele, a vida era muito simples e se resumia em apenas duas palavras: inspirar e expirar. Tudo o mais era artificialismos. A vida se tornou extremamente simples para ele. Inspirar sabedorias, sentimentos e outras grandes miudezas para os quais os seres humanos pouco ligam e expirar o veneno das desumanidades. A vida lhe era tão simples que estava ali justamente por não caber mais nesse mundo. Por isso ele caminhava para atravessar esse mundo e chegar, como havia chegado, tão mais próximo de Deus.

O décimo Cristo era uma adolescente em seu finado sétimo mês de gravidez. Ali, mais do que em qualquer outro quadro, Alice confrontava vida e morte, ou melhor, a vida interrompida, estancada antes do seu nascedouro. Tanto para a menina, que aparentava ter no máximo uns catorze anos, quanto para o feto que sequer vira a cor do mundo. A vida havia abortado aquela menina. Um quadro de cores fortes, de traços vibrantes, sem nenhum véu, sem nenhuma máscara, onde a verdade do estupro parecia transparecer naqueles cabelos ruivos de Natasha. Cabelos curtos tal como se fosse um menino, grandes olhos em órbitas azuis, gorda como um quadro de Botero, mas na verdade inchada pelo trágico afogamento na piscina da fazenda de seus avós. O assassino? Seu tio, irmão da sua mãe e pai da criança em seu ventre. Sob um fundo de luz azul escura, quase negra, Natasha, multicolorida, alisava com uma das mãos seu bebê e, com a outra, tentava afastar aquele que, além de abusar, agora vinha para exterminar suas vidas. Sua mão em riste quase tocava a ponta das duas grossas mãos, única parte do corpo desse homem que aparecia no quadro, que vinha para, primeiro estrangulá-la, e depois, afogá-la na piscina. Foi nesse cenário sombrio que a mãe de Natasha a encontrou na borda da piscina, já sem vida. E gritou um grito que só uma mãe poderia gritar ao perder sua filha. Gritou enlouquecida, do fundo de suas entranhas: "Seu canalha! Seu canalha assassino! Monstro depravado! Canalha! Minha filha, minha doçura da mamãe! Ai, minha filhinha, por favor volte para mim! Pelo amor de Deus, volte! Ai, não vou suportar tamanha tragédia! Ai, Deus, dai-me forças! Ah, meu Deus, quem me socorrerá nessa hora em que o céu me faltou e meu chão se abriu numa cova interminável! Me enterrem, me enterrem junto porque meu coração já não existe mais! Que ninguém me detenha da minha fúria e vingança porque elas serão eternas! Vou morrer e renascer mil vezes, para mil vezes vingar a morte da minha única filha!" – gritava em desespero a mãe de Natasha ao encontrar a filhinha morta na borda da piscina sem saber que o assassino era seu irmão, e também pai do bebê que agora jazia morto naquele ventre sepulcral. No início, quando não mais podia esconder a gravidez, e esta já estava bastante avançada para fazer um aborto, Natasha havia contado que fora estuprada por dois homens na volta do colégio. Mas ela estava disposta a contar para seus pais a versão oficial da história. Seu erro fatal foi contar primeiro para seu tio a decisão. Sua cruz era feita de histórias por contar e vidas por viver, traços pontilhados de uma estrada interrompida.

No décimo primeiro Cristo, Alice retratou a homossexualidade crucificada em nosso cotidiano. Alice quis sair da obviedade das cores do arco-íris, símbolo do movimento *gay*. Optou pelos tons pastéis, segundo ela, "a cor da carne, por sofrerem na carne o rancor arrogante da discriminação". Susie tinha os tons da pele muito claros que contrastavam com o preto da sua roupa. Grandes e extravagantes anéis em quase todos os dedos, unhas roxas, lábios muito vermelhos e uma expressão deliciosamente maliciosa e erótica em seus olhos, como se deles emanasse o gosto refinado pela perversão que ela sempre curtiu viver. Susie não gostava de que a rotulassem de ter um estilo gótico, pois "sempre gostei de viver assim muito antes dessa moda gótica". Aliás, detestava rótulos, como detestava falsidades. Seus namoros com outras meninas sempre foi pautado pela experiência da verdade, da sinceridade que uns diziam ser extremada; outros diziam que era necessário que existissem pessoas assim que bradassem pela verdade a qualquer custo. Isso lhe trazia amizades sinceras, mas também muitos incômodos, pois ela não escolhia hora nem lugar para dizer o que pensava e sentia. Se estava num ambiente hétero, talvez ficasse por um tempo maior numa certa introversão, mas isso era só a aparência, pois na verdade estava estudando uma maneira melhor de desmontar aquilo que ela chamava da "grande farsa burguesa": homens e mulheres que mantinham relações de aparência apenas para cumprirem falsas obrigações sociais. Ela jamais aceitou esse tipo de covardia moral. Enfrentou preconceitos e lutou por causas que ela achava revolucionárias. Susie se engajou em vários movimentos antidiscriminatórios, assim como sentia uma enorme emoção ao conseguir ajudar pessoas que sofressem qualquer tipo de rejeição e discriminação. Gostava de ver as pessoas saindo de algum buraco existencial para um lugar mais honrado e feliz. Porém foi incapaz de compreender e ajudar a si própria. Quando Sissy a deixou depois de cinco anos de um romance extremamente turbulento, caiu em profunda depressão e melancolia. Não se suicidou, mas deixou de viver, o que talvez tenha sido pior. Sua cruz era feita por uma legião de amigos que ela conquistou ao longo da sua vida. Mas havia falhas em sua cruz. Notava-se que, de tantos em tantos corpos, havia o espaço em branco para mais um corpo. Mesmo que crucificada em sua não-vida, ali naquele quadro não se encontrava a mulher da sua vida.

Karl afastou-se surpreso e estupefato ao olhar o décimo segundo quadro. Não havia dúvidas sobre quem é que estava ali retratada. Sob um fino véu que encobria parcialmente seu rosto, Alice fizera um enorme auto-retrato e se colocara na cruz. A frase sob seu quadro "Por que me abandonaste?" parecia ter mais vigor do que todas as outras frases somadas.

Seria impossível aqui descrevê-la. Com seu jeito camaleônico, dá para imaginar que rosto caberia naquele quadro? Todos, com todas as cores e expressões possíveis.

À medida que as pessoas iam chegando, muitos se detinham por longos períodos em frente aos doze Cristos. Alguns, pelo incômodo da angústia, outros pelo impacto da arte enquanto denúncia da realidade humana. De uma maneira ou de outra, ninguém passava incólume. Ela queria chocar, queria denunciar o descaso do ser humano com seus semelhantes, queria também ao seu modo dizer, tal como Plauto, o antigo filósofo, que "o homem é o lobo do homem". Desde muito cedo, sempre soube que a realidade é dura, não quando os disfarces fazem contorno ao olhar, mas exatamente o oposto, quando a vida se apresenta nua, sem disfarces. Quando não se pode aprender através do amor, aprende-se também através da dor. Ao olhar de Alice, nada passava despercebido. Esse hiper-realismo, esse jeito contemporâneo de se inquietar com o mundo, de apresentar o real em *trompe-l'oeil*, transformava-se, através da sua sensibilidade, em arte. Se o quadro é a armadilha para o olhar, em seus quadros havia armadilhas, pontos de fuga e pontos de acolhimento, quando o olhar se perde em si mesmo para além da alma. Essa janela ardilosa... Em Alice Rygue, não há encontros possíveis para tréguas d'alma. Nada pode conter seus quadros e eles, por sua vez, não são contidos dentro de nenhuma tessitura teórica. Olhar para seus quadros no mínimo produzia uma volúpia na alma que quase chegava à beatitude. Com "pinceladas vigorosas e tristes", como definiu um crítico de arte, Alice propunha uma desestabilização do olhar, uma quebra das garantias das coisas mais simples de cada um, ou mesmo, no confronto com sua obra, fazia irromper no espectador algo novo, inusitado: que poderia ser uma vontade enorme de escrever sobre o invisível em que o olhar deitava contemplação, ou ainda um convite para repensar a vida em suas relações com os outros, o modo de encarar eticamente as ações passadas, presentes e as por fazer, ou mesmo suscitar um novo jeito de repensar filosoficamente o mundo. Em outras palavras, seus quadros faziam com que o espectador relançasse para o futuro as excrescências do passado e do presente. Expurgar as sobras, deitar fora o que ficou como um resto, trabalhando a partir dos dejetos da alma. Uma arte escatológica sobre a consumação do tempo e da história do ser humano.

Karl termina de ver o último quadro sob o olhar atento de Alice do outro lado do enorme salão. Ele olha ao redor como que procurando o chão para se sustentar. Seus olhos em lágrimas encontram os de Alice, ávida por um comentário seu. Ele, sem se dar conta de onde estava, exclama sincero: "Ah, meu amor, que lindo e comovente!"; mas nesse instante quem está entre eles é Erika. E Karl imediatamente se dá conta do que havia acabado de dizer em voz alta, porém repete a mesma frase como se tivesse sabido que era para sua esposa a frase anteriormente dita: "Ah, meu amor, que lindo e comovente é o trabalho da Alice!".

Alice, ao perceber a quebra do olhar de Karl para o seu, ao perceber que ele teria que esconder e refrear seu amor, ao perceber que não passava de uma terceira pessoa para aquele homem, começou a suar frio como se naquele exato instante ela compreendesse o mundo todo. Suas mãos tremem desesperadas, pede já quase sem voz auxílio a quem passa, mas fala em português e as pessoas não entendem, tudo a sua volta começa fortemente a rodopiar, suas pernas vacilam, o ar parece faltar-lhe, vai ficando branca, seu coração parece que vai despencar de um desfiladeiro, seus olhos procuram febril e inutilmente encontrar um amparo, tenta se segurar num rapaz que ia passando com a namorada, mas cai desmaiada no chão.

Antes de desmaiar, ainda tem tempo de soltar um grito surdo que fica ecoando só dentro dela: "Covarde, covarde, covarde, você é igual a todos os homens que conheci. Covarde". Sentindo o peso do desamparo, não suporta sua própria existência e, diante do seu público, acaba por se crucificar na cruz da paixão. Está ali estendida, corpo desfalecido ao chão, lugar onde todos pisam, fato que, naquela circunstância, talvez fosse pior do que a própria cruz.

Na hora, muitos pensaram se tratar de uma performance da própria atriz. Houve mesmo quem começasse a puxar umas palmas, mas que logo foram seguidas por profundo silêncio. Elza, que nessa hora já estava com Ravi, veio correndo quando lhe avisaram na sala ao lado. Karl, diante da cena, ficou estarrecido, paralisado. Erika deu um grito: "Vai, Karl, corre para ajudá-la"! Pobre Erika, se soubesse que aqueles mesmos braços que iam agora amparar Alice eram os que na antevéspera seguravam-na com paixão...

Karl tomou-a no colo e procurou a enfermaria. Aos poucos Alice foi se restabelecendo. Abriu vagarosamente os olhos e, ainda bastante tonta, a primeira pessoa que viu de maneira turva foi sua mãe aflita, inclinando-se sobre ela.

– *Mãe?*

– *Sim, filha, sou eu, estou aqui com você filhinha.*

– *Ah, mãezinha, não me deixes nunca.*

– *Nunca, minha filha, mamãe está aqui. Nunca a deixarei.*

– *Você promete?*

– *Não preciso prometer isso a você, minha doçura.*

(Falando aturdida e baixinho) – *Promete, mãe, promete para mim.*

– *Se você quer, eu prometo, minha filha.*

– *Eu só tenho a você, mãe.*

– *Eu também, filha. Mas me diga: o que foi que aconteceu? Você está sem dormir e sem se alimentar direito há alguns dias. Será que foi isso, filha?*

Nesse exato instante, ela vê Karl por detrás dos ombros da sua mãe.

– *Ah, não sei, não sei, mãe.*

E Elisa, percebendo que Alice olhava para Karl, disse:

– *Foi ele que trouxe você para a enfermaria.*

– *Você está melhor?* Perguntou Karl. *Você deu um grande susto na gente.*

– *Ao contrário, sou eu que sou boba e que me assusto com coisas que não deveriam me assustar mais. O susto da alma só surge quando o olhar, que estava cego, passa a enxergar além do que devia. O susto é a surpresa do olhar quando atinge o coração desguarnecido do ser.*

Aquela frase enigmática fez com que todos se entreolhassem, tentando adivinhar o que cada um poderia ter feito para causar o espanto da vertigem. Na verdade, após essa frase, notou-se um certo distensionamento entre todos, pois a pintora dava mostras de estar em sua antiga forma.

– *Agora, se vocês me dão licença,* disse a médica de plantão, *preciso examinar a artista.*

Alice então descreveu para a médica o que tinha ocorrido, principalmente sua angústia em relação à estréia e o quanto ela havia trabalhado até de madrugada a fim de aprontar a tempo todo os trabalhos. É claro que, no plano pessoal, para preservar imagens e famílias, trocou nomes e omitiu parentescos. Só depois do exame é que se lembrou de perguntar onde estava. Era uma sala especialmente equipada para atender emergências.

– *Estou vendo que até aqui há obras de arte*, disse uma sorridente Alice, referindo-se à "instalação" do balão de oxigênio.

– *É, essa é a nossa maior arte, salvar vidas.*

– *Ah, eu também me salvo através da arte.*

– *Então temos muito em comum.*

Alice fez a Dra. M. Hasel prometer-lhe que, assim que tivesse tempo, ela iria ver seus quadros.

Naquela altura já corria o boato na Documenta de que uma artista brasileira havia feito uma performance magistral. Uns chegavam a afirmar categoricamente que a viram totalmente nua a se crucificar no chão da sala de exposições. Outros, que a cena havia sido tão real e dramática que um homem, por engano, a havia levado para a sala de enfermagem. O fato é que, quando a Dra. M. Hasel abriu a porta de seu consultório, a ante-sala e mais o corredor que dava acesso à enfermaria estavam lotados de curiosos que queriam ver a performance novamente.

Alice ainda estava um pouco tonta e fraca, mas não queria mais permanecer ali naquela enfermaria. Quando saiu, alguns aplaudiram, outros gritaram: Alice Cristo Rygue! Assustada, pediu a sua mãe que a conduzisse dali até a sala da sua exposição. Alguns a acompanharam e, com o catálogo na mão, pediam que ela autografasse na página onde apareciam duas fotos (o primeiro e o sétimo Cristos, o negro e a prostituta Beatrice, respectivamente) de seus trabalhos.

Aos poucos, foi voltando ao seu normal e, sem tempo de pensar no que havia ocorrido, recebia a todos com sua cotidiana inibição, mas com um sorriso sempre franco nos lábios, e um jeito de jogar com a mão esquerda os cabelos para trás que encantava todos que a cercavam. Na verdade, decidira não pensar nunca mais no Karl, ao menos foi isso que jurou para si mesma. Sabemos que as juras de amor duram um tempo indeterminado que não é o da razão.

Tentava se concentrar naquela pequena, mas ruidosa legião de fãs que se aglomeravam ao seu redor. Assim, ia aprendendo que o preço da fama era a perda da sua tão querida privacidade.

Queriam saber de tudo a seu respeito. Do material utilizado ao conceito da sua arte. Ela a todos respondia com um talento narrativo a respeito da cultura do mundo e a do seu país. Aos poucos as pessoas foram se sentando ali mesmo, no chão ao seu redor, para ouvi-la dizer, por exemplo, que o Brasil é uma terra onde o pigmento que serviu originalmente para a pintura indígena serve como o traço de união, embora não visível, e não reconhecido por muitos, entre o passado e o presente na arte brasileira. Falou dos trabalhos de alguns artistas plásticos com os índios brasileiros e que eles é que deveriam estar ali expondo. Foi aplaudidíssima. Retomou a grandiosidade e a revolução impetrada pelos artistas da Semana de Arte Moderna de 1922 até chegar à nova safra de artistas plásticos da arte contemporânea. Ressaltou a dimensão do conceito de brasilidade de um povo tão sofrido, mas resgatado em sua auto-estima pela pátria, agora ainda mais afinada com os países da América Latina e, através da globalização, com o mundo inteiro. Se a globalização tinha um aspecto positivo, disse ela, era estar *up to date* com o resto do mundo. Lembrou do gosto brasileiro pelo multiculturalismo, das influências artísticas e de com que majestade o povo brasileiro acolhia o novo e recriava um estilo próprio. Passeou pelo sincretismo religioso até desaguar novamente na arte e na música brasileira contemporâneas. Resgatou os mais consagrados, desde Tom Jobim, passando por Vinícius, Elis Regina, Caetano, Chico, Milton até chegar à fertilidade sempre renovada da nova geração de músicos brasileiros: Marisa Monte, Adriana Calcanhoto, Cazuza. Argumentou que a relação entre a música e a arte plástica é fundamental, e que deveriam explorar mais o movimento do artista, o ritmo das músicas e o próprio ritmo da vida. A tudo isso as pessoas, em número cada vez maior, ouviam fascinadas pela sua maneira performática de expor suas idéias.

Alice não sabia desse seu dom, nem como conseguia articular tão bem seus conhecimentos sobre a arte brasileira. Muito menos que aquele seu jeito tímido de ser possuía um vulcão adormecido. Tudo isso foi saindo naturalmente apenas a partir da pergunta de alguns visitantes sobre sua arte. Se o seu umbigo se ligava diretamente ao da sua mãe, com relação à arte Alice estava conectada com o mundo.

Esta Documenta, tendo como curador um nigeriano, chamou a atenção de todos para os problemas que se articulam em torno da política cultural para os países do terceiro mundo e para como essas políticas estão atreladas a fatores econômicos globalizantes regidos de fora e não pelos próprios membros dos países.

Quando Alice deu por si, havia na sua frente apenas um homem e duas mulheres que, pela proximidade, deviam estar juntas. Olhou ao redor e o que viu fez com que constatasse que o horário de visitas estava se encerrando. Havia ainda umas poucas pessoas, mas que lentamente já deixavam o recinto.

O dia havia sido intenso e ela estava exausta. A expectativa da *vernissage*, a agitação da chegada, o encontro com Karl, o desmaio e aquela falação toda tinham-na deixado com o corpo moído. Tudo que queria agora era tomar um bom banho bem quente, colocar uma roupa bem confortável e quentinha, tomar um chá de frutas vermelhas e dormir profundamente. Porém, quando ela ia se despedir, o homem que até então ouvira tudo desde o início segurou o seu braço firme, mas ao mesmo tempo de uma maneira extremamente delicada, e disse, num tom grave, quase ameaçador, que fez com que Alice gelasse por dentro:

– *Eu me chamo Miguel, Miguel Balesteros, e quero te ver novamente.*

Ele a olhava fixamente por detrás de enormes olhos azuis. Alice se recompôs e, sem conseguir soltar o braço dele, e sem saber muito bem porquê, afirmou que estaria amanhã a partir das catorze horas naquela mesma sala. O homem, então, foi vagarosamente deslizando seu braço sobre o dela até soltá-lo totalmente. Com o canto da boca, resvalou um leve sorriso e de maneira enigmática aquele homem foi deixando silenciosamente a sala. Só depois é que Alice reparou que ele estivera todo o tempo sentado à sua frente a olhá-la fixamente, como quem senta diante de um belíssimo quadro e se esquece da vida por horas a fio, a tal ponto de não sabermos mais o que é a gente e o que é o quadro. Ambos acabam, por força do olhar que a imagem atrai, por se tornarem um só. Nesse exato instante no qual ela se perdeu na imagem daquele homem misterioso, uma mão carinhosamente tocou-lhe os ombros. Era sua mãe que a convidava para sair para jantar e comemorar. Novamente, parecia que sua mãe adivinhava e cortava seus pensamentos quando um homem se aproximava dela. Elza sempre teve esse comportamento ambíguo: quando Alice estava sozinha, ela a incentivava a ter um relacionamento, mas se por ventura algum homem se aproximasse, sua mãe acabava por menosprezar ou achar algum defeito, o que certamente acabava influenciando o pensamento da filha, fazendo com que esta também se desinteressasse do homem. Por isso, talvez, ela quisesse manter em segredo o seu relacionamento com Karl, isto é, para que sua mãe não interferisse e viesse estragar sua paixão.

Mas quem era aquele homem? De onde vinha tanta convicção em seu tom de voz? Ele não disse quase nada. Apenas havia se apresentado e dito que queria tornar a vê-la no dia seguinte. Porém sua voz era tão imperiosa, tão segura e enigmática que fez com que Alice respondesse como se obedecesse, sem pestanejar, a um superior cuja hierarquia não lhe deixasse outra saída senão a de consentir.

– *Vamos, filha?* Continuou Elza. *Venha jantar conosco. Queremos confraternizar e homenagear você pelo sucesso da sua exposição. O que preencheu os olhos e a alma agora precisa também preencher o estômago. Você precisa recuperar forças para os outros dias da exposição.*

Alice olhou ao redor e num único lance d'olhos viu que junto de sua mãe estavam Ravi e, ao seu lado, Karl e Erika. Titubeou, encolheu a voz e disse que ia à toalete. Essa é a estratégia que as mulheres usam quando querem conversar com uma amiga sobre um cara que ficou na mesa. Só que, naquele momento, Alice estava desoladoramente sozinha como um cão sem plumas e, pior, sem ter com quem conversar. Com sua mãe era impossível e com Erika nem pensar. Queria estar com sua mãe, mas sem a presença do indiano, e, por sua vez, queria estar comemorando com Karl, sem, é claro, a presença de Erika. De fato, não havia nada contra Erika, muito pelo contrário, caso não estivesse apaixonada pelo seu marido.

Assim, só lhe restaram a consciência e o espelho do banheiro para deliberar sobre que caminho seguir naquele momento: se o da sua casa e dormir o sono dos justos, ou ainda prosseguir com aquelas pessoas. "Como posso recusar o convite da minha mãe?". Bastou que essa pergunta adentrasse seu coração para que as dúvidas cessassem. Molhou o rosto cansado, escovou levemente o cabelo para trás, ajeitou o xale pérola e saiu decidida para jantar a comemoração, para jantar os olhares ainda por vir, e aqueles que em determinados momentos fatalmente deveria evitar. Quantos olhares caberiam na mesa do jantar? Olhares apaixonados entre sua mãe e Ravi, entre ela e Karl (desmaiaria novamente ao serem cortados pelo olhar de Erika?), e os olhares ciumentos entre ela e sua mãe. E haveria por acaso lugar para os olhares de desconfiança? Alguém perceberia seu romance clandestino?

– *E então, filha? Está mais animada? Você vem?*

– *Claro que vou com vocês. Não perderia por nada esse jantar. Afinal de contas, depois de tanto esforço, eu mereço.* E emendou naquilo que ela gostaria de realmente perguntar. *Vocês viram um homem todo de preto que estava aqui desde o início da tarde?*

– *Quem? Não, não vimos ninguém.*

– *Como? Ninguém viu?*

– *Alice, não lembro, querida. Você estava deslumbrante com tanta gente ao seu redor... Mas o que havia nele de especial? Ele devia estar encantado com você e seus trabalhos.*

– (Alice olhando rapidamente para Karl) – *Encantado? Ele era meio esquisito, mãe.*

– *Ela,* disse Karl, *já conquistou uma legião de fãs.*

Todos riram menos a própria Alice, que só tinha o coração voltado para Karl. Aquilo estava se tornando uma obsessão. Não conseguia parar de pensar nele nem por um minuto sequer. Queria estar com ele a todo momento. Sentir sua pele, tocar em seu rosto, seu corpo todo, beijá-lo, ouvir sua voz macia recheada de estórias para contar, ser toda, todinha para ele em sua feminilidade ilimitada. O amor a estava transformando numa pessoa que podia revelar suas fantasias mais íntimas, pela reciprocidade compartilhada, e, assim, revelar-se femininamente mulher.

– *Esses fãs são efêmeros, são passageiros do olhar. Quero conquistas eternas e não fugazes. Quero, com minha vida e, sobretudo, com minha arte, retirar da cruz aqueles que estão de uma maneira ou de outra impedidos de caminhar e empreender com eles uma jornada pelo infinito da vida de cada um. Começo a descobrir que tenho através da minha arte as ferramentas próprias para fundamentar a criação dessa caminhada. Estou tão certa disso tal como depois do verão amanhece sempre a primavera.*

Alice estava exausta, a felicidade taquicárdica, clandestina em sua vida, escorria pelo seu rosto junto com a água mal enxugada. O que era evidente é que quanto mais ela se perdia em seus caminhos, mais ela se encontrava como artista. Seus doze Cristos eram uma testemunha viva disso. Ela os fez seus eternos seguidores.

Porém a forte presença daquele homem, com suas palavras tão incisivas, tão cheias de certeza e determinação, a haviam intrigado. E como pôde não ter reparado nele durante todo o tempo se, quando ele se apresentou, foi como se um clarão de *flashback* iluminasse todo o momento anterior com uma insofismável lembrança? Talvez fosse isso. Talvez um certo temor de se confrontar com aquele sujeito a tivesse feito esquivar o olhar dele durante todo o tempo em que permanecera ali falando para uma pequena multidão. Uma inquietante estranheza começou a apoderar-se dela, rondando-lhe sombriamente a alma. Talvez a imagem da figura da morte com uma foice na mão a anunciar-lhe seu fim não tivesse causado tantos arrepios quanto a aparição de Miguel Balesteros.

Existem certas pessoas, e talvez Miguel poderia ser uma delas, que são como o sol, sofrem do destino de nunca poderem ser olhadas de frente. Mas o mal estava feito. Alice o havia olhado em seus olhos e isso haveria de ser fatal.

Naquele momento toda a sorte de sentimentos sombrios e extasiantes pareciam rondar seus pensamentos, que foram quebrados pela voz da sua mãe perguntando:

– *E onde nós vamos comemorar?* Ao que Ravi respondeu de imediato:

– *Vocês querem ir no Moskva comer um gulasch?*

– *Há muito tempo não vou lá*, disse Erika. *Parece ser um lugar ideal para comemorarmos o sucesso da nossa artista preferida.*

– *Acho que não vou querer comer nada, só tomar um bom vinho,* sussurrou Alice para sua mãe. E em voz alta perguntou: *Lá tem uma boa carta de vinhos?*

– *Você não vai se decepcionar*, disse Karl amavelmente.

Na verdade já estava decepcionada por vários motivos: primeiro consigo mesma por ter desmaiado diante do olhar de Erika, segundo por não conseguir conter o ciúme de sua mãe, diante de Ravi. Ela gostaria de que Karl tivesse sugerido, ou que qualquer outra pessoa escolhesse onde iriam jantar. Mas logo ele? E justamente no dia da comemoração de sua *vernissage*? Mas não, tinha logo que ser aquele indiano magricela, extremamente sem graça, que havia escolhido aonde irem. Mas, naquela noite, Alice prometeu para si mesma que não discutiria mais com sua mãe, que não faria nenhuma cena de ciúmes, nem faria nenhuma intriga contra Ravi. E, assim decidido, foram noite adentro, para o Moskva.

Capítulo XVI

Interlúnio VIII

Noturna. Criei hábitos noctívagos. À noite, não sentia mais necessidade de ficar isolada no meu quarto. Saía para o quintal, levava comigo uma cadeira e ficava por horas vendo as estrelas, tentando fazer um pedido para uma estrela cadente que teimava em não passar. Algumas vezes passava uma extensão de fio de luz pela janela e levava para o jardim o meu abajur para ler algum livro ou folhear livros de arte. Assim que o acendia, os habitantes da noite começavam a rondar a lâmpada. Alguns me chateavam, pois vinham pousar na claridade das páginas do livro. Outros me faziam companhia. Algumas vezes mamãe ia comigo, mas só ficava até a hora de me mandar entrar. Eu desobedecia. Nós brigávamos. A dor de uma-e-outra era tão intensa que nossas brigas duravam apenas o infinito intervalo de um curto fôlego. Sempre cedíamos em nossas fraquezas. Achávamos que assim nos fortalecíamos. A dor pode ser sempre encoberta com o manto da ilusão. A verdade sempre pode esperar um pouco mais. Até quando? Isso era a vida ou a morte em vida? Eu era a grande habitante da noite. Ou era a noite que habitava em mim? Não sabia bem o que acontecia. Eu era inundada por um sentimento aglutinado de medo e destemor. Esses sentimentos vinham nos momentos mais imprevisíveis da minha vida. De noite eles se tornavam mais agudos, mais intensos, como que gritando dentro de mim palavras que não existiam em nenhum dicionário. Existiam em mim. Me deixavam num louco êxtase. Às vezes, quando cessava essa incandescência verbal, estava encharcada de suor. Recolhia, noturna, meu corpo sobre meus poros e me enfeitava de alegria. Não ficava mais tonta com a escuridão. Agora, ao invés do temor da tonteira, eu era tomada por um impulso quase colérico de realizar algo que não sabia bem o que era. Pensava que queria fazer algo pela minha mãe, mas só muito tempo mais tarde é que fui descobrir que era por mim mesma que precisava fazer algo. Reinventar a vida a partir do nada, como numa criação *ex nihilo*. Ser artista já não era uma opção, mas uma imperiosa necessidade. Via na arte um portal imaginário para a realidade vulnerável que se tecia ao meu redor. Era fato que eu havia sido gerada, mas a descoberta do suicídio do meu pai me colocava numa posição existencial incômoda, isto é, ter que me recriar a partir daquilo que haveria de existir de material reciclável em mim mesma: restos de memória inutilizados, inconsistência pueril, bancarrota de imagens corporais, dilúvio de emoções estranguladas, cenas fictícias, sonhos idílicos, céus noturnos e ilusões abissais. Tudo deveria ser reutilizável para ser matéria-prima para meu futuro artístico. Quando as parcas referências que temos sobre a origem da nossa vida se obscurecem, obnubilando-se, ou quando essa referência se automutilou – foi assim que passei a pensar sobre o suicídio do meu pai –, é preciso recriar fatos, fatos verdadeiramente novos, para que a vida possa ganhar alguma significação a partir de um ponto preciso de origem. Quando o que seria o Big Bang se torna o Big Crash, então toda montanha pode rolar como uma grande avalanche da vida. Pensava que se meu pai havia se automutilado, e era fato sabido que ele ainda existe em mim, então uma parte de mim havia sido retirada. Mas qual? Como recuperar a lembrança de um pai que nunca vimos, cujo cheiro nunca sentimos, com quem nunca sentamos à mesa, que nunca havia me dado banho ou me colocado na cama para dormir? Como recobrar a memória de um passado inexistente? Teria que, num longo e doloroso processo, inventar minha história para gravá-la na minha memória, esquecê-la e, só então, recuperá-la? Noturna, eu queria recriar a vida *post-mortem*: retirar o nefasto ponto de interrogação que cruelmente engasgava minha garganta, e não mais abortar todas as tentativas de atravessar o insondável e perigoso Aqueronte. Não. Eu não era um aborto, mas abortava minha vida ao não realizá-la. Mas então que os céus me digam como é que uma menina de doze anos pode fazer para que a vida exista? Por que tantas nuvens pairam nesse céu sem respostas? Nesse escuro azul cobalto, infinito aos meus olhos, onde me perco em meus abismos sensoriais? Olhos arregalados e umedecidos pelo cansaço diuturno da espera sem expectativa. Pele vazia de mãos que tocam acariciando, segurando a existência para onde não me alcanço. Nesse rio da vida não dou pé em mim mesma e afundo em lágrimas que nem sequer chegam a ficar úmidas. Estou desidratada. Preciso beber urgentemente o líquido precioso e vertiginoso da vida: água grávida, que está por transformar um rio parado em energia de idéias. Noturna. Erma. Silente. Não sou um aborto. Sou noturna. Não sou um aborto. Vou me recriar. Não sou um aborto. Estou por vir. Fiquei pela primeira vez menstruada. Estou inundada na alegria. Um espanto alegre. Agora eu poderia...

Capítulo XVII

O Moskva

O restaurante era, na verdade, um velho celeiro, que Igor e Brenda Ivanovitch haviam reformado e transformado num "território russo", como era conhecido o lugar, em plena Alemanha. Fato inimaginável há anos atrás pela histórica inimizade deflagrada pela guerra entre os dois povos. Agora o Moskva era o preferido não só dos turistas na cidade, como também dos próprios alemães que iam lá em busca duma boa vodka, do tradicional gulasch e da empolgante e vibrante polca. Depois de umas boas doses de vodka e embalados por essa música, os freqüentadores iam para um pequeno espaço já reservado para a dança e ali bailavam e pulavam imitando os polacos e os tchecos até às 4:00h da madrugada, quando finalmente Igor fechava o restaurante.

O clima da casa era sempre alegre e festivo. Vez por outra, havia a apresentação de músicos da Rússia ou de outros lugares; recentemente apareceu por lá um grupo folclórico da Ucrânia que tinha uma formação interessante. Os oito componentes da banda eram multi-instrumentistas, só que dois sempre ficavam de fora e, de tempos em tempos, havia um rodízio, de forma que a música nunca parava. Nessas ocasiões de música ao vivo, que em geral eram nos finais de semana, Igor e Brenda só fechavam a casa após o último cliente sair. Isso acabava por criar situações senão muito cômicas, no mínimo embaraçosas, tal como certa vez aconteceu com Matheus, um alemão de pele rosada, enormes bochechas e barriga nunca vista igual pelo seu tamanho avantajado, cliente já famoso da casa pela quantidade incrível de cerveja sorvida de um só gole de uma caneca de um litro que ele mesmo trazia, casado com a polaca Uli, que trouxe uma cama de campanha e no fim da festa armou-a ao lado do palco e dormiu com sua mulher ali mesmo. Igor aos poucos teve que ir cortando esses excessos, que não eram muitos, mas que eram ruidosos para o sossego dos arredores.

Embora o Moskva ficasse a uns doze quilômetros da cidade e dentro de um pequeno e charmoso bosque, havia uma meia dúzia de casas ali por perto e, vez por outra, exatamente quando a música se transformava em baderna, isso gerava reclamações dos moradores mais próximos. Igor, que não queria estragar o seu negócio, que aliás ia de vento em popa, tratou de arranjar um serviço para seus clientes, o qual ele mesmo pagava e que era o seguinte: seu cunhado tinha uma kombi que ele alugava e que servia para levar, lá pelas quatro e meia da manhã, alguns fregueses que não agüentavam mais irem sozinhos para casa até o ponto de ônibus mais próximo; os ônibus começavam a circular justamente às quatro e quarenta em ponto.

A decoração do Moskva, feita pela própria Brenda, era extremamente original e singular, o que lhe dava uma aparência de casa e não de restaurante. Como o pé direito era bastante alto, por ser um antigo celeiro, ela cruzou varais e pendurou roupas íntimas de seus antepassados que ela havia trazido quando veio da Rússia, ainda antiga URSS. Era engraçado ver ceroulas, anáguas, meias só com um pé, camisetas surradas, toucas de banho e outros apetrechos estendidos, dando um certo ar medieval. As mesas e cadeiras eram rústicas e, no centro de cada mesa, Brenda cuidava para haver sempre um castiçal e uma vela que ela própria acendia a cada freguês que chegava. Uma enorme lareira foi feita na parede central do restaurante. Igor cortou um pedaço de cima a baixo da parede que dava para o bosque e colocou um vidro de forma que, quando nevava, dava para curtir a neve caindo sobre a floresta dentro de um clima quente da lareira e aquecedores. Era ali ao lado dessa janela que ficava o pequeno palco que tinha sempre um piano à disposição de qualquer um que soubesse tocá-lo. Igor não permitia brincadeiras com o instrumento, mas apreciava quem o dominasse com um certo virtuosismo. Seu pai havia sido pianista em Moscou. O instrumento era a única recordação paterna. Por isso ele tinha tanto carinho e respeito por aqueles que sabiam tocá-lo. Se alguém sentasse ao piano e tocasse o concerto número 2 para piano e orquestra de Rachmaninov, Igor ia às lágrimas. Nessas horas era capaz de largar tudo, puxar uma cadeira e ficar ao lado do piano, ouvindo atentamente, com os olhos marejados, a lembrança do pai.

Igor era um homem desse tipo; sentimental como seus largos bigodes grisalhos, saudosista como seu generoso abraço, bom papo com seu sotaque muitas vezes ininteligível, capaz de se desdobrar para agradar individualmente seus fregueses e um eterno brincalhão, ou seja, uma figura divertida e adorável. Ele era a cara de seu restaurante. Não havia quem entrasse ali e não se sentisse à vontade. Brenda era quem comandava a cozinha, com receitas de família trazidas de sua terra natal.

Foi para esse clima de extrema descontração que rumaram em busca do famoso gulasch Alice, Elza, Ravi, Karl e Erika. Chegaram lá pelas onze e meia da noite e saíram, após os vinhos, as vodkas e o gulasch, quase três da madrugada. Tudo corria tranqüilo se não fosse por um único e incômodo incidente já na saída. Quando já estavam saindo, Alice voltou para ir ao banheiro e no retorno avistou, sentado na última mesa, quase atrás de uma pilastra, Miguel e, debruçado sobre a mesa bem ao seu lado, como se estivesse cochichando, estava o Ravi. Alice, quando viu a cena, passou por todos que nem uma bala, fula da vida. Então, pensou Alice, como pôde aquele canalha do Ravi ter dito que não conhecia e não tinha visto homem nenhum de preto quando perguntei ainda na Documenta, se agora flagrara os dois conversando como se fossem amigos de longa data? Canalha! Canalha! Mil vezes canalha! Esbravejou. As pessoas não entenderam nada quando ela saiu andando a pé no meio da estrada escura. Sua mãe saiu ao seu encalço, desesperada.

– Mas o que aconteceu, minha filha? O que foi agora? Será que não podemos ter um pouco de paz? Eu te fiz alguma coisa? Eu por acaso te magoei?

– Fez! Fez sim, mãe. E sabe o que você fez? Você tá saindo com esse mau caráter do Ravi.

– Ai, não, filha. Essa sua crise de ciúmes de novo? A essa hora da madrugada? A noite não foi ótima? Por acaso nós não nos divertimos? É justo que você faça isso comigo, minha filha? Por acaso sua mãe não tem o direito à felicidade?

Alice, que estava caminhando a esmo, parou, segurou o braço de sua mãe com força, fitou-a severamente nos olhos e falou:

– Dessa vez não se trata de ciúmes, nem de nenhuma invenção fantasiosa da minha cabeça. Escuta bem, mãe. Preste a maior atenção no que eu vou te

falar. Elza poucas vezes vira sua filha falar tão sério, sem levantar a voz e sem estar brigando. Parecia que Alice reunia naquele momento todas as suas forças para dar o ar de maior seriedade e gravidade possível àquele momento. *Olha só, mãe. Sei que muitas vezes meu ciúme corrói nossa relação, sei também que muitas vezes eu estrago sua vida por causa da dependência que eu tenho de você. Isso não é nenhuma novidade para nós duas. De qualquer jeito, há muito tempo nós aprendemos a conviver e a nos entendermos dessa maneira. Só que dessa vez tenho certeza de que não é paranóia minha.*

– Mas do que você está falando, filha? Por favor, seja mais clara porque eu não estou entendendo nada do que está se passando.

– Mãe, esse Miguel não me cheira bem.

– E daí?

– E daí que eu vi o Ravi conversando com ele agora na saída do Moskva e o Ravi disse que não tinha visto nenhum homem como eu descrevera o Miguel perto de mim lá na Documenta.

– Mas isso quer dizer o que, minha filha?

– Sei lá, mãe. Mas é muito estranho. Primeiro o Ravi diz que não viu alguém que estava tão próximo a mim, depois ele diz para a gente vir aqui e aí ele está conversando com esse mesmo cara que ele diz não ter visto? Ah, mãe. No mínimo isso é muito estranho para mim.

– E o que você quer que eu faça? Você quer que eu converse com ele?

– Ah, você não. Do jeito que você está apaixonada por esse homem, fatalmente ele iria te levar na lábia.

Naquele momento as duas se sentiram extremamente frágeis e solitárias. Estavam numa terra estranha, com pessoas que conheciam não fazia muito tempo e agora surgia esse homem misterioso chamado Miguel. Tudo estava muito nebuloso e as duas se sentiram naquele momento totalmente desamparadas, órfãs de proteção. Porém Alice decidiu que ela falaria, e assim fez. Ao retornarem à porta do restaurante, foi logo perguntando:

– Ravi, quem era aquele homem com que você estava conversando?

– Hum, um tal de Miguel. Disse que havia conhecido você hoje na exposição e me chamou para fazer uma pergunta que eu não soube responder.

– Qual?

– Se você tinha marchand.

– Não falei pra você, minha filha? Não era nada demais.

– *E por que ele perguntou a você sobre mim? Que interesse ele tem?*

– *Ele disse que era* marchand *e que vai procurar você de novo na Documenta.*

– *Mas que ótimo!*

– *Tá vendo, agora você vai estar em todas as galerias da Europa,* emendou Karl.

– *Mas como foi que ele me descobriu?*

– *Ora,* disse Karl, *eles são caçadores de talentos. Os* head hunters *existem em todas as áreas. Principalmente nesse mercado seleto das artes plásticas, eles sabem farejar quem está se destacando ou vai ser notícia em breve. Eles não se preocupam só com os artistas consagrados. Embora seja difícil entrar no mercado, quando uma pessoa está acima da média como você, eles não medem esforços para ter essa artista em seu catálogo. Sua sensibilidade e seu modo de lidar com a arte comovem quem de você se aproxima. Suas expressões de corpo, suas mãos e sua fala parecem estar totalmente amalgamadas, unidas, atadas com sua arte. Não foi à-toa que você se colocou como um dos seus próprios apóstolos em seus doze Cristos. Esse tal de Miguel devia estar observando você ontem, vendo como você possui esse perfil da artista contemporânea. Ainda mais você sendo do Brasil, o que traz para nós, os europeus, um pouco da dimensão de uma figura exótica. E a arte, embora eu adore os clássicos, precisa de renovação constante. A maior parte dos brinquedos e artefatos em madeira que fabrico são tradicionalmente clássicos, mas eu preciso estar sempre lançando algo novo não só para me reciclar e manter atualizado, como também para conquistar e atrair novos públicos.*

– *Mas há algo nele de diferente. Não sei bem, mas alguma coisa naquele homem não me inspira confiança. Pode ser meu sexto sentido feminino, porém minha intuição com as pessoas nunca foi muito boa. Pareço estar sempre errada de endereço. Como uma carta que nunca chega a seu destino. A vida nunca foi fértil e generosa comigo em sabedorias sobre o amor e no relacionamento com os outros.*

– *Minha querida, não está na hora de nós irmos para casa? Já está tão frio aqui fora...*

Se era verdade que a noite tinha esfriado bastante, também era verdade que a conversa entre sua filha e Karl tomava um rumo íntimo e caloroso demais para a ocasião. Karl e Alice conversavam como se não existisse ninguém mais à volta deles, como se os olhares pertencessem um ao outro em absoluta e íntima comunhão. E, como coração de mãe dificilmente se engana, Elza percebeu logo que havia algo a mais naquela conversa, como se eles estivessem apenas continuando um assunto já previamente iniciado entre eles. Era uma intimidade na fala que só os amantes possuem, uma intimidade que está obviamente para além das palavras, ela está em todo o corpo, está na cumplicidade dos olhares e nas pequenas delicadezas de um com o outro. Coisas que são imperceptíveis para a população como um todo, mas não para as pessoas que possuem uma ligação mais afinada com algum dos envolvidos na trama amorosa. Tanto foi assim que a esposa de Karl na mesma hora assentiu nas palavras de Elza.

– Vamos, querido, abra a porta do carro porque eu estou morta de sono e querendo ir para casa também. De mais a mais, como Elza falou, está muito frio aqui fora.

Capítulo XVIII

Interlúnio IX

Mamãe estava lavando a louça do almoço do domingo. A tarde se avizinhava sem a menor cerimônia, morna, quebradiça, sem graça como eram aquelas tardes insuportáveis de verão. Não gosto do verão. Tem claridade demais. Prefiro, já disse, a luminosidade do outono, que contrasta melhor com o esfumado das sombras que eu já dominava no carvão e no lápis preto com muita rapidez. Nessa época gostava de fazer esboços ainda geométricos, natureza morta e nus com um lápis da marca Charcoal Pencil Daler-Rowney. Deixava-me a mão mais solta. Ganhei uma caixa com seis desses lápis, com numerações diferentes, da minha primeira professora de desenho e pintura. No primeiro concurso realizado entre vários alunos de diversos ateliês, tirei o segundo lugar. Ganhei uma medalha e a caixa de lápis. A aluna que ganhou o primeiro lugar ganhou, toda prosa, uma caixa de lápis coloridos. Preferi para meus estudos os lápis pretos. Já não era um menininha que gostava de desenhar colorido. Meus quinze anos tinham chegado e com eles uma necessidade imperiosa de saber. Saber, por exemplo, que ao mundo preto e branco pode-se adicionar qualquer realidade. Qualquer dimensão do tempo posso capturar dentro do preto e branco, mas não no colorido. O mundo não era para ser diluído em aquarelas leitosas. O mundo para mim já era espesso como um formigueiro que se mexe com uma vara. Estudava pintura febrilmente. Passava horas desenhando e redesenhando até encontrar a perfeição daquilo que eu queria. Era óbvio que muitas vezes eu me desesperava, pois não encontrava o ponto certo da perspectiva ou da relação claro-escuro. Essa era uma das tardes infelizes em que eu duelava ardentemente com a figura de um cavalo que teimava em ser outro animal. Enfurecida, joguei o papel, a prancheta e o lápis, que acabou se quebrando todo por dentro. Afinal, eu também estava assim, quebrada por dentro. Fui lá fora olhar o fim de tarde. Retornei e mamãe estava dormindo com um livro caído no chão. Abri na página do marcador. Ali estava grifada uma frase em vermelho que me marcaria para sempre. "Mas o que é verdadeiramente imoral é ter desistido de si mesma". Estarrecida, fechei o livro. Acabara de conhecer Clarice Lispector. Eu estava como o título do seu livro: *Aprendendo a viver*. Fiquei orgulhosa da minha descoberta. Em geral, eram os outros que me apresentavam os livros, quer dizer, fora os de arte que eu mesma fuçava nas livrarias. Li, com avidez, tudo que podia da Clarice. Eu me encontrava nas palavras dela. Parecia que tudo aquilo que eu sempre quis dizer, ou não encontrava termo para pensar, estava em seus romances. Ela tinha a idéia do esfumado, do preto e branco com que eu me debatia na pintura, só que com uma maestria de quem já havia provado da vida. Nela eu era testemunha das palavras que me escorriam vertiginosas entre as pernas. Naquela noite pedi o livro da minha mãe emprestado. Ele me olhou profundo dentro dos meus olhos e adivinhou a minha súplica. Ela sabia o que estava por vir com a minha descoberta da Clarice Lispector. Eu havia comentado com minha mãe a frase que eu tinha lido. Ela sabia, pois já tinha sido motivo de muita conversa, que eu muitas vezes, inconformada por não encontrar respostas, quisera desistir da vida. Agora, a vida me respondia através da Clarice. E minha mãe sabia disso. Reinventar-me era preciso. Encontrar abrigo para as minhas carências também. O mundo se desvirginava aos borbotões e a minha sede de viver ganhava uma fonte inesgotável. Antes de dormir ainda fiquei pensando absorta no que havia acabado de ler:

"Ah, meu amor, não tenhas medo da carência: ela é o nosso destino maior. O amor é tão mais fatal do que eu havia pensado, o amor é tão inerente quanto a própria carência, e nós somos garantidos por uma necessidade que se renovará continuamente. O amor já está, está sempre. Falta apenas o golpe da graça – que se chama paixão".

Capítulo XIX

O dia seguinte

Alice não bebera muito no Moskva, mas acordou com uma enxaqueca digna de uma grande ressaca. Afinal, o mar de sua vida estivera bravio, extremamente turbulento no dia de ontem. Sua mãe fez-lhe um chá forte que ela tomou, ainda na cama, com duas aspirinas. Continuou deitada na penumbra do quarto por um longo período, pensando em tudo o que havia acontecido na véspera. Do seu próprio impacto ao se ver na Documenta à chegada de Karl; a aclamação e a unanimidade conseguidas, sua troca de olhar com Erika, seu desmaio, sua interlocução com os espectadores, o aparecimento forte e repentino de Miguel, sua ida para o Moskva e o desfecho com o reencontro com Miguel. Tudo isso girava forte em sua cabeça como suas próprias pinceladas sobre uma tela virgem.

Sua vida ganhava uma consistência que ela ainda não sabia se era para usufruir e sorrir ou ser desfrutada e se envenenar. Morria de medo de ser dominada, de se entregar aos outros, de ficar sob o domínio de mãos estranhas sobre as quais ela não tivesse um mínimo de controle. Quanto a isso ela só permitia que sua mãe ocupasse esse lugar; mesmo assim, era um território totalmente instável do qual ela sempre tentava se libertar, mas algo maior, tal como uma dívida de amor, a impedia de realizar esse corte.

Não sabia bem o que tinha acontecido na sua relação com Karl. Jamais havia se relacionado com um homem casado e abominava mesmo as mulheres que davam em cima de homens que não pudessem estar livres e disponíveis para um relacionamento. É bem verdade que ela sempre teve dificuldade de relacionamento com qualquer homem, mas manter um relacionamento com um homem casado e ainda mais conhecendo sua esposa, isso parecia inimaginável para ela. O fato é que agora acontecia o amor de um homem em sua vida, e, quando pensava nele, seu corpo se arrepiava e estremecia todo de prazer. Isso produzia uma sensação de volúpia que jamais havia sentido em toda a sua vida. Ela não queria perdê-lo e, no entanto, não sabia como ia conciliar aquela relação a três.

Sempre soube que era possessiva, exclusivista e extremamente ciumenta. Provara de seu próprio tempero ácido a vida inteira com sua mãe. Também não sabia como estava tão tolerante com a presença de Ravi junto de sua mãe. Talvez fosse o fato de estarem em terra estrangeira, desterradas de certa forma da língua materna. Talvez fosse o impacto de estar na Documenta, ou ainda sua própria relação com Karl. Tudo continha o frescor do novo e tudo era ao mesmo tempo uma encruzilhada: ou readaptar-se a esses acontecimentos ou sucumbir diante do inesperado. Alice apostava na possibilidade de seguir adiante, mesmo que esses temperos ácidos fizessem constante obstáculos em sua caminhada.

Deixou o quarto só pelo dever da responsabilidade de voltar à sua exposição. Ficara de dar uma entrevista sobre seu trabalho às 18:00h, para uma jornalista do caderno de cultura do *Frankfurter Allgemeine*, que cobria a exposição. Se pudesse só retornaria um dia depois. De mais a mais, a ausência, pensou, causa sempre um mistério muito maior do que a contínua presença.

Almoçou, ainda um pouco perdida nesses pensamentos, apenas uma salada leve regada com *aceto balsamico*. De sobremesa comeu um mix de framboesas, morangos e ameixas vermelhas com um pouco de granola por cima das frutas.

Quando chegou, lá pelas cinco horas da tarde, reconheceu algumas pessoas, foi reconhecida por outras que vieram cumprimentar pelo seu trabalho. Estava conversando com Esther Tonembaum, uma artista plástica de Israel que estava expondo no salão ao lado do seu, quando uma das moças encarregadas pela recepção gentilmente pediu licença, perguntou se Alice falava alemão e, diante da afirmativa, disse que um senhor havia deixado um cartão com a incumbência de ser entregue fechado e em mãos. Alice agradeceu e notou que a moça estava um pouco apreensiva com a obediência do cumprimento da missão. Como se fosse entregar um documento que decidisse sobre a vida ou a morte de alguém. Alice sentiu isso na preocupação da moça e na vacilação de sua fala. Tal como se dissesse: olha, a senhora por favor diga para ele que eu lhe entreguei o cartão.

Agora Alice entendia o olhar e o aperto de mão de Miguel. Não era cortês, era impositivo. Abriu o pequeno envelope e viu o cartão:

Balesteros y Balesteros
Arte y Tradición
Miguel Balesteros
Director Marchand
c/plaza 35, Madrid 666, España

E no verso: *Prezada Alice, estive aqui te esperando durante algumas horas. Não pude mais te esperar em virtude de outro compromisso agendado previamente. Gostaria de te ver se possível amanhã às 15:00h, aqui na tua sala de exposições. Assunto do teu interesse. Espero poder te encontrar. Cordialmente, Miguel Balesteros.*

Acabou de ler e deixou-se suspirar em voz alta: "Ai, meu Deus, 666 é o número da Besta". Esther, que ainda estava ao seu lado, não entendendo do que se tratava, perguntou a Alice, que respondeu com uma pergunta. Se Esther havia conhecido esse tal de Miguel. Enquanto perguntava, mostrou o cartão para a colega, que afirmou não se lembrar do nome e nem da descrição feita por Alice. Contou, então, o que havia se passado na véspera. Esther, que já beirava seus 55 anos, e segunda Documenta consecutiva, olhou para Alice com uma ternura de mãe para filha e disse que era preciso ter cautela com esse tipo de gente. Eles, acrescentou ela, podem lhe dar um lugar ao sol nas melhores galerias, ou extorquir todo o seu acervo. Não estão interessados propriamente no seu dinheiro, mas em suas obras, e em delas ficarem com a maior parte das vendas. É preciso abrir os olhos. Você, que é estreante, não pode ser ingênua.

– *Não creio ser ingênua,* retorquiu Alice.

– *Então você ficou apaixonada por esse homem?*

– *Eu? De jeito nenhum.*

Esther deu uma pequena risada de canto de boca, piscando marotamente para Alice. Esta, entendendo o teor do sorriso, tentou contra argumentar.

– Só se eu estivesse ficando louca. Como poderia gostar de alguém que me atemoriza? Esse sujeito me meteu medo só com seu olhar.

– Você ficou siderada por esse olhar. Eu sei o que é isso. Também já tive meus dias de esplendor como mulher. E você é uma mulher muito bonita, e que está subindo muito rápido em sua carreira de artista. É natural que você se emocione e emocione os outros também.

– Mas eu não fiquei emocionada, eu fiquei atordoada, literalmente aterrorizada com a maneira pela qual ele falou comigo.

– Ah, meu bem, a emoção também atordoa o coração.

Mas Alice não queria se convencer. Além do mais estava apaixonada pelo Karl. Não podia e nem queria confidenciar isso para sua colega. Queria compartilhar com alguém, mas não era com ela e nem o momento parecia ser o mais propício. Primeiro teria que ter confiança na pessoa e, em segundo lugar, teria que ter um tempo, o chamado tempo da privacidade, no qual, aí sim, o diálogo se tornaria possível. Porém a última frase de Esther começou a ganhar terreno em seus pensamentos. "A emoção também atordoa". E, por acaso, ela também não sabia disso? Então, o que havia de novidade nessa sentença? Por que ficar à mercê de uma frase, da qual ela sabia a resposta? É claro que sei, pensou, que a emoção também atordoa.

Porém o que ela estava prestes a descobrir era a sua capacidade de permitir a entrada de um outro homem, ao mesmo tempo, em seus sentimentos. O que ela não sabia é que em seu coração havia espaço para mais um habitante. Se Karl era atencioso, um homem gentil, fino e educado, enfim, um romântico, Miguel era seu avesso. E, no capítulo sobre os sentimentos da alma humana, há sempre lugar para a disputa entre Deus e o Diabo. Na luta constante entre o bem e o mal, não há vencedores, só sofrimento para a alma humana, demasiadamente humana, que está no meio dessa antiqüíssima contenda. Se, por um momento, um lado parece ser o vencedor, na verdade trata-se apenas de uma estratégia de tempo, que a outra parte concede, para em breve retornar ao centro do ringue, ou melhor, da alma. Pois Alice deveria ter refeito, à sua maneira, uma antiga afirmação: que atire a primeira pedra aquele que nunca sofreu. Afinal de contas, sua alma sempre fora um campo de batalhas sem vencedores. Palco abundante onde ela própria muitas vezes se sentiu como uma *persona non grata.*

– O que você achou, Esther, desse cartão que ele me deixou?

– Não vi nada demais. Um homem cortês que certamente está interessado em você, quero dizer, em seus trabalhos.

– Tá vendo? Até você está dizendo que ele está interessado em mim.

– Bom, quanto a isso, nunca se pode botar fogo em lenha que já está se queimando. Ou você controla o fogo, ou apenas coloca mais lenha na fogueira. Não estou aqui para fazer isso. Apenas sou uma boa observadora dos acontecimentos entre os seres humanos ao meu redor. Se eu não fosse artista, certamente seria psicóloga. Acho que tenho um dom para isso. Mas prefiro as artes. As telas não me enganam, as cores não me traem; aliás, me atraem. É uma relação mais sincera.

– Ah, mas não em relação às pessoas que cercam o mundo das artes.

– Esse é o maior problema do ser humano: suportar o peso da sua própria existência e suportar a inexorável condição humana de se relacionar com outros seres humanos.

– Ah, para isso precisamos de arte. A arte do relacionamento. Você acha que nós mulheres estamos mais abertas a sofrer, pela nossa sensibilidade, as vicissitudes das relações do que os homens?

– Alice, eu não tenho a menor dúvida disso. Embora tenhamos avançado muito em nosso papel na sociedade e em nossos direitos, ainda estamos longe, quando a relação fica entre quatro paredes, de sairmos de um certo assujeitamento ao pau dos homens.

Esther e Alice caem na gargalhada e se descontraem. Alice retoma a conversa.

– É dessa parte que eu mais gosto, mas a minha relação com os homens sempre foi muito complicada.

– Por causa da sua mãe?

– Como você sabe?

– Basta olhar para vocês duas por um minuto para sentir a forte atração que uma tem sobre a outra. Posso arriscar dizer domínio que uma tem sobre a outra?

– Acho que você deveria ter sido psicóloga mesmo.

– Essa relação mãe-filha é sempre muito complicada. Eu não tiro as suas razões. É uma relação sempre cercada de inveja, ciúmes, atritos de toda ordem, rivalidades e simbioses amorosas. A entrada de um homem no meio das duas é

sempre catastrófica. No mínimo inicia-se com um abalo que termina em terremoto. O extremo é o rompimento definitivo. Nós mulheres somos muito invejosas. Sempre estamos fadadas a achar que o que a outra tem é melhor do que aquilo que nós mesmas temos.

– *Ai, meu Deus! Você por acaso tem uma bola de cristal aí? Você acabou de definir a minha relação com minha mãe.*

– *Não, querida. Todas nós, em menor ou maior grau, somos assim mesmo. Umas mais outras menos devastadas por nossas mães. É porque você não conhece a mãe judia.*

– *Não conheço muito. Só de piada. Mas em geral são de mães com seus filhos homens.*

– *Pois é. Nem nas piadas temos lugar. Só aparecemos como mães e não como mulheres.*

– *Se os homens soubessem que por detrás de uma mãe existe uma mulher...*

– *Está vendo, Alice, como você também tem uma ótima percepção deles? É só a mulher deixar fluir sua sensibilidade que ela se torna a melhor das psicanalistas.*

– *Esse é o problema deles*, continuou Alice, *muitas vezes eles nos vêem como mães.*

– *E se portam como filhos.*

– *Como filhinhos da mamãe.*

– *Filhos da puta, isso sim.*

E as duas caem novamente na gargalhada através daquela saborosa cumplicidade que naquele momento as unia.

E foi nesse clima de cumplicidade que Alice convidou Esther para participar da entrevista com o *Frankfurter Allgemeine*. Esther, sensibilizada pelo gesto, agradeceu, mas disse que a matéria deveria ter exclusividade. Alice não se deu por vencida e, quando a repórter chegou, antecipou-se e pediu que a matéria incluísse também uma reportagem com os trabalhos da sua colega Esther Tonembaum. A repórter disse que já havia sido orientada pelo seu diretor, na sucursal em Kassel, de não só cobrir seu trabalho, mas também a mostra como um todo e, portanto, haveria lugar, sim, para incluir o trabalho da Esther.

– *Devo-lhe uma*, disse alegremente Esther.

– *Eu que já devia a você pelo acolhimento que me deu, principalmente em relação à minha estranheza sobre Miguel.*

– Então, melhor assim. Estamos empatadas e vamos selar um pacto de solidariedade em qualquer ocasião.

Esther e Alice deram um longo e caloroso abraço e, naquele momento, parecia que já se conheciam há muitos anos. A cumplicidade solidária tem dessas coisas: refaz as relações sob a proteção de um céu atemporal, e o infinito acontece num *aleph* de segundo.

– *O mundo deveria aprender com a gente*, disse uma sorridente Alice.

– Principalmente as pessoas do meu país, que vivem em guerra com o mundo árabe, com os palestinos, com os sírios e tantos outros.

– Gostaria de poder ajudar você.

– Os seus doze Cristos já são uma denúncia da miséria e do flagelo humano que nós, seres humanos, nos impomos.

– Mas não podemos ser impunes à violência feita com os desfavorecidos pela vida.

– Você não gostaria de expor seus trabalhos em Israel? Seria fantástico.

– Nossa, para mim seria um sonho.

– Então vamos realizá-lo. Conheço muitas pessoas por lá que acolheriam seu trabalho com enorme prazer.

Alice, não esquecendo do seu recente pacto de solidariedade, complementou.

– Então façamos juntas uma exposição.

– Creio que não. Minha proposta de trabalho é diferente da sua. Estou numa fase experimental de cores e formas, texturas e gramaturas de papel pela qual pretendo questionar o absolutismo da arte através do relativismo das formas. De qualquer maneira, quando chegarmos perto de algo mais concreto sobre essas coisas, decidirei o que fazer. A arte comigo é assim. Através de uma técnica rigorosa, sempre me deixo levar pelos meus impulsos, aliando, assim, uma certa dose de espontaneidade ao que faço. A arte é reflexo da minha vida. Também procuro pautar a minha vida tal como a espontaneidade buscada na arte. Sei que isso não é fácil, mas é no percorrer do caminho que a plenitude da vida pode ser alcançada.

– Também concordo, pois sempre aprendi que a arte imita a vida. Então, em relação às nossas exposições, vamos combinar o seguinte, você me leva para Israel e eu levo você para o Brasil.

– Ah, isso sim. Tenho muita vontade de conhecer seu país. Eu teria até lugar para ficar. Duas irmãs do meu pai moram há muitos anos no Rio de Janeiro. Adoraria poder revê-las. Sei que já estão muito velhinhas, mas ainda gozam de boa saúde. Tenho primos e primas que eu não conheço e, se conheço, não lembro mais deles.

– Faço questão de que, quando você for, fique na minha casa.

– Sua mãe não se importaria?

– Ela vai gostar muito de você. E, rindo muito, disse: *você não é homem para ela ter ciúmes, lembra? Amanhã, quando retornarmos aqui, apresento você à minha mãe.*

– Mães ciumentas são sempre ciumentas, principalmente quando percebem que alguém pode roubar um tempo que acham que seria seu, ao lado de seus filhos.

– Mas eu também não sou fácil. Sempre tive muito ciúme da minha mãe. Creio que algo se modificou desde nossa vinda para cá. Pode ter sido pela língua, pode ter sido por eu estar estreando numa exposição dessa magnitude, sei lá, podem ser tantas coisas que o fato, por exemplo, de a minha mãe estar com o Ravi, se fosse lá no Brasil, eu teria feito mil e uma armações para tentar sabotá-la. Eu sei disso, me incomodo com esse meu jeito de ser, mas não consigo me modificar. A submissão dela a mim faz com que eu pague o preço de ter que suportar a fragilidade dela. Somos co-dependentes uma da outra. Como se uma fosse a toxina da outra. Como o fumo que não se sustenta sem a seda que o enrola, ou como o pó que sem o canudo para aspirá-lo perde-se sobre o tampo de vidro. Nós aprendemos a nos embriagar em nossas próprias palavras e dos nossos olhares retirar a cumplicidade necessária para nossas vidas. Nossa relação não é sadia, somos sedentas, sedentárias uma da outra. Queria me libertar dela, mas morro de medo de não suportar essa separação. Ela, por sua vez, não consegue dar um passo sem me dizer para onde vai. Tem horas que os papéis claramente se invertem, eu sou a mãe e ela a filha. Gosto de cuidar dela, percebo sua fragilidade, sua solidão e aí acho que tenho que ampará-la, tenho que não deixá-la sozinha.

– Esse seu lado de se preocupar com os outros fica muito claro nas suas pinturas. Seus doze Cristos denotam esse seu cuidado com a civilização humana. Sei do seu sofrimento com isso porque você mesma se colocou como um dos apóstolos. Agora me diga, me satisfaça uma curiosidade: a quem esses apóstolos estão seguindo?

– Mas o problema é exatamente esse. A quem seguir? Então, que sigam o meu pincel e as minhas tintas. Faço quadros para o amanhã, para o depois. Vou ser imortal através da minha arte.

– Ah, o Pasolini dizia que ele queria ser imortal e depois morrer.

– Isso seria o máximo.

– Mas ele foi assassinado por seu ex-amante, um homossexual.

– Então morreu sem saber se era imortal ou não?

– Ah, quando ele disse a frase sobre a imortalidade, nesse momento ele se tornou imortal. Existem frases que morrem ao caírem da boca, como se a terra as engolisse para sempre em seu mais profundo abismo. Ficam para sempre perdidas, exiladas de si mesmas, desterritorializadas. Existem outras frases, outras palavras que, ao serem proferidas, tornam-se encantadas e, jogadas ao vento pelo hálito quente, este as impulsiona para o infinito, para o além delas mesmas. Então, elas se põem a roçar de boca em boca, engravidando os olhares e enchendo de sentimentalidades o coração dos amantes e a alma dos poetas. São eternas.

– Acho que a nossa amizade também será. Disse Alice, comovida com a beleza daquelas palavras. *Você parece saber o que vai no coração dos outros.*

– Não. É justamente o contrário. É por desconhecer que eu me arrisco a saber. Meu pensamento é feito justamente daquilo que me escapa. Me alegro na pesquisa árdua por saber o que não sei. Assim, me aventuro nas margens que banham as pessoas e procuro descer um pedaço do rio de suas vidas ao lado delas.

– Como você está fazendo agora comigo? Mas eu quero você para sempre como amiga.

– Aí está o seu mal. Querer para sempre é perder para sempre. Queira para agora que a tinta das relações não se desbota. Amanhã, se for possível, pintaremos novos quadros.

– Hum, que delícia! Quadros de palavras. Vou pintar isso.

– É assim que penso a vida, Alice. A vida é para ser pintada a cada dia. A cor dos dias é a cor dos nossos sentimentos diários. Se estamos alegres, pronto. Lá vêm as cores quentes, fortes, mas, se amanhecemos tristes, predominam os tons acinzentados, mornos, e talvez mesmo os pastéis.

– Mas tem dias que a alma enguiça e as cores fogem de mim.

– Nesses dias eu coloco na tela meus sonhos impossíveis.

– Já pintei muito preto sobre a tela ou papel em branco.

– São nossas almas descoloridas como num retrato em branco e preto.

– Existe uma música brasileira de que eu gosto muito que se chama "retrato em branco e preto".

– Mas a música colore assim como nossa arte.

– Tenho que deixar de ser filha para ser artista.

– ???

– Sinto que minha mãe me suga para baixo, ou melhor, para dentro de seu ventre novamente.

– Isso é o pior. É preciso, minha querida, cortar esse cordão umbilical, mesmo que seja extremamente doloroso para você.

– Tenho medo de que ela sofra.

– Sinto muito por lhe dizer isso, e quero lhe dizer com todo carinho, mas tenho certeza de que ambas têm pavor desse sofrimento. Não é só ela não.

Alice sabia que aquele era um terreno a ser evitado. Um terreno minado que sempre explodia bem debaixo dos seus pés e que tinha por conseqüência a mutilação de uma parte da sua existência. A lucidez e a clareza dos outros sobre a sua dependência filial esbarrava sempre no negro manto que em determinados momentos parecia cegar-lhe a visão.

Voltou a falar com Esther sobre sua preocupação de encontrar no dia seguinte com Miguel Balesteros. Por mais que lhe falassem sobre a possibilidade de surgir um bom empresário para seu trabalho, ela parecia perceber nele algo que a desagradava. Por que ninguém o tinha visto? Por que ele havia se escondido no Moskva? Por que não a procurou ali mesmo para conversarem? Por que Ravi parecia agir como se o conhecesse, embora tenha dito e agido de modo contrário? Eram tantas perguntas que povoavam sua mente que resolveu não mais fazê-las para sua amiga e ir direto para casa.

Quando chegou, sua mãe a esperava ansiosa para saber como havia sido o seu segundo dia na Documenta. Como de costume, Alice contou tudo, principalmente sobre a nova relação de amizade estabelecida com Esther, seus projetos e suas idéias a respeito da vida e da arte. Alice tomou um longo banho e, ainda com os cabelos molhados e vestindo um roupão branco, sentou-se de pernas cruzadas no sofá para tomar a sopa que Elza havia preparado. Ficaram conversando como duas grandes amigas até irem dormir.

Nessa noite Alice teve um pesadelo horrível. Sonhou que estava num outro planeta, extremamente árido, e que, mesmo assim, a princípio era muito agradável devido às cores intensas e totalmente diferentes que recobriam o céu. Ora, o céu estava verde, em outro momento lilás com nuvens douradas, noutros prateado com traços escarlates, e assim por diante. Até que, de repente, vinda não se sabe de onde, aparece uma mão enorme, pesada, que vai apagando todas as cores, deixando o céu completamente negro-acinzentado. Então, a mão desprendida de qualquer corpo, somente o nefasto de ser mão, como se fosse um ente maligno, começa a descer vertiginosamente dos céus em sua direção e, à medida que a mão se aproxima, seus dedos se transformam num tridente, como se fosse um grande M, e estão quase a ponto de furar seu corpo quando ela acorda gritando, toda suada: Miguel! Miguel! Miguel! Sua voz vai se esvaindo, então ela fica tonta e desmaia na cama. Elza, ouvindo os gritos e sem entender muito bem o que estava se passando, corre em seu socorro, mas já encontra a filha com a cabeça arqueada e a metade do corpo para fora da cama. Desesperada, temendo pelo pior, grita, chora, sacode sua filha no colo, ao mesmo tempo que a acolhe carinhosamente nos braços. Alice aos poucos vai acordando e, ao contar o pesadelo, ambas vão aos poucos se refazendo e depois de muito tempo acabam por dormirem juntas, abraçadas na mesma cama.

Capítulo XX

Interlúnio X

Estava prestes a fazer dezoito anos e Clarice ainda me acompanhava. A vida corria vazia de sentido, mas plena de realizações artísticas. Eu já era uma artista. Alice Rygue existia entre coletivas e individuais. Sabia, por homofonia, que toda Alice reside em Clarice, mas que nem toda Clarice abarca uma Alice. Sorria com esse aprendizado e virava outra página. Assim, eu sorvia em Clarice o que em mim destoava: minha capacidade para pensar sobre o amor. Aos dezesseis, quase dezessete, tinha ficado com um menino muito mais por insistência dele do que por minha vontade. Agora, com Heitor, algo havia mudado. Novamente me encontrei em Clarice: "A revelação do amor é uma revelação de carência – bem-aventurados os pobres de espírito porque deles é o dilacerante reino da vida". Estava apaixonada, e sofria. E sofrer era um abajur sem luz em que a gente tateia o desejo e a rédea da vida parece não mais lhe pertencer. Eu era como um daqueles estranhos habitantes da noite que, sem terem para onde ir, buscam auxílio na luz do outro que, ao invés de lhes clarear o caminho, irá queimar-lhes a existência. Era a alegria de existir para o outro que me fazia sentir uma dimensão da minha feminilidade que até então não havia sido aflorada. Deflorada pelo amor-apaixonado, eu sorria para as folhas que caíam solenes das árvores e sonhava com castelos nas nuvens. Acordar era um desjejum para o mais, e a noite caía sobre meus cabelos, que se debruçavam em meus seios. Cavalgava o espírito indomável e voluptuoso da paixão. Eu existia e era linda. Qual é o tempo da paixão? Infinito. Vivia para o infinito de mim mesma. Eu não acabava de me reiniciar. Era extensa, lânguida e sensual. Mas o quê? Estava cega como um cão vadio que não escolhe a porta quando alguma se abre. A porta noturna da dor estava feita para me debruçar sobre ela. Quando quis cair, não consegui. Quando procurei me levantar, já não mais me achei. Tudo que sabia, todo o saber adquirido na travessia dos meus infernais rios tinha desaparecido sob meus pés. Nenhuma certeza me avizinhava. Estava só em minha paixão pelo Outro. A dúvida sempre acompanha os desesperados, que tentam inutilmente se ancorar em antigas certezas. Os aflitos nunca alcançam a outra margem. Sempre sucumbem quando ainda estão no vau ligeiro do rio. Tal como veio, ele foi embora como um raio. Descobri a dor de ser a outra. Era um clarão mais forte do que eu para poder me deter a tempo. Fiquei cega durante mais de um ano. Agora provava a lembrança da perda. Havia história não inventada, mas iludida. Talvez fosse pior. Já não sei. A palavra saudade ficou mais forte que a própria palavra e não conseguia me desvencilhar dos meus trapos. Culpa, culpa, a culpa era dele. Olhei-me no espelho e não me vi; aliás, o que era pior, não vi marca nenhuma do abandono no meu rosto. Percebi que a dor da saudade pela história perdida é como um avental pendurado na corda para secar roupas. O avental se enforca dando piruetas ao vento e ninguém, a não ser o duro sol, lembra da sua existência. O varal da saudade também é feito do mesmo material com que se enforca o horizonte. Estava ali para secar, mas não secava. Estava à mercê do vento da angústia e me dilacerava. Estava encharcada do desespero do amor-apaixonado. Era como um papel inerte sobre a mesa. Fina, branca, rasurada, insone e com o odor da palavra que em mim falhava, faltava. Agora entendia Clarice quando dizia que a revelação do amor é a revelação da carência. Agora sentia o significado do dilacerante reino da vida. Sentia, e quanta emoção havia nesse meu olhar, a tarde esboçar seus contornos, a claridade fina da luz ir se apagando. Noturna, com interlúnios na alma, escorria para dentro da noite.

CAPÍTULO XXI

M de Miguel

Alice acordou em posição fetal nos braços de sua mãe.

– Já está acordada, mãe?

– Estou acordada há muito tempo. Estava quietinha aqui para não acordar você. Na verdade, estava vendo você dormindo e me lembrando de quando era uma menininha. Quando você está dormindo parece uma criança indefesa.

– Nós somos indefesas ante nossos pesadelos noturnos.

– Ah, filha, muitas vezes também o somos em relação aos nossos pesadelos diurnos.

– Mãe, você lembra do que eu lhe contei a respeito do meu sonho desta noite?

– Claro, filha. Você sonhou com aquele cara que a impressionou tanto lá na Documenta. Não foi isso?

– Não só lá na Documenta, mas também no Moskva.

– São só coincidências.

– Para mim há algo além do que só coincidências. "Há mais coisas entre o céu e a terra do que sonha nossa vã filosofia".

– Claro que sim, disse Elza sorrindo. Há Shakespeare, Baudelaire, Platão, Virgílio, santo Agostinho...

– E Deus? Onde está Deus, mãe? E não vá dizer que está no meu coração porque na maioria das vezes eu o sinto tão desprovido de tudo que chego até a duvidar da minha própria existência.

– Mas a dúvida é também uma aposta de Deus para que você possa ter a condição do livre arbítrio.

– Livre arbítrio. Livre arbítrio. Pois sim. Não há liberdade alguma, pois se você não está com Deus está contra ele. Então, qual é a escolha possível? Se você não o adota, que o Diabo te carregue?

– Não fale assim, filha. Deus tem sido bom conosco e com você principalmente. Olha onde você chegou e o sucesso que está tendo.

– E de que me adianta esse sucesso todo se não consigo ser feliz? Se nunca tive um pai para quem pudesse fazer um desenho nos dias dos pais como toda criança fazia. Se nunca consegui ser feliz no amor. Ah, mãe, Deus parece ter abandonado o ser humano após a criação. Se eu fosse Deus, eu não deixaria milhões de pessoas morrerem de fome, eu impediria as guerras, os crimes, os assassinatos, o desamor, a falta de solidariedade. Se eu fosse Deus, teria criado um mundo mais justo, sem tantas e inúmeras desigualdades. Será que temos que evoluir para o pior? Para onde o mundo está indo? Parece que estamos tão desgovernados que me sinto tonta diante de tanto desamparo. Por isso quis denunciar a crucificação do ser humano através dos meus quadros.

– E você não conseguiu o que queria? Não ficaram lindos? A crítica não foi tão elogiosa com você? Pois então, Deus está aí ao seu lado ajudando você em seu dom, o que, aliás, é um dom divino. E, quanto a esse Miguel, não tema, pois Deus não nos dá um fardo maior do que podemos carregar.

– Ah, mãe, você sabe que eu detesto essas frases feitas: "Deus nos dá isso, Deus não nos dá aquilo". Ficar repetindo essas frases feitas só engana os iludidos pela fé. Vamos tomar café que é o melhor que a gente faz. Acordei morta de fome. E quanto ao Miguel, ele irá me ver hoje lá na Documenta. Sou suficientemente mulher para enfrentá-lo, disse rindo Alice.

– Você só não sabe da sua força, minha filha.

– Minha força está em Deus ou está em você? Acho que está muito mais em você, mãe. Ao menos sinto você perto de mim, posso tocá-la, beijá-la, abraçá-la. Já quanto a Deus, adeus.

Quando chegaram na sala havia um bilhete deixado por debaixo da porta. Era do Ravi. Alice não se conteve e soltou sua farpa habitual.

– E por falar em Deus, olha o seu aí, mãe. Começamos bem o dia, né?

Elza não disse uma palavra e pôs-se a ler: "Querida Elza, precisei fazer uma viagem urgente. Volto em uma semana, duas talvez". Beijos, Ravi A. Moustapha.

Era um bilhete curto, que não dizia muito ou quase nada. Elza deixou-se cair no sofá com uma cara que não expressava nem tristeza nem surpresa, ou talvez mesmo um misto dos dois. Alice pegou o bilhete como que já adivinhando o que continha.

– Tá vendo, mãe? Era o que eu dizia lá na cama. Nós não temos sorte com os homens. Mas não se preocupe, nós temos uma à outra.

– Claro, filha, sempre foi assim, não é mesmo? Mas o que não entendo é como que ele deixou assim repentinamente suas aulas na universidade, ele que é tão pontual em seus compromissos. Ele que é tão cordial e educado, nem se despediu de mim. Não consigo entender.

– Ontem você esteve com ele?

– Engraçado, agora que você está perguntando isso, eu lembro de ele estar de pé conversando com alguém que estava dentro de um carro.

– Você viu quem era que estava no carro?

– Não deu para ver direito porque estava por detrás desses arbustos que tem aqui na frente da janela. Parecia um homem vestido de preto, mas não sei quem era. O carro arrancou rapidamente e, quando abri a porta para falar com ele, não o vi mais.

– Um homem vestido de preto? Não poderia ser o Miguel?

– Mas o que ele estaria fazendo aqui? Se o Ravi disse que ele apenas tinha perguntado sobre você lá no Moskva, e que nem se conheciam, estranho que tenha aparecido por aqui.

– Talvez não sejam só coincidências, mãe.

– Esse tal de Miguel vai hoje lá falar com você?

– Às 15:00 horas. Foi o que ele marcou. Deixou por escrito aqui nesse cartão.

Abriu a bolsa e mostrou o cartão que Miguel havia lhe dado na véspera.

– Pois eu vou com você, filha. Estou começando a achar que você tem razão nessa história de desconfiar desse homem. Agora mesmo que não quero deixar você sozinha com ele. De mais a mais, esse número aqui é meio esquisito.

– É o número da Besta, não é, mãe?

– Ai, filha, não diga isso!

– Mas eu pensei o mesmo que você.

E, no mais absoluto silêncio, as duas tomaram café, lavaram a louça e cada uma foi tomar seu banho. Parecia que estavam reunindo forças para o pior. Mais tarde almoçaram sob o signo do mesmo voto de silêncio que inconscientemente haviam feito no claustro de seus pensamentos. Arrumaram-se como quem se apronta para uma batalha. De vez em quando elas se cruzavam, Elza passava carinhosamente sua mão pelos longos cabelos de Alice e por alguns instantes as duas olhavam-se com ternura e melancolia.

Era a cumplicidade na solidão. Era mais do que isso, era um temor sem esperança, um caminho só de ida, uma busca sem horizontes, um relógio sem as horas, uma dívida com os dias, uma noite a não mais se acabar, tal e qual o pesadelo de Alice. E, se havia alguma dolorosa coincidência detectável, se havia uma atopia das duas em relação ao centro de si mesmas, se o mundo parecia conspirar acordes, naquele exato momento, Nina Simone cantava "Ne me quitte pas" no cd da sala.

Quando chegaram na Documenta por volta das 14:30h, já havia muita gente circulando pelas salas de exposição. Os doze apóstolos, ou melhor, os doze Cristos continuavam causando impacto em todos que entravam em contato com aquelas telas. Os jornais locais e o *Frankfurt Allgemeine* noticiavam fartamente o evento qüinqüenal de arte, com um grande destaque, com direito a fotos em vários cadernos, para a "Brasileira Crucificada", como estavam chamando a exposição de Alice. O catálogo da exposição não foi menos generoso com Alice, dedicando-lhe quatro páginas inteiras com fotos e uma elogiosa biografia feita pela não menos famosa crítica de arte Eva Koelreuter.

Nesse ambiente, poder-se-ia até dizer que Alice se sentia feliz, inteira com seu mundo. Seu corpo se movia entre as pessoas com a leveza de Gradiva, como se sequer pisasse no solo. Seu semblante irradiava o aroma dos campos, como se de seus cabelos jorrassem rios de flores. Então, seu corpo se tornava brilhante e a luz que dela emanava era como música a encantar até os deuses das maiores profundezas. Feito Fênix, Alice parecia ressurgir das tintas com todo vigor, desanuviando o emaranhado de nós que a faziam tropeçar em sua tímida feminilidade. Talvez esse plantio das artes fizesse florescer um outro lado que acabava por escamotear o encontro dela com sua vertiginosa e abissal forma de ser. O peso da sua existência ganhava ares de nobre leveza quando estava envolvida pela nuvem da arte. O ar despoluía-se como um pulmão aberto a virgindades, e o sol curvava seu dia até tocar seus lábios nas entranhas da noite. E o mundo fazia sentido e tudo era sentido com o máximo de sabor possível. Assim, ela saía de seu desterro para encontrar novos e delicados aromas. Porém o equilíbrio disso tudo era extremamente precário, instável como um papel de arroz, do qual só temos notícias da casca pelo que sobrou da ventania.

Porém o mundo de Alice era feito de meias horas, cronologia fragmentária, não de horas inteiras; portanto, não demorou muito para que uma mão pesada lhe pousasse sobre os ombros, a fim de não poupar-lhe a lembrança do compromisso feito de véspera. Queria ter esquecido de ter lembrado, mas a inquietante estranheza daquele encontro marcaria para sempre a sua vida.

Miguel gira em torno dela de tal maneira e com tamanha velocidade que a deixa tonta. É com alguma dificuldade que ela vai recobrando o caminho da lucidez em seu labirinto emocional.

Arguto como é, ele percebe a frágil vida que tem diante de si e, com o rigor e a frialdade do cálculo, decide que essa presa fácil estaria em suas mãos, tal como a areia desprotegidamente macia se deixa avançar pelo mar enfurecido.

Onde estava sua mãe nessa hora? Elza tinha ido visitar os outros expositores que ainda não tivera oportunidade de conhecer. Mais uma vez sua mãe não estava ali para ampará-la. Então, que essa antiga solidão, que sempre fora sua vizinha e parceira, lhe fizesse companhia. Frente a essa (des)conhecida ameaça, que insistia na figura de um homem misterioso, Alice afundava em seu pântano particular; sua voz enfraquecia, suas pernas tremiam, sua face empalidecia, seu coração batia no descompasso do pior, e o pavor de soçobrar tornava-se monstruoso. Era uma menina indefesa, um pássaro azul, frágil em sua gaiola, a cantar por liberdade. Mas ela não vinha e, com essa ausência sofrida, se perfilava também sua mãe.

– *Ontem não pude vir. Trago estas flores não para encobrir minha falta, mas para enfeitar sua vida. Mil desculpas señorita.* Adiantou-se Miguel com um belíssimo arranjo de orquídeas e a beijar candidamente as mãos daquela mulher desalinhada em seu espírito.

Na verdade, Miguel sabia como galantear uma mulher. Ele costumava dizer as palavras certas nas horas mais difíceis e, com isso, adoçar-lhe o coração. Era com encanto que enfeitiçava as mulheres, mas ele tinha um firme propósito por detrás dessa aura imbatível de *don Juan*: torná-las presas fáceis para o bote certeiro final. Miguel era um vigarista; por detrás da sua bela aparência bronzeada de um nobre Catalão, escondia-se um *marchand* que recebia e negociava com mercadorias falsas e que também se aproveitava de jovens artistas em ascensão para extorquir-lhes, por um preço muito abaixo do mercado, o valor do objeto em questão. Tudo era feito com extrema rapidez e ele usava de todos os seus artifícios para conseguir o que queria. Até porque costumava mostrar uma boa quantia de dólares em euros ao vivo que impressionavam o artista e acabavam por facilitar a transação.

Antes mesmo de começar a Documenta, Miguel já sabia quem seria sua próxima vítima. Ele não era afoito; ao contrário, estudava com a meticulosidade de um profissional quem ele iria atacar. Mas, quando resolvia, seu ataque era certeiro como uma seta em brasa a açoitar o coração da pobre vítima. Antes mesmo do dia da inauguração, ele já havia feito um contato com Ravi. Agora se sabe por que os dois foram vistos conversando no *Moskva*. Miguel havia oferecido uma boa soma em dinheiro para financiar a publicação do livro que Ravi estava escrevendo. Este, de início apreensivo e hesitante com a proposta, deixou-se convencer pela conversa macia de Miguel, mas o que ele queria era uma ajuda do indiano para articular uma maneira de se aproximar de Alice para que ela pudesse ganhar destaque e fama internacional e ele, "pobre Miguelito", também lucraria algum dinheirinho. Nada demais, havia dito Miguel, e, ainda por cima, ele o ajudaria a publicar seu livro. Ravi apenas deveria manter-se em silêncio sobre aquela conversa entre os dois, pois se tratava de uma surpresa, uma boa surpresa para Alice. Mas o interesse de Miguel era bem outro, queria se aproveitar do crescente sucesso de Alice Rygue e faturar em cima das obras dela. Além disso, Miguel estava querendo ir mais longe em seus propósitos. Através de Ravi, ele ficou sabendo que Alice não dava um passo sem sua mãe e que ela poderia ser um entrave para seus propósitos. A intenção oculta de Miguel era que Ravi, através do amor que Elza nutria cada vez mais por ele, conseguisse separar mãe e filha, para que o campo ficasse totalmente livre para ele agir. Nem de longe qualquer um deles supunha o que se passava nos ardis do pensamento de Miguel. Pelo contrário, o acolhimento promovido pelo *marchand* estava eivado de delicada sensibilidade.

Alice estranhou a gentileza do gesto adornada pela firmeza da voz de um barítono. Num instante, sua face parecia recobrar a sonoridade, desempalidecia de seu momentâneo desamparo. A vertigem sumira, amparada pela voz reconfortante que rearrumava, tal como num passe de mágica, o desalinho da alma.

– Só tenho ouvido elogios ao seu trabalho e posso confirmar com meus próprios olhos que é de excelente qualidade. Você está no nível, e em alguns casos até acima, dos melhores artistas contemporâneos. Seu trabalho tem a força dos grandes mestres, tem a ferocidade da luta ainda não vencida, mas para sempre relançada no futuro, entre a vida e a morte. A conceitualização da sua arte não se amarra a rótulos ou mensagens pré-fabricadas. O conceito vai além do conceito, de forma que o recria para cada um que entre em contato com seus quadros. Suas pinturas são vigorosas e tristes, mas isso só as torna mais belas, pois expressam a sua alma. Poucos são os artistas que conseguem dizer com sua alma aquilo que expressam em sua obras. Eles partem de conceitos e tentam adaptar suas obras a esses conceitos, e você não se inclui nessa categoria. Você parece ser talhada com a expressão de quem faz surgir a contradição onde pairava a mesmice. Com isso você faz surgir os opostos para conviverem em suntuosa harmonia. Você cria, e a partir do novo surge o conceito. Essa é a expressão de uma grande artista. Posso sentir e mesmo constatar através da minha modesta experiência que estou diante de um grande talento que é você, Alice Rygue. Muitos possuem talento, mas poucos conseguem aliá-lo a um estilo próprio. E isso é um dom; portanto, não é algo que se aprende nas Escolas de Arte. Você já deve ter nascido artista, só faltava expor seu trabalho ao grande público para ser consagrada. Para mim é um enorme prazer poder testemunhar esse nascedouro instante em sua tão jovem carreira.

Miguel falava com a eloqüência de um profundo conhecedor das artes. Era um homem fascinante, bonito e ainda por cima extremamente culto, não restavam dúvidas. Mas, para Alice, apesar do elogio reconfortante, pairava um certo ar de mistério, uma dúvida que ela não sabia muito bem de onde vinha e, mesmo sem saber, ela estava certa de senti-la. Ela só não podia dizer o que sentia, porque não tinha meios para demonstrá-lo, ou para desmascará-lo. Poderia ser uma fantasia de sua cabeça, poderia ser só imaginação e, assim, ela estaria estragando um excelente contato para alavancar sua carreira. A vida era um jogo e a exclusão da jogada, isso sim, era um risco maior, era a ausência da própria vida. Não é o morrer que dói, pensou, mas sim o viver sem saber dela mesma. Foi assim que ela resolveu entrar no jogo.

– O senhor é marchand, *não é mesmo?*

– *Pode me chamar de você. Sim, sou* marchand *sim e teria o maior prazer em poder representá-la para algumas galerias aqui na Europa. São galerias com as quais mantenho contato regularmente.*

Alice pensou em perguntar quais eram essas galerias, mas achou mais prudente recuar e não perguntar, pois seria, além de descortês, demonstração de desconfiança. Mas e daí? Ela não estava desconfiada mesmo? Porém o temor foi maior do que a ação e a pergunta permaneceu surda dentro de si.

– *Ah, estou vendo que vocês enfim se conheceram?* Era Elza que chegava no meio da conversa dos dois.

Mas como "enfim", pensou Alice. "Será que por acaso minha mãe estava pensando que eu queria encontrar esse cara?".

– *Minha filha me disse que havia ficado muito bem impressionada com o senhor.*

"Ai. Eu disse isso? Minha mãe deve estar ficando louca. Será que ela está dizendo isso só para que esse homem se interesse pelas minhas obras e seja meu *marchand*? Eu não preciso de ninguém, posso muito bem me virar sozinha". Quando acabou de pensar, imediatamente viu o quão estava enganada, o quanto sempre precisou da sua mãe para tudo. E, novamente, cedeu ao inevitável da situação.

– *Pois é,* disse uma vacilante Alice, *o artista sempre precisa trabalhar com parcerias.*

– *É verdade,* emendou Miguel, *o produtor cultural, o curador ou o* marchand *estão sempre em busca da melhor parceria para levar a arte até o povo. A arte não tem que descer até o povo, muito pelo contrário, tem que subir até alcançá-lo.*

– *Puxa, mas é isso mesmo que a minha filha sempre disse para mim a respeito da sua arte: que era uma arte para ser vista pelos olhos do povo e não somente pelas pessoas ou artistas que circulam no meio cultural. Seu desejo sempre foi levar seu trabalho a lugares onde os olhos não estavam acostumados a ver uma obra de arte.*

– *Então temos muito em comum, cara Alice. Se for do seu desejo e de nosso comum acordo, poderemos sentar para conversar as bases do nosso contrato. Vocês aceitariam jantar comigo essa noite? Faço questão de convidar as duas, pois vejo uma bela união entre mãe e filha. Dou muito valor às relações familiares e logo percebi o quanto vocês querem bem uma à outra.*

– *Como você percebeu isso?* Alice não resistiu a essa pergunta, pois tocava numa relação extremamente delicada para ela.

– *Percebi através dos olhares meigos e ternos que uma mantém com a outra enquanto se falam, ou mesmo na delicadeza e preocupação que sua mãe demonstrou por você. Aprecio relações assim. Na minha família na Espanha, costumamos ser muito "calientes" uns com os outros.*

Miguel não perdia tempo. Sua astúcia era a rapidez com que descobria quem era o outro, seus pontos fracos, e assim, trabalhava para "cuidar" do calcanhar de Aquiles de cada um. Assim já havia feito com Ravi, e assim fazia com muitos outros. Para alcançar seus objetivos, não media esforços, e muito menos se incomodava por cima de quem teria que passar para chegar onde queria. Quanto a sua família na Espanha, era tudo mentira. Miguel era órfão, fora criado e maltratado pelos tios, que não suportaram a idéia de ter que criá-lo após a morte de seus pais num acidente de trânsito, quando Miguel ainda tinha quatro anos. Desde que ele, ainda muito pequeno, parou para pensar naquilo que o mundo havia aprontado para ele, decidiu que não mediria esforços para alcançar o que queria na vida: sucesso financeiro e reconhecimento pessoal. Seu primeiro golpe de esperteza aconteceu ainda adolescente, ao conseguir passar a tradicional galeria da família, a *Balesteros y Balesteros*, para seu nome. Daí por diante não parou mais de crescer, só que às custas de negociatas e golpes sujos no mercado das artes.

– *Que bom que você pensa assim.* Comentou Elza em sua ingenuidade. *Aprecio muito pessoas que preservam os laços familiares. Eu e Alice somos muito sozinhas, pois meu marido morreu quando ela era muito pequena...*

– *Mãe!*

– *Ela não gosta que eu fale nisso.*

– *Por favor, senhora. Eu entendo muito bem isso. Se esse assunto a incomoda, por favor não fale mais nisso na frente dela. Ela já deve ter sofrido demais com a falta do pai.*

– *O que o senhor entende disso? Pelo jeito o senhor sempre teve uma família muito bem estruturada. Como é que o senhor pode saber a dor de uma pessoa de não ter conhecido o pai?* Alice estava mais uma vez furiosa com sua mãe e com Miguel, por estarem expondo demais sua intimidade.

– *Eu sou órfão.*

Aquela afirmação pegou até o próprio Miguel de surpresa, já que ele só dizia isso em casos extremos. A verdade é que ele estava percebendo que o laço com Alice estava por escorregar de suas mãos. A cartada foi uma jogada de mestre. No mesmo instante, mãe e filha penalizaram-se profundamente com ele. Assim, Alice se identificou de uma vez por todas com o *marchand*, e Elza, num gesto largo, liberal e profundamente materno, deulhe um longo beijo na testa.

– *Desculpe a minha rispidez*, desmanchou-se em desculpas Alice.

– *Ora, imagine, não foi nada. Fui tão bem adotado e cercado de tanto amor pelos meus tios que até eu mesmo às vezes esqueço que não tive pais.*

– *Você teve sorte.* Disseram as duas em uníssono.

– *Não, eu tive amor*, respondeu Miguel com um enorme e falso sorriso em seus lábios.

– *Então foi bem melhor do que sorte*, afirmou Alice.

– *O amor é muito melhor do que a sorte, mas aqueles que têm a sorte de ter um grande amor, esses são mesmo felizes.* Miguel fazia a sua parte e, pouco a pouco, as duas iam cedendo em suas resistências, deslizando vertiginosamente para as armadilhas preparadas cuidadosamente por esse *expert* nesses jogos de estratégia das inter-relações humanas.

Miguel gentilmente perguntou a Elza se ela não gostaria de convidar o Ravi para o jantar. Nesse exato momento, Alice sentiu culpa pela primeira vez por não estar convidando o Karl. Mas como faria para convidá-lo sem que levantasse suspeitas sobre seu envolvimento com ele? De mais a mais, era Miguel quem estava oferecendo o jantar para as duas e ainda havia o indiano como convidado. Estava com muita saudade dele, queria encontrá-lo, mas deveria aguardar melhor oportunidade. Talvez no dia seguinte.

O jantar correu tranqüilo sem maiores engasgos ou azias. Ravi contou um pouco sobre sua vida na Índia, do seu nascimento na região de Délhi, sua visita ao Nepal e aos templos sagrados. Discorreu sobre sua experiência com a ioga, a música e o budismo. Revelou que nunca abandonou a prática da ioga, mas, em relação à música, sempre foi um apaixonado pela cítara. Por causa do nome, também quis um dia ser o Ravi Shankar. Miguel, para descontrair, perguntou se pela sua magreza ele não havia sido faquir. Ravi aceitou a brincadeira e disse que naqueles tempos difíceis, de extrema escassez econômica, era muito fácil ser faquir não só na Índia, mas em qualquer outro ponto da terra. Depois, mais sério, ressaltou que os faquires não são hindus, mas muçulmanos que fizeram voto de pobreza e vivem pedindo esmolas. Quando falou de Gandhi, seus olhos se iluminaram como se estivessem a ler os textos sagrados do *Bhagavad-Gita*. Destacou seu caráter de homem profundamente piedoso, sua compaixão pelos desafortunados e a criação da "Associação de Ajuda Mútua" destinada aos intocáveis, que Gandhi chamava de "as crianças de Deus", *Harijan*.

Como sobremesa, Ravi surpreendeu a todos pela recitação cantada dos hinos dos *Veda*. A música é como a luz na Índia, ela se propaga sem que seja necessário que se escreva, ela apenas se transmite oralmente como feixes de ondas de luz. Assim, cantando, se encontra o *satôri*, a iluminação. Por isso luz e música se fundem nos *mantras* e *ragas* (atração, cor) sagrados.

Ravi havia feito bem seu papel de coadjuvante na trama principal. É verdade que ele não havia feito esforço algum, pois era uma pessoa simples tal como se apresentou desde o início. Aliás, foi exatamente essa maneira simples, lúdica e viril de ser que havia encantado Elza desde o primeiro encontro à noite, no café com jazz.

Ao chegarem em casa, Alice, pela primeira vez, falou bem de Ravi. Da sua cordialidade, da sua delicadeza em conseguir ser ao mesmo tempo elegante e alegre de espírito. "Ter um espírito assim alegre", disse ela, "é uma qualidade que aprecio nos homens, porque denota uma inteligência apurada mesclada ao refinamento do humor".

– Seu pai era assim.

– Foi isso que você viu nele? Meu pai novamente? Por um lado fico feliz por você, mãezinha, mas, por outro, não vou negar que a idéia de qualquer um substituir o meu pai me é intolerável.

– Mas ele não é qualquer um, filha.

– Mãe, vamos dormir.

E assim, com a determinação na voz que lhe era costumeira quando tratava desses assuntos, deu por encerrado o dia, e a questão.

Capítulo XXII

Interlúnio XI

Na quinta-feira eu havia feito dezoito anos. Era uma data simbólica, mas pensava que agora teria total autonomia na vida. Por um instante esquecia da forte ligação que nutria pela minha mãe. Ela era tudo, o que quer que fosse esse tudo, como se a ausência da lembrança da sua presença não fosse o suficiente para sempre recordá-la. Levantar do chão frio era uma tarefa de uma segunda-feira a ser inventada. Havia alcançado a maioridade, mas estava longe de me desvencilhar do nó daquele cordão umbilical. Ainda me sentia inteiramente nutrida por ela. Seus abraços me acolhiam nas minhas crises de angústia e desespero, suas palavras sempre encontravam a contramão do meu viver. Os nós são assim: se estão apertados demais sufocam, se estão frouxos, o nó não se sustém. No meu caso minha mãe exercia sobre mim um nó invisível. Posso garantir que esse é o pior, porque fica impossível discernir onde está a ponta para desatá-lo quando se precisa da autonomia. No sábado, depois do café da manhã, eu estava no meu ateliê que ficava atrás da casa, no fundo do quintal, quando minha mãe entrou trazendo uma caixa. Era um pouco maior do que uma caixa de sapatos. Colocou-a cuidadosamente em cima da bancada ao lado do cavalete e disse seca: essa caixa é do seu pai para você. Disse e saiu. Disse, não me olhou nos olhos e saiu. Ou melhor, disse, nem sequer me encarou ou esperou para ver a minha reação, e simplesmente saiu do ateliê. O que seria dessa vez? Que surpresa o destino havia me reservado? Como aquela caixa vinha agora, depois de tanto tempo da morte do meu pai, se apresentar para mim, tal como um estranho intruso que adentra na primavera de nossas vidas sem ser convidado? Não, não é ruim que haja uma sucessão dos dias. O pior é o inesperado deles. O gosto amargo da expectativa ansiosa coloca você como aquelas plantinhas nas quais você coloca o pé e elas "adormecem", fechando-se sobre si mesmas. O encontro com a possibilidade do amanhã sempre me deu a primazia do desconforto. Esperar sempre foi algo industrializado para uma mulher que teve a virtude do fazer, mas não o testemunho da passividade. Solidão e desconforto me acossavam nessa hora dramática da vida. A vida é transitória e o meu tempo é o agora. *Hic et nunc*, é o que se diz. O passado me fere e o amanhã é a incerteza por vir. Tento me livrar da dureza de existir trabalhando febrilmente debruçada na minha arte. Essa arte que me consome e me eterniza para além de qualquer expectativa do tempo. Meu romantismo é a descompressão das ilusões e a crença de poder amar o mundo que transborda através das margens dos meus quadros. Tudo isso que me inspira eu respiro como sendo passível de ser amado. Amo as formas, as formas sobre as formas, a gentileza sensível, mesclada a uma dose de força bruta e sabedoria num homem e, além disso, amo as cores do dia. Amo desde a anarquia rebelde dos revolucionários até o olhar impassível e o sorriso sereno dos monges do Tibet. Meu amor não tem limites nem fim. Então eu sofro. E o meu amor é o meu sofrimento em todas as cores. Portanto, meu amor é branco, já que ele é a reunião de todas as cores. Branco. Nulo, nada, um tudo por vir. Um tudo por ser: desejada. Não vou abrir essa caixa do meu pai. Não vou abrir esta caixa de Pandora. Que ele se foda. Dane-se o que contiver. Eu não me contenho dentro de um pai que nunca existiu e que covardemente não me deixou nem a chance de olhar para seus olhos e suplicar pela sua vida. Não vou me arrastar para dentro da sua morte. Já basta a minha morte dos dias que não me cabem. Dessas eu não escapo. Mas nessa caixa eu tenho como evitar o tropeço final para o cadafalso. Nelson Rodrigues estava errado. Um filho não é um brilho nos olhos do pai, senão o meu não teria se suicidado. Ele não esperou que seus olhos brilhassem por mim. Minha mãe nunca me disse o que aconteceu, e as palavras entortam como ferro em brasa na minha boca, me impedindo de perguntar. O silêncio sobre a morte é mais letal que a própria morte. Então que essa caixa seja o seu caixão. Vou enterrá-la para poder enterrá-lo de uma vez por todas. Não se abre um caixão para verificar como está o morto. É preciso deixá-lo descansar em paz. E eu também preciso ter a minha paz. Minha mãe que carregue esse fardo. Ela foi insensível e cruel em me dar a mortalha do meu pai. Uma mortalha que sempre reverberou sobre a minha face ao longo de todos esses anos da minha vida. Mulher frágil, tiranicamente frágil, que se ocupa de sua doença para me fazer sucumbir. Sucumba! Para o inferno com ela. Ela que fique com o rebotalho. Eu decido pela vida, mesmo que a vida seja estar para sempre ceifada daquilo que nunca virei a saber. Peso que não alivia, nó que não se desfaz. É meu corpo magricelo que se liqüefaz diante dessa Divina Comédia que é a minha mãe. Eu é que preciso me reinventar, clamar por Virgílio, sair desse inferno-purgatório e subir aos céus. Mas como fazer isso, meu Deus? Como achar esse caminho de subida se só encontro essa espiral descendente? Meu fardo é a minha descendência. Destino oracular inexorável? Tragédia consumada? Ah, Delfos! Poderei ser heroína sem consumar meu final em tragédia? Tragédia era o que eu chamava de impedimento de viver. Quando a dor de viver é maior do que a própria morte, então, isso é tragédia.

Capítulo XXIII

M de morte

No dia seguinte, Alice, ao retornar à Documenta, encontra sua mais recente amiga, Esther Tonembaum. Esther quis saber do seu encontro com Miguel.

– *Ontem eu os vi de longe conversando animadamente. Retirou aquela impressão ruim dele?*

– *É, até que ele não é tão mau assim,* disse rindo Alice.

– *Pessoas assim que parecem surgir do nada são imprevisíveis. Podem numa hora ser uma coisa e, em outra hora, outra. Sua mãe gostou dele?*

–– *Foi ela quem ficou mais entusiasmada para que eu estabelecesse algum tipo de relação com ele.*

– *Ele é namorável? Hum, que interessante! E aí? Você ficou a fim dele?*

– *Não, não, Deus me livre. Bem, se bem que ele não é de se jogar fora.* Risos.

– *E sua mãe, não ficou com ciúmes? Ela adora você, mas você diz que ela é tão ciumenta... Afinal de contas, mães são sempre ciumentas.*

– *Mas eu não posso falar nada dela. Além de também adorá-la, também sou muito ciumenta e dependente do seu mundo. Parece que respiro seu ar, que às vezes me sufoca. Bebo da sua água, na qual me afogo. Relaciono-me com seus amigos, nos quais me perco. Quando ela canta, eu canto, quando ela sorri, eu sorrio e quando ela chora, eu morro. Nesses tempos que correm, só a arte tem me salvado, até chegar aqui e começar a notar que tudo estava se modificando para ela e para mim. Primeiro achei que fosse porque estamos em outro país, outra língua, outros costumes, etc. Você como estrangeira também deve sentir isso, não é? Mas depois surgiu o Karl...*

– *Quem é o Karl?*

O que Alice tentara evitar saiu sem querer. Ou será que ela justamente necessitava de uma confidente para partilhar a aventura desse romance? A solidão de não poder compartilhar o que acontecia na verdade a estava sufocando. Para sua mãe não podia contar porque ela não aceitaria essa história de romance com um homem casado. Mas agora surgia Esther, uma pessoa que parecia ser suficientemente humana e compreensiva e que, de qualquer forma, havia se tornado sua "cúmplice" em poucas horas. Mas, em relação à traição, haveria compreensão alheia? E, antes que a própria Alice pudesse responder, Esther emendou:

– *Já sei, deixe-me adivinhar. Vou lhe poupar o constrangimento. Deve ser aquele alemão bonitão que estava com a mulher anteontem por aqui, ao seu lado.*

– *Ai, meu Deus! Você deve ser uma bruxa! Como é que você adivinhou assim de primeira? Será que dei muita bandeira?*

– *Os olhares apaixonados vão além dos próprios amantes. Eles revelam um halo luminoso de esperança que envolve o ar que existe entre eles. Os céus parecem descer aqui na terra e as estrelas passam a gravitar num lindo balé espiralado entre os dois, como se houvesse novamente a criação do mundo. Está tudo lá, só não vê quem não quer, ou não tem um coração sensível para tal reconhecimento. Mas fique tranqüila. Se sou uma bruxa, sou uma bruxa do bem. Não sou propriamente uma fada, mas também não sou má. Tenho lá também meus casos, também preciso tomar umas poções mágicas para saber como me conduzir em minha vida. Viver é uma arte na qual as verdades muitas vezes se escondem por detrás de um véu de cortina da fumaça dos enganos e das ilusões e, se não bastasse isso, só se vive um dia de cada vez. Então, amiga, temos que tratar de vivê-lo muito bem.*

– *Ah, que bom que você me entende. Não sei como isso foi acontecer, só que tem sido inevitável tanto para ele quanto para mim. Vou dormir e acordo pensando nele. Ele preenche minhas manhãs, alegra minhas tardes e me faz sonhar nas minhas noites. É o homem dos meus sonhos. Ele não me põe para frente, nem me passa para trás, mas me dá a sensação de que me põe a seu lado a caminhar junto comigo.*

– *Então aproveite, minha cara, porque isso é raro.*

– *Mas esse é o problema, ele é casado.*

E numa sonora gargalhada comenta:

– *É verdade, não existe homem perfeito.*

– A perfeição está na impossibilidade?

– Creio que sim, minha amiga. Creio que sim. Acho que para nós, mulheres, o ideal do homem perfeito é exatamente aquele que ainda está por vir.

– Mas ele está tão próximo a mim...

– Mas, ao mesmo tempo, tão distante.

– Ah, sua bruxa malvada, pára de botar feitiço ruim na minha relação, disse uma bem humorada Alice.

Estavam assim conversando quando Frida, a filha mais velha de Karl e Erika, entra aos prantos no salão.

– Alice! Alice! Oh Alice, que desgraça, que tragédia!

– O que foi Frida, me conte o que houve. Você está se sentindo bem?

– O papai, Alice. O papai.

– Mas o que houve com seu pai? Pelo amor de Deus, me conte o que houve com seu pai?

– Ele morreu. O papai morreu hoje de manhã. Meu pai morreu, Alice.

– Mas como? Eu não estou acreditando nisso. Ainda agora estávamos falando nele...

Esther interveio com a firmeza da sua doçura.

– Calma, Alice. Deixe que ela conte o que está acontecendo para que a gente possa entender.

– Calma? Calma? Como é que você quer que eu tenha calma com essa vida? Ai, meu Deus, que merda, que desgraça de vida.

Esther, percebendo a gravidade da situação, tratou logo de retirar as duas dali e levá-las para o pátio de entrada, onde não tivesse tanta gente já se formando em volta para saber o porquê daquela gritaria. Já afastadas, Esther pediu a Frida, que chorava muito abraçada a Alice, que contasse o ocorrido.

– Nós estávamos tomando o café da manhã quando o telefone tocou, eu fui atender, e era um homem querendo falar com meu pai. De repente, meu pai começou a se exasperar e a gritar no telefone. Ai, meu Deus, eu nunca havia visto meu pai assim. Quando ele desligou, já estava suando muito, estava branco, aí ele começou a ficar sem ar e dizer que estava com uma dor no peito, e caiu morto no chão.

Silêncio. A descrição comovente da filha sobre a morte do pai fez com que as três chorassem aos soluços. Ali não havia mais lugar para a palavra. O peso do silêncio da sombra da morte havia recoberto o diálogo. Juntas, pegaram um táxi e rumaram primeiro para a casa de Alice para que pudessem avisar à mãe dela. Elza levou um grande susto ao ver chegar sua filha e mais aquelas duas mulheres em sua casa. O taxímetro ligado não compartilhava do tempo em suspenso da morte. Agora em quatro, e em companhia do lastro angustiante do negrume da morte, rumaram para onde se encontrava o corpo. Esse encontro com Karl era o encontro que Alice jamais gostaria de ter tido. De repente, tal como um torvelinho, um filme em preto e branco rodopiou pela sua cabeça. As horas quebradiças certamente remavam contra sua vida. As horas estavam, mais uma vez, nuas em seu caminho. Contá-las era estabelecer um limite impossível com o destino imperdoável. "Mãe, me proteja. Proteja meus olhos porque não quero ver isso que sou obrigada a enxergar. Destino, seja meu amigo e me cegue de vez com a fúria de sua seta zombeteira". Alice rezava pedindo aos céus que a protegessem contra o furacão eminente onde até há pouco tempo era brisa suave. Essa alternância de ventos fazia adentrar uma pneumonia em seus sentidos da alma. "Estou debilitada, minha mãe, proteja-me de mim mesma, pois já não me agüento".

Uma pequena multidão estava do lado de fora da casa. A porta aberta permitia um ir e vir de amigos, fornecedores de madeira e fregueses inconsoláveis de perderem um homem que gostava de ver o sorriso no rosto das crianças ao ganharem um brinquedo feito por ele.

Karl era um desses homens raros, sensíveis, que teria sido, se fosse fabricado, talhado na madeira mais nobre. Porém o peso da aflição angustiante não suportou os dias. O coração generoso sucumbiu ao fardo da chantagem. Com quem gritava ao telefone? Ele que sempre tinha na serenidade das palavras a vocação diplomática para as desavenças e destemperanças. Ele que no apocalipse das horas conservava a força criadora do Gênesis.

O que era pior era essa morte antes da hora da morte. Essa morte estúpida, vazia de significações, porque a vida interrompida é muito diferente da vida acabada, aquela vida que cumpriu sua função.

Apenas com o choro por testemunhar suas dores, as quatro entraram abraçadas dentro da casa. Havia um vazio a fazer-lhes um ruído insuportável. O que dizer diante da sombria angústia da morte? Nessas horas, as palavras ficam sem trabalho algum dentro das frases, então elas se tornam inúteis, extemporâneas, obsoletas e desempregadas. Diante da morte, a palavra é despedida da sua função. Sem ter emprego certo, como que a vagar a esmo, a palavra junta-se solidariamente ao silêncio que lhe empresta sua função.

O choro no lugar da palavra, o abraço no lugar do sorriso, as reticências antecedendo a interrogação. Tudo era espanto e dor, frieza e desamparo, silêncio e, novamente, o choro incontido. O mundo comprimia-se diante do morto, tal como uma roda dentada a se cravar nas entranhas das carnes. E não era bonito o que se via, e sentia-se o horror diante do inevitável.

Alice teve um outro desmaio, só que dessa vez diferente do primeiro lá na Documenta. Dessa vez ela desmaiou para a vida. O olhar longínquo, perdido, esfumado como um croqui inacabado, revelava seu desamparo diante da vida. Permaneceu assim durante um longo tempo, talvez horas incontáveis, talvez um tempo inconfessável. Era vergonhoso não ser feliz? Pois era assim que Alice se sentia, com vergonha de não ser.

Abraçada com sua mãe, deixou-se sair da casa com a constatação de que uma parte importante da sua vida também morria ali. A tarde deitava sua jornada cobrindo o seu rosto com uma brisa insossa. Do lado de fora, à meia distância do velório, Miguel e Ravi aguardavam a saída das duas. Abraçadas, passaram pela inexistência deles. Miguel logo pressentiu que aquele não era um bom momento para uma aproximação. Segurou o braço de Ravi, que ia se encaminhando em direção a Elza, enquanto falava:

– *Hoje seremos intrusos, meu amigo. Amanhã as estrelas voltarão a ser femininas, hoje elas estão prestes a desfazer seu casamento com o céu. Devemos tomar certos cuidados e aprender com os gauleses para que o céu não caia sobre nós. A divina prudência é meia-irmã da sábia distância. Há um ditado lá no país delas, o Brasil, que diz que "quem sabe faz a hora, não espera acontecer". Porém lá na Espanha se diz que "la luna surge en el cielo solamente después de la muerte del toro". Há que esperar o momento certo para que a vida aconteça.*

– *Também já ouvi esse ditado brasileiro dito pela Elza. Acho que elas gostam de citá-lo. Lá na Índia temos um ditado semelhante que diz que "a serpente enfeitiça quando o flautista encontrou a iluminação", ou seja, quando um e outro são um só é o tempo infinito que ali se presentifica. O eterno surge quando a iluminação faz levitar a alma. Nunca antes. É assim que devemos aprender com Buda.*

– Cada língua tem a palavra certa que absolve e outra de igual força, mas de sentido contrário, que condena.

– Somos reféns das palavras.

– Eu prefiro que elas me sirvam. Essa coisa de se curvar é para oriental. Eu só me curvo para o dinheiro e para "las mujeres". Devemos aprender a manipulá-los com igual mestria, senão é como entrarmos na arena sem a capa e sem a espada.

– Você é muito materialista, Miguel. Você deveria se espiritualizar um pouco mais. Às vezes você me dá medo com sua frieza. O mundo anda precisando de um pouco mais de humanidade.

– O dinheiro me dá a medida certa da minha humanização.

– Começo a ficar preocupado com você...

– Ora, eu estou aqui para que você não se preocupe com a publicação do seu libreto. Você não está satisfeito com a quantia que lhe dei em troca de um pequeno favor?

– Agora que o Karl morreu, começo a pensar que não foi correto termos investigado a Alice e seu romance com ele.

– Não era para ele morrer, Ravi. Mas o destino deu um forte empurrão para o nosso lado.

– Nosso? Como nosso? A única coisa que eu quero é manter o meu relacionamento com Elza e publicar meu livro. Nunca desejei mal a ninguém e começo a detestar a hora em que conheci você.

– Mas você ainda me deve um favor, você me deve um dinheiro, ou você acha que eu sou um mecenas?

– Não, começo a achar que você é um mercenário.

Miguel deu um sonora gargalhada repleta de ironia.

– Mas o que é isso, meu bom amigo? Agora que já usufruiu, você está querendo dar o fora? Claro que não. E a minha parte nesse negócio, onde fica? Nosso joguinho está apenas começando.

– Negócio? Negócio? Então um homem morre e você ainda fica falando em negócios?

– Ora, temos que falar deles enquanto estamos vivos. Depois, se ficarmos igual ao homem dos pinóquios, sete palmos abaixo da terra, de que nos adianta?

– Você não tem respeito nem pelos mortos.

– O mundo vai aprender a me respeitar pelo que ainda serei.

– O mundo vai odiar você pelo que você já é.

– Você está muito exaltado, meu caro indiano.

– Detesto quando você me chama assim.

– Ora, ora, mas agora você está negando a sua raça?

– É do seu tom sarcástico e irônico que eu não gosto. Não tenho nenhum problema em ser quem sou. Aliás, sinto um enorme orgulho das minhas tradições espiritualistas.

– Ah, mas como é bom ter um dinheirinho para publicar um livro...

– Vou devolvê-lo a você agora. Não quero ficar com ele nem mais um minuto.

– Nem pense nisso, meu amigo. Ou você já esqueceu dos termos do nosso contrato? Tenho tudo assinado por você. A doação está condicionada à publicação do livro. Caso contrário você perde seus direitos autorais sobre ele. Não esqueça que já tenho dois terços do livro em minhas mãos.

– Seu crápula.

– Não, meu amigo, são apenas bons negócios para ambos. De mais a mais, em relação a Alice, meus interesses agora não são só de marchand, *mas também como homem a desejo muito.*

– Ela não é mulher para você.

– É o que você verá, meu amigo. Adoro esses momentos nos quais elas estão superfrágeis. Elas caem na rede feito peixe assustado. Quanto mais se debatem, mais enroscadas ficam. E eu sou aquele que lhe proporá salvamento.

– É o que você me propôs. Sua proposta é indecente.

– Ah, todo mundo tem um preço, meu amigo. Todo mundo tem seu preço. E o seu até que não foi tão alto assim. Miguel ria convulsivamente, às gargalhadas.

– Cretino! Agora, pensando bem, me diga uma coisa, Miguel. Seja honesto ao menos uma vez. Era você ao telefone com o Karl?

E com a mesma frieza Miguel assentiu que era ele mesmo.

– E o que você queria com ele?

– Ora, elementar, meu caro Ravi. Eu disse que iria desmascarar a farsa, o romance espúrio dele com a Alice, para a mulher dele. Nada mais correto a fazer, não acha?

– *Assassino! Assassino! Você não tinha esse direito! Você não tinha esse direito! Assassino, mil vezes assassino.*

– *Ora, ora, olha só quem vem me falar de direito? Você aceita dinheiro, o outro tem uma amante e eu é que sou o vilão? Vamos lá, meu caro.* E, rindo ironicamente, continuou. *Atire a primeira pedra, vamos lá, atire, atire.* O ar debochado ecoava mais estridente do que mil cornetas tocando juntas.

E Ravi, cerrando os punhos, deu-lhe um soco no rosto que o deixou caído na grama. Enquanto Ravi ia saindo, ainda ouviu Miguel com a boca sangrando, e com um meio sorriso irônico, gritar:

– *Seu puto! Você mexeu com o cara errado, seu indianozinho de merda. Agora você vai sofrer as conseqüências do seu ato.*

– *Assassino! Assassino!* Gritava já ao longe Ravi.

Capítulo XXIV

Interlúnio XII

Ainda lembro do dia, há quatro anos atrás, quando enterrei a caixa que a minha mãe me deu que continha lembranças do meu pai. Seus restos demiúrgicos. Nunca soube se haveria de colocá-lo como um deus onipresente ou simplesmente como um humano. Fraco. Dessa imagem nunca vou me esquecer. As lembranças são como nosso rosto no espelho. Refletem uma imagem que vai se desgastando com o tempo. A memória daquilo que não existiu vai escoando como a água da chuva em leito de rio seco. A terra, através de seus poros, também vai rapidamente engolindo sedenta todo enxágüe da velha roupa rota da memória. Seguia indúvia meu caminho e, ao largo, acompanhava o meu corpo em desalinho. Sempre tive muita sede. Andar assim sedenta sempre foi uma virtude da qual sempre sorri orgulhosa. Desde pequena achava lindo ter sede. Muitos espantavam-se com tanta água que eu bebia. "É bom para a pele", diziam. Mas, engraçado, minha sede sempre foi muito maior do que a sede pela água por beber. Tinha, e tenho até hoje, sede de saber. A curiosidade por descobrir coisas novas, fatos novos me colocavam num total espanto filosófico diante da austera realidade do mundo que se descortinava aos borbotões. Em relação ao meu trabalho, a descoberta de misturas de tintas inusitadas era um estremecimento que percorria como eflúvios todo meu corpo, deixando-me inebriada. Orgasmo é a descoberta de uma nova cor. Era como se desvirginasse pela segunda, ou terceira vez. Ah, isso é, ao infinito, como os orgasmos múltiplos. Entre o céu e o inferno existe o espelho que reproduz ao infinito a nossa finitude. Descolar-se desse enigma especular é como procurar reconhecimento em noite escura. Tateia-se às cegas para dar de cara com o monstro do desconhecimento. Não há propriedade diante do espelho do tempo. Tudo é liso e fugidio como uma enguia em água turva. Tudo escorre sem a menor chance de podermos aprisionar a imagem que a contém. Querer ter a propriedade sobre tudo é a ilusão vendida pelo capitalismo. Por isso, para aprisionar o instante mágico, eu o reproduzo na tela. Reproduzo segundo a minha emoção, seguindo o farejar da minha sensibilidade. Aprisiono para depois fazê-la circular por outros olhares. Quando pinto, estou côncava, convexa, distorcida pelo meu olhar que deseja capturar o que não se vê com os olhos. O que eu não vejo eu transformo em pintura. O olhar é cego para aquilo que se desenrola através da retina. Pinto com a alma ensangüentada. Só assim consigo extravasar através do pincel a perfeita comunhão entre a tinta e a tela. Meu corpo, meus braços, minhas mãos são apenas o prolongamento entre a realidade não visível e o mundo por vir. Nisso sou grande, mágica e também demiúrgica. O que há do meu pai em mim? Ah, espelho sem reflexo, noite insone na qual não me encontro. Da minha mãe herdei a ansiedade para o mais. E ela está aqui para comprovar. Cada palavra que eu disser, cada quadro que pintar, cada confissão feita no ermo da noite, ela estará aqui como de costume. Os reflexos da minha mãe são os mais visíveis: e isso, por vezes, me sufoca. Os reflexos do meu pai constituem-se como um espelho sem rosto: e isso é puro medo e angústia. Como numa fantasmagoria, nunca sei quem vai aparecer do outro lado. Apesar disso, há um certo conforto autônomo para caminhar por mim mesma. Aliás, por nunca ter podido contar com eles, adquiri o hábito de ser uma caminhante noturna. Isso me deu a criatividade necessária para a minha arte, pois tive que ter luz própria. Essa possibilidade sempre é a mais árdua, mas a mais compensadora. Descobrem-se forças e verdades ocultas que jamais emergiriam para a superfície vivida. A vida é como um espelho de areia. Com a mais leve brisa, ela se desloca no tempo e no espaço e os olhos turvam-se, lacrimejantes, pelo desterro sofrido. A cartografia da história de cada um precisa então ser refeita, mas os olhos jamais serão os mesmos. Vergonha. Eles jamais voltarão a enxergar o que ficou para trás, tal como o olhar de Orfeu para Eurídice

Capítulo XXV

Depois da morte

...O luto chegou com seu olhar sem um cais para aportar. Perdidos no horizonte da lembrança, os olhos de Alice marejam saudade para o nunca mais. Inconformados com o pesaroso despertar, seus olhos lacrimejavam a dor da separação não desejada. Incontida e atracada ao colo de sua mãe, único lugar ainda aportável, Alice deixou-se levar, exangue, pela mulher que ainda havia nela e que ali se esvaía, consumida pelo desespero, pela morte súbita da esperança. Elza, como mãe atenta que era, nesse momento compreendeu tudo. Não sabia exatamente o que havia se passado, mas agora entendia a recente e súbita felicidade clandestina de sua filha, bem como o arfar de tanta tristeza e depressão. E, como num momento mágico, reacendeu, através da dor, a verdadeira comunhão de espíritos que as duas possuíam, como se Alice desconfiasse nesse exato instante de que sua mãe sabia do seu *affair* com Karl. Então, declarou aos prantos o que já não podia mais esconder.

– *Eu o amava, mamãe. Eu o amava muito. Por que, mamãe? Por que isso foi acontecer comigo novamente? Por que tanta perda em meu caminho?*

Silêncio. Silêncio profundo. Elza apenas apertou sua filha de uma forma mais calorosa contra seu ventre. Sabia que fazendo assim aqueceria ao menos uma parte do coração de sua filha e que, além do mais, qualquer palavra que dissesse naquele momento retiraria a força das palavras em súplica de Alice. Porque o "eu o amava" soava muito mais como "eu ainda o quero", "eu ainda o amo", ou "não deixe que ele se vá", ou ainda, "de novo a vida me deixou desamparada". Era por isso que Elza sabia que uma palavra não cabia diante de tamanha súplica, diante de tamanho apelo, diante do destino tão implacavelmente inexorável.

– Mãe, me abrace mais forte. Essa sensação de não querer ser divisível, de querer ser una com sua mãe, era um ungüento diante do deserto que se avolumava. Novamente uma pausa; o silêncio estava rodeado de palavras indizíveis, impronunciáveis. No colo de sua mãe, as duas formavam um elo indivisível, criando assim, através de dois corpos, uma única e estranha pessoa.

Porém, como a dor do luto não cessa assim tão rapidamente, a súplica retornou. E retornaria ainda durante todo aquele dia e durante a noite e o dia seguinte também. Apenas a diferenciá-las o intervalo no qual as súplicas surgiam. Cada vez mais espaçadas. Talvez por não encontrar retorno, talvez pelo extremo cansaço em que as duas se encontravam. Tal como um país que decreta luto oficial por três dias, quando alguém representativo vem a falecer, Alice e sua mãe estiveram recolhidas em sua casa durante o mesmo período de tempo. Não foram à Documenta nem atenderam aos insistentes pedidos de Ravi e Miguel para falarem com elas. Não quiseram ir ao enterro. "Cada um que enterre seus mortos", disse secamente Alice. E arrematou: "eu já tenho os meus para enterrar". Havia amargura e ressentimento no tom da sua voz. Como se estivesse enraivecida com a vida, pelo que esta andava aprontando com ela. Assim é o luto: depois da tristeza e da melancolia, surge a raiva colérica contra tudo e contra todos. O olhar da antevéspera, sem porto para atracar, era, agora, iracundo. Até o tom da sua voz, antes aveludada, mudara para uma oitava acima.

– Mãe, acho que está chegando a hora de encerrarmos nossa estadia aqui na Alemanha. Minha obra vai ficar, talvez fique mesmo para a posteridade, mas nós somos vulneráveis. A vida é vulnerável à morte, mãe. Basta um sopro para que a eternidade nos alcance.

Sua mãe a olhou com espanto, não tanto pela filha, mas muito mais por ela própria. Pensou no que aconteceria a respeito de seu namoro com Ravi. Como poderia fazer para que não se separassem? Ao mesmo tempo lembrou que, se o curso de História da Arte de sua filha estava acabando, o de Ravi também acabaria, e em breve ele retornaria para a Índia, onde lecionava na Universidade de Bombaim.

Pouco depois, sentada sozinha no sofá, sentiu uma estranha sensação em seu peito. Uma ardência que não era dor, mas algo tal como um comichão. Levou a mão direita até os seios e apalpou-os vagarosamente. Trancou-se no banheiro e, diante do espelho, retirou a blusa e voltou a apalpar os seios. Um pouco abaixo do mamilo do seio esquerdo notou algo diferente. Um caroço, um nódulo diriam os médicos. Olhou-se demoradamente no espelho como querendo se ver através dela própria. Secou seus olhos cheios de lágrimas e disse resoluta para si mesma: "só vou ver isso quando retornar ao Brasil. Jamais direi uma palavra para Alice sobre isso, seja lá o que isso for. Não quero machucá-la ainda mais. De qualquer forma, deve ser uma besteira. Um carocinho, só isso". Lavou o rosto, voltou a recolocar a blusa e saiu para irem almoçar fora após os três dias em que estiveram trancadas em casa. Mas, assim que Alice a viu, espantada, foi logo perguntando:

– Mãe? Mas que cara é essa? Por acaso você estava chorando? Você não precisa entrar no banheiro para chorar, mãezinha. Eu também tenho chorado esses dias. Mas o que vamos fazer? Temos que nos consolar uma com a outra. A morte de pessoas queridas acaba sempre levando um pedaço de nós mesmas. O choro é essa tentativa de resgate daquilo que não nos pertence mais. Botamos para fora um sentimento que, na verdade, nunca gostaríamos de ver afastado de nós mesmas. O estorvo de todas as relações é o medo da perda daquele que amamos. É o meu ciúme por você, mãe. Somos só nós duas e morro de medo de perder você. Se eu perco você, eu me perco. No dia em que não a tiver mais, eu enlouqueço.

– Ah, minha filhinha querida, a mamãe vai estar sempre ao seu lado.

Alice, sem saber, dera a desculpa perfeita para Elza, que não teve o trabalho de mentir, nem disfarçar sobre o incômodo nódulo que descobrira.

Enfim, rumaram para almoçar no *Da Giorgio*, o restaurante italiano preferido delas, onde se comia uma boa massa por um preço bastante razoável.

Como, geralmente, certas lembranças surgem sem que as convidemos para a mesa dos pensamentos trazendo consigo sempre um sopro de esperança, o almoço foi degustado sob o sabor amargo da dura realidade da solidão.

Pela primeira vez após a morte de Karl, Alice retornou à Documenta. Estava sozinha. Sua mãe, após o almoço, fora à universidade encontrar Ravi. Era uma quinta-feira à tarde, chuvosa como só poderia ser. Imediatamente ao adentrar no enorme salão onde estavam dispostos seus quadros, ela relembrou o dia da *vernissage*; o olhar fascinado de Karl percorrendo seus quadros, enquanto ela, ainda mais fascinada, percorria, com os seus, os olhos do amante. Tentava adivinhar os sobressaltos do coração amado para que juntos pudessem percorrer cada cor como noites atrás, em seu ateliê, seus corpos haviam percorrido um ao outro em meio a tintas, vinhos e paixões.

Uma dor profunda ardeu em seu peito e os olhos queimaram em lágrimas tão quentes que lhe sulcaram a pele. A saudade doía em seu sonho desfeito, enquanto a lembrança agonizava sem nenhum sentido, sem nenhuma máscara para encobrir a realidade. Qual seria a cor da saudade? pensou vagamente Alice. Qual a cor do azul, se ainda houvesse o azul? Qual a cor do verde, se ainda houvesse a esperança? Ela não queria o óbvio. Nunca quis o lugar comum. Porém, por mais que ela procurasse uma cor, não encontrava o ânimo necessário que o pincel deveria ter para ser digno da tela. A tela deve merecer o pincel, este, a tinta, e esta, o pintor. A extensão do coração, que passa pelo braço até atingir a tela, deve ser una, indivisível. Elo fusional, que só se dissolve após o trabalho terminado.

Então, que tela pintaria que retratasse essa emoção tão descabida, tão fora de hora, tão despropositada? Ela, que sempre acostumara pintar suas mais raivosas emoções como forma de se desatrelar delas, agora sentia um vazio surdo, atópico e extemporâneo. Não conseguia expurgar a morte em vida, pois ainda amava aquele homem para além de todos os mistérios da sua alma. Amava a vida que ainda, dele, nela existia. Amava o perfume que se mesclava em seu corpo com o cheiro da madeira, amava aquelas mãos gentis e vigorosas deslizando suaves sobre seu corpo nu, amava aquele cabelo em desalinho, quase grotesco, amava aquele sorriso farto, quase infantil, amava suas idéias sobre as relações entre os seres humanos e sua bondade quase infinita para com as crianças. Amava o homem que a fazia se sentir única, lúbrica, feminina, mulher. Amava aquela condição de sentir-se apaixonada, toda-com-ele.

Enquanto seu pensamento vagueava desnorteadamente, meteu a mão na sua bolsa e, quase que instintivamente, procurou por alguma coisa. Retirou dois bonecos, um homem e uma mulher, em madeira, que Karl havia esculpido e dado para ela há alguns dias. Eles estavam juntos, ela sentada em seu colo e ele com os braços em torno de seu corpo. Era justamente a posição em que ela gostava de ficar com ele após terminarem de fazer amor. Deitada de lado, com o dorso de suas costas em seu peito, ela gostava que ele a abraçasse por trás. Dava-lhe uma idéia de proteção e segurança. Aninhamento, talvez fosse a melhor palavra.

Ficou ali, perdida em seus pensamentos, enquanto passava a mão carinhosamente pelo casal de madeira. "Esses não morrem", pensou. Mas, rapidamente emendou, "não morrem porque não possuem vida, e a vida que eu vivi nesses poucos dias é muita vida, transbordou de mim mesma". E sorriu triste com sua constatação.

Karl e Alice não tiveram muitos encontros, mas os que tiveram davam uma idéia do que são uma vida e um amor.

Estava diante da enorme janela que dava para o jardim de inverno quando uma mão pousou suave sobre seu ombro.

– *Querida amiga.* Era Esther Tonembaum, sua vizinha na exposição e agora também solidária em seu sofrimento.

– *Oi, amiga.* Sua voz em resposta quase não saiu. Um nó seco em sua garganta travava o ar da palavra.

– *Venha, vamos até a cafeteria tomar um chocolate quente. Você precisa se esquentar um pouquinho.*

– *Se meu coração ainda está quente, é porque eu o engano para que ele não se dê conta do que perdeu. Iludo meu coração, mas minhas mãos tremem de medo. Estão frias. Como vou poder pintar com as mãos assim?*

– *Venha, venha. Chega de dizer bobagens. É claro que você vai pintar ainda melhor do que nunca. Venha segurar uma xícara de chocolate quentinha para que suas mãos parem de tremer.*

Não era verdade que apenas suas mãos tremiam. Sua vida toda sofria de um abalo que fazia com que seus pés claudicassem. Ela tentava inutilmente esconder a depressão que se avizinhava lenta e sorrateiramente. Sempre detestou essa possibilidade de ficar entrevada numa cama sem realmente estar sentindo nada físico. Solidão? Ah, isso sim a deixava desassossegada. Mas depressão? Jamais se entregaria. Que os pincéis rufassem incontestes sobre as telas, que as tintas gritassem pela liberdade de se dissolverem. Mas e ela? Jamais se abateria enquanto houvesse a comoção em sua alma que a levasse desatinadamente a pintar, ou enquanto a paisagem capturasse seu olhar, ou mesmo uma idéia tormentosa e brilhante arrebatasse seus pensamentos. "Sempre haverá uma tela virgem por pintar, assim como sempre haverá uma vida por viver", dizia Alice. Quando pintava, Alice seguia uma disciplina extremamente rigorosa. Acordava cedo para aproveitar a luz do dia e só parava ao final da tarde. Era comum passar dias sem almoçar, fazendo apenas uma única refeição. Em certas ocasiões, seus quadros a tomavam de uma tal forma que não dormia por dias até conseguir a cor exata, ou a forma por ela idealizada. Era uma obstinada e incansável perfeccionista pelo seu trabalho. Era capaz de repetir um quadro por duas, três, ou mais vezes até conseguir o resultado que queria. Esse modo de encarar seu trabalho fazia dela uma *virtuose* em sua arte.

Ao chegarem na cafeteria que ficava num anexo ao pavilhão de exposições, Esther pediu um chocolate com torradas e Alice preferiu um *capuccino*. Através de uma grande parede de vidro que dava para um jardim, percebia-se que o dia expirava seus contornos.

– O meu próximo quadro será sobre a ausência dos contornos, das definições e dos limites entre as formas. Chega-se a um estágio da vida em que a linha entre a própria vida e a morte fica muito tênue.

– Alice, acho que a sua série sobre as pessoas crucificadas já aponta para algo tal como uma falta de contorno. A morte não seria uma forma de saudar esse fim? O fim do limite? Agora, não concordo que o seu estágio da vida esteja na fronteira entre a vida e a morte. Se uma pessoa especial morreu, não foi você quem morreu, por mais especial que essa pessoa tenha sido para você.

– Se essa pessoa está dentro da gente e ela morre, essa parte nossa que era habitada por essa pessoa também não morre?

– Creio firmemente que justamente essa parte possa e deva ser reflorestada e mesmo ressuscitada. Se não com outra pessoa, que seja ao menos com sua arte.

– Ah, se minha arte está carregada de mim, ela está carregada de minhas humanidades, inclusive as minhas humanidades perdidas. Parece que toda vez que minha alma feminina tem a possibilidade de florescer vem um dilúvio pessoal que transforma minhas sensualidades em solos desertificados.

– Mas como um dilúvio pode transformar você num deserto?

– Minha vida é conviver com esses paradoxos. Insisto em não desistir e resisto através da minha arte, mas sei que a mulher que existe em mim reclama um outro existir que está ainda para acontecer em algum lugar desconhecido, num outro tempo longínquo. A noção de espaço e tempo me atravessam

de tal forma que a única maneira de representá-los, se pudesse, seria através da minha arte.

– Essa metafísica ajuda você em alguma coisa?

– Metafísica não, minha amiga. Talvez seja um pouco de filosofia. Tudo foi acontecendo meio que intuitivamente, pois, quando estou pintando, procuro extrair uma filosofia que dialogue com minha vida. Se a filosofia é amor à sabedoria, tenho encontrado não respostas, mas caminhos que se cruzam e me derivam para outros rumos de saber até então impensáveis. Procuro não só construir um caminho com minha arte, mas uma conceitualização que vá além do lugar comum. Há em mim uma certa ascese espiritual filosófica que me conduz ao encontro do cume de uma montanha onde, de lá, contemplo a serenidade. Esses instantes são fugidios e só os consigo enquanto, no meio de um turbilhão, eu estou pintando. Fora esses momentos, minha vida não possui filosofia nenhuma, e deambulo à solta tal como um doente pelos corredores de um hospital em chamas.

– É preciso, amiga, recobrar um pouquinho de saúde, mesmo que seja através da loucura ou da dor.

– Isso me parece um pouco a religião cristã, que diz que é através do sofrimento que crescemos e que pela dor conhecemos o amor. Acho isso muito masoquismo para o meu gosto. Mas muitos de nós vivem assim. O judaísmo também prega isso?

– Talvez pior. Somos o povo da Lei.

– O povo escolhido?

– Ah, só se for o escolhido para ficar preso às leis extremamente rígidas que meu povo vive. Há muito que eu deixei, ou melhor, troquei a religiosidade pela arte.

– Mas alguns fazem da arte uma religião.

– Esses são os pobres de espírito. Esses jamais entrarão no reino dos céus dos marchands.

E deram enormes gargalhadas que fizeram com que se descontraíssem pelo resto do tempo que permaneceram no café.

Capítulo XXVI

Interlúnio XIII

Tornei-me independente financeiramente. Já não dou mais conta de tanta encomenda. A arte moderna é assim. Possui picos de ferocidade consumista quando identificam seu trabalho com o que esperam da arte conceitual para um determinado período da história. Se o que você faz traz a marca da vanguarda das idéias, e isso cai nas graças dos terríveis críticos de arte, eles absolvem você do ostracismo. Do contrário, há uma excomunhão do circuito das galerias ou museus e, por mais que você faça, seu trabalho não acontece. Quase próxima de completar trinta anos, comecei a sentir na própria pele o que era essa fogueira das vaidades no mundo narcísico das artes. A imagem é tudo e, muitas vezes, a imagem sai por um tubo: vídeo-instalação. Para minha sorte, Alice Rygue era um nome a ser respeitado. Etiqueta consumível, a maioria dos artistas não quer que o seu produto vire rótulo de embalagem ou um *gadget* descartável. E isso era o meu incômodo. Não queria fazer produção em série, mas não era hora de recusar trabalho. O mundo, enfim, se tornava viável. Estava parando de andar na contramão. Meu trabalho me absorvia tanto que não tinha mais tempo para as querelas com a minha mãe. Mas o destino, se, por acaso, existe, parece trabalhar de forma estranha e inesperada. Estava expondo uma série nova na galeria Tropicália em São Paulo, uma das galerias de arte mais respeitadas no Brasil, quando caiu-me nas mãos um prospecto sobre um curso de História das Artes em Kassel, na Alemanha. Vi o curso como uma porta de entrada para o mercado europeu e, principalmente, sonhava expor na Documenta de Kassel. O curso ainda oferecia, para os três primeiros lugares, uma bolsa de estudos dada pela Universidade de Kassel em convênio com o governo alemão. Não pensei duas vezes. Na semana seguinte estava enviando meu projeto de estudo para tentar a bolsa. Fui aprovada no curso em segundo lugar mas, em compensação, fui humilhantemente reprovada pela minha mãe. "Mámãe". Era assim que eu a chamava quando ela procurava me sufocar. Aonde você pensa que vai? Você vai ter coragem de abandonar sua mãezinha que sempre faz tudo por você? Até onde você quer ir com suas chantagens baratas? Até onde você quer ir para que eu não vá a parte alguma? Mas eu só quero o seu bem, filhinha. Tenho medo do que possa acontecer lá com você. Mãe, eu sei falar inglês e alemão, ganhei uma bolsa de estudos... Mas e quem vai cuidar de você? Quem é que vai dar colo pra você quando você precisar? Quem é que vai lhe amparar nas suas noites de insônia? Como é que você pode querer ir assim sem mais nem menos para um país estranho? Como é que eu vou ficar sem você? Isso, isso mesmo. Assuma que é você que é fraca e dependente de mim. Assuma logo de uma vez por todas que é você que não consegue dar um passo em sua vida sem me levar a tiracolo. Olhe nos meus olhos e me diga se é verdade o que eu estou dizendo ou não? Assuma que é você que parece ser a filha e eu a mãe. Por quantos e tantos anos eu pensei que você era a maioral e agora eu vejo penalizada a sua carência. Você é carente e me passou essa herança maldita. Sou filha da carência e não consigo despertar. Nossos papéis foram trocados quando eu ainda nem sabia quem eu era. Você trocou de papel comigo sem ter me dado a chance de pensar se eu gostaria de aceitá-lo ou não. Você, com seu jeitinho doce e detestável, foi me manipulando sem eu sentir o que você fazia em mim. Agora estou chorando sim, estou chorando de verdade e essas lágrimas são de raiva e arrependimento. Tem horas que eu detesto ser sua filha. Filhinha, minhas lágrimas também são verdadeiras. Me desculpe se eu magoei você. Eu amo você tanto. Não diga que você não gostaria de ser minha filha. Meu coração dói só de ouvir isso. Você é a melhor filha que uma mãe poderia ter. Me desculpe, mãe. Eu também amo muito você. Você não gostaria de ir junto comigo para a Alemanha? O inferno dessa batalha verbal sempre foi inútil para mim. No fim acabava cedendo, ou pior, na verdade, mesmo que eu quisesse não conseguia dar um passo sem ela. Assim, acabei condicionando minha ida à sua presença na Alemanha comigo.

Capítulo XXVII

A sedução perversa

No dia seguinte, sexta-feira, Alice chegou à Documenta bem mais cedo do que o habitual. Havia acordado muito cedo, tomara um banho demorado, saiu para caminhar aproveitando para refletir sobre tudo aquilo que estava acontecendo na sua vida: a ida para a Alemanha, a exposição na Documenta de Kassel, o encontro com Karl e seu falecimento. Tudo parecia acontecer muito, muito rápido. Quando voltou, sua mãe ainda estava dormindo. Tomou um suco com queijo e torradas, deixou um bilhete supercarinhoso para ela e rumou para a Documenta. A exposição abria às 10:00h e quando chegou, um pouco depois das dez, já havia uma pequena fila em frente ao portão principal. Ela queria aproveitar para circular um pouco e ver outros trabalhos. Qual não foi sua surpresa ao encontrar na porta Miguel, que a esperava desde cedo.

– *Sabia que você viria mais cedo para cá hoje*, disse Miguel com a costumeira firmeza no tom da sua voz.

– *Como você poderia saber se nem eu sabia que estaria aqui tão cedo?* Perguntou com espanto.

– *A vida possui um ciclo natural. Depois de um tempo de recolhimento e luto, as pessoas começam a recolocar a cabeça para fora da janela e voltam a expiar a vida. Tinha certeza de que nesta sexta-feira você estaria cumprindo esse ciclo. Por isso a esperava aqui.*

– *E se eu não viesse? Você ficaria aqui me esperando o dia todo?*

– *Esse dia e mais outro e mais quantos precisassem para falar com você. Esperaria você uma vida inteira.*

– *???*

– Não precisa ficar assim assustada com essa cara de espanto. Nós, espanhóis, somos muito diretos com o que queremos.

– E o quê você quer de mim? Também sei ser direta, principalmente quando me sinto desafiada. Mas tome cuidado, porque esse excesso de certeza pode se transformar em arrogância. E eu detesto pessoas arrogantes. Elas têm a certeza de tudo, porque não precisam pedir nada aos outros. Você sabia que arrogante é aquele que não pode rogar, não pode pedir? Estes possuem, como se diz lá no Brasil, o rei na barriga.

– Lá na Espanha nós também temos o mesmo ditado; aliás, lá nós dizemos que o arrogante é aquele que tem o Juan Carlos na barriga, ou melhor, pensa que é ele. Pois bem, ao contrário do que você pensa de mim, eu quero lhe fazer um pedido. E, se preciso for, rogarei até que você me conceda o que vou pedir.

– Qual é o pedido? Respondeu secamente Alice.

– Na verdade não é um pedido, são dois. Que você me permita representá-la como seu marchand.

– Isso é perfeitamente possível de nós conversarmos. Disse ela num tom bastante sério. E depois, mais ansiosa, falou: *E o segundo pedido?*

– Tenho reserva de três lugares num vôo para Madrid. Gostaria muito de que você e sua mãe conhecessem minha cidade e, sobretudo, minha galeria de arte.

A princípio Alice respondeu com uma negativa, mas depois, com a insistência de Miguel, disse que iria falar com sua mãe e lhe daria a resposta no dia seguinte.

Elza não disse nem que sim nem que não, mas que gostaria de conversar primeiro com Ravi para saber da possibilidade de ele ir também. Alice afirmou rapidamente que não era uma viagem de férias, mas de negócios, e que não via a necessidade de irem "dois casais". Agora que Alice estava novamente sozinha, voltava a demonstrar ciúmes da sua mãe com Ravi. Elza perguntou sobre as passagens e Alice explicou que Miguel pagaria como forma de demonstrar interesse em ser seu *marchand*.

Ravi, por sua vez, ainda com muito ódio de Miguel, mas sem poder demonstrá-lo, inventou que estaria impossibilitado porque tinha que preparar um trabalho de fim de curso para apresentar na universidade. Na verdade, ele estava numa situação delicada, pois aceitara dinheiro de Miguel para a publicação de seu livro e agora via-se preso contratualmente nas mãos de um vigarista, e pior, sem poder avisar para Elza e sua filha. Mas haveria de encontrar um jeito. Que elas fossem para a Espanha. "Nesse meio tempo", pensou, "arranjarei uma forma de afastar as duas daquele cafajeste".

Assim, tudo se concretizou muito rápido. Alice via com boas perspectivas a sua ida para a Espanha: por um lado, ela iria fazer uma viagem de negócios na qual aproveitaria para fazer contato com outros artistas plásticos e, por outro, se afastaria por um tempo de Kassel, cidade que agora a fazia lembrar Karl em todos os seus sentidos.

Ainda teve tempo de, na véspera, se encontrar com Esther Tonembaum, que se admirou com a viagem.

– Então, passou o temor do galego?

– Não, não passou, mas vou enfrentá-lo com todas as minhas forças.

– Mas, por favor, amiga, vá com cautela. Principalmente quando o trabalho se perfila com a emoção.

– Mas não sei trabalhar de outro jeito. Quando trabalho sou só emoção.

– Sei, sei, minha querida, mas agora, ou melhor, nos próximos dias você não estará pintando. Então trate dos seus compromissos da melhor forma possível, isto é, sem se deixar levar pelo ímpeto. Quem lhe fala é quem já passou por poucas e boas e, que além de tudo, gosta muitíssimo de você. Se você inicialmente sentiu uma energia negativa em relação ao Miguel, não despreze a sua intuição feminina. A nossa intuição tem nos ajudado ao longo dos séculos a nos proteger dos que nos querem degolar. Lembre-se sempre de Sherazade, que durante mil e uma noites evitou, com sua sabedoria, ser morta pelo sultão. Lhe quero muito bem. Nesse pouco tempo de convivência, aprendi não só a respeitar o seu trabalho, mas também a admirá-la como pessoa. Você é uma mulher incrível e só está no início de descobrir a força que tem. Por favor, amiga, não a use contra você mesma. Use-a sempre a seu favor. Sempre a seu favor. Sempre a seu favor.

Essas últimas palavras ficaram ecoando durante todo aquele dia na cabeça de Alice. Afinal, encontrara uma amiga que gostava sinceramente dela sem o menor interesse. E a recíproca era verdadeira. Alice passou a admirar e respeitar o trabalho e a amizade de Esther, uma mulher madura que costumava olhar no fundo dos olhos e dizer o que pensava e sentia.

Com a morte de Karl, uma espécie de anestesia dos sentimentos e das sensações passou a tomar conta da sua vida. Encarar Miguel havia deixado magicamente de ser uma coisa tenebrosa e revelou ser algo indiferente para ela. Não relegou as palavras da Esther a um segundo plano, porém não sentiu nenhum calafrio diante daquele homem tão misterioso. Estava anestesiada para a vida. Ser destemida nesse mundo poderia ter conseqüências trágicas para ela. Mas não queria mais pensar em se travar. Ao contrário, surgia, não sabia de onde, um impulso irrefreável de saber e conhecimento. Estava ávida para ter contato com outros artistas plásticos de um outro país, em solo próprio e não, como ela, conhecer estrangeiros num país estrangeiro. Queria sentir o cheiro de outros lugares, se embeber com a beleza de um outro pôr-do-sol, novas estrelas a reclamar novos rumos, ruas e vielas para se perder. Parecia cansada da sisudez da língua germânica, queria o espanhol mais vibrante e, se possível, iria à Itália, de língua ainda mais cantante. Precisava tanto do sol quanto do ar para fazer respirar suas idéias. Queria, enfim, começar a sair da sua cruz.

Miguel as hospedou num *flat* superaconchegante no centro de Madrid. Meia hora depois de terem chegado, cada uma recebeu um buquê enorme de flores do campo com um cartão que dizia:

> *Mãe e filha, duas flores de um mesmo jardim. Sejam bem-vindas.*
> *Com carinho e cortesia,*
> *Miguel*

Elza, extasiada com as flores e o bilhete, exclamou:

– *Isso sim é um homem galante!*

– *Mãe! Tome cuidado com esses excessos. Quem costuma ser assim um cordeiro é porque talvez esteja escondendo o lobo que existe por debaixo da pele.*

– *Ai, filha. Não fale assim de um homem tão bem educado. De mais a mais, era eu que deveria estar dizendo essas coisas para você. Você às vezes parece que é minha mãe e eu sua filha.*

– *Algumas vezes sua fragilidade e sua ingenuidade me incomodam demais.*

– *Eu é que sou ingênua, mas quem acaba sempre fazendo as escolhas amorosas mais complicadas é você.*

– É, talvez seja minha sina, ou minha pretensão infantilmente ilusória de achar um homem perfeito.

– Pois parece que o Miguel está interessado em você. Ele é solteiro, rico e bonito.

– Mãe? O que você sabe sobre ele que eu não sei? Por acaso o Ravi lhe falou alguma coisa que eu deveria saber? Por favor, me conte. E, se não lhe falou, ser rico e bonito não é o que mais me interessa num homem. É claro que um homem bonito, charmoso e bem posicionado na vida é muito interessante, mas, tal como meus quadros, o homem deve ter alguma coisa a mais. Deve ter algo que me conquiste. Que me faça ficar extasiada com sua chegada, que me faça sobressaltos no coração quando fica misterioso e me faça sonhar quando estiver longe. Que a saudade seja a vontade irrefreada da sua presença e seu cheiro desalinhe minha alma. Deve saber me dizer palavras que encantem meu coração, ser gentil, mas ser másculo, talvez até meio rude, mas ao mesmo tempo ser sensível. Deve, sobretudo, gostar de arte. Que possa mesmo criticar meus quadros, mas que divida comigo suas impressões sobre o mundo da arte.

– E o Miguel, não lhe parece que é assim? Voltou a insistir.

– Conheço muito pouco sobre ele. É claro que é um homem interessante, mas a primeira sensação que tive foi de me afastar dele. Deveria escutar mais minhas intuições femininas.

– Mas não está ótimo estarmos aqui na Espanha?

– Até agora sim.

– Pois então, filha. Vamos aproveitar essa oportunidade que, aliás, você mesma com seu trabalho está nos proporcionando. Não esqueça que tudo isso é por conta da sua arte.

– Da minha arte não me arrependo. O que eu faço serve para me reconstruir. Mas, mudando de assunto, e o Ravi, mãe? Como é que ele ficou quando soube que você viria para cá?

– Hum, filha. Ele ficou meio esquisito.

– Como esquisito?

– Sei lá. Parece que ele queria me contar algo, mas ao mesmo tempo disse que não queria ser um empecilho para estragar minha viagem. Disse que conversaríamos na volta.

– Por falar em homem misterioso, hein? Você foi arrumar um pra lá de misterioso.

– Acho que aconteceu alguma coisa com ele, porque de uns tempos para cá mudou muito comigo. Não entendi nada. Parece que se trancou tal qual uma rocha no fundo de uma caverna mal iluminada. A tal caverna do Platão, onde só se refletem as sombras.

– Vai ver ele está meditando, entrando num satôri, numa iluminação profunda, entrando em alfa, beta gama, sei lá. Alice ria muito, ao mesmo tempo que ia levantando os braços como se estivesse levitando, enquanto dizia essas coisas para sua mãe.

– Detesto quando você faz essas ironias, Alice. E ainda fica rindo das minhas relações, que nunca foram lá grandes coisas, e quando aparece alguém você faz escárnio.

– Mas que foi engraçado foi, mamãe.

– É claro que foi. Você sabe que no fundo eu adoro esse seu humor refinado, mesmo quando está ácido. E, como que querendo encurtar a conversa, desconversou: *Filha, estou muito cansada da viagem. Vou tomar um banho, pedir alguma coisa aqui no quarto e depois vou dormir.* E já no banheiro gritou: *veja o que você quer e peça também.*

No dia seguinte, havia um recado de Miguel na portaria dizendo para elas estarem prontas às dezenove horas. Durante o dia saíram como que a esmo pelas cercanias do hotel. Encontraram um pequeno *shopping* com duas galerias de arte. Meio que instintivamente, Alice se dirigiu na primeira galeria para a moça que estava por detrás dum pequeno balcão e perguntou se ela conhecia Miguel Balesteros.

– Ele não trabalha aqui, disse secamente a moça.

Bem, essa resposta, pensou Alice, é uma afirmativa de que ela o conhece. A secura, quase irritação da moça, não era para se levar em conta, pois poderia ser apenas uma mulher de mal com a vida, ou mesmo grossa com os clientes. Mas o que fazer, pensou Alice. Sequer havia tido a cortesia de perguntar por alguns dos quadros que ali estavam expostos. Mas não havia gostado de nenhum e sua sinceridade não lhe permitiria fingir. Aliás, esse seu excesso de sinceridade na maioria das vezes acabava lhe trazendo algum tipo de dor de cabeça. Faria diferente na segunda galeria. Perguntaria qualquer coisa sobre as obras expostas mesmo que não tivesse gostado. Depois, aí sim, perguntaria sobre Miguel.

– *Conheço.* Foi a resposta de uma senhora vistosa, até então com um olhar amável, que combinava na cor com uma echarpe exuberante em torno do pescoço.

– *Conhece?*

– *Sim, conheço, por quê?*

A feição calorosa da senhora transformou-se num temporal de uma tarde cinzenta de verão. Mas Alice não queria ver o que todos pareciam querer lhe dizer a respeito de Miguel. Era como se estivesse anestesiada para o pior. No luto de uma perda, tem-se sempre a sensação de que não haverá nada pior do que o que se está passando. Será? Sem graça de estender a conversa, deu uma desculpa qualquer, dentro do que o seu espanhol permitia, na verdade se valeu exatamente do equívoco das línguas, e saiu fortemente abraçada com sua mãe.

– *Parece que por aqui todos querem evitar o nome de Miguel Balesteros. Isso não lhe soa meio estranho, filha?* A própria Elza, que via com bons olhos a aproximação entre Miguel e sua filha, começava a temer pelo pior.

– *Mãe, estranho é uma menina crescer sem o pai, estranho é nunca conseguir levar uma vida independente de você. Isso sim é estranho.*

Elza, com os olhos magoados de lágrimas, disse:

– *Vai chegar o dia em que vamos definitivamente nos separar, minha filha. Será o pior dia das nossas vidas. Durante a vida e durante uma boa parte dela, contamos nossos dias com vantagem e, depois de uma certa idade, vamos fazendo uma contagem regressiva. Não estou na terceira idade, mas certamente me encontro nessa segunda metade da vida. Não me iludo com isso. Conheço você muito bem, sei do meu amor por você, sei o quanto ele suporta, mas existem certos momentos nos quais você é muito dura comigo. Como se só eu fosse a culpada de tudo de ruim que acontece na sua vida. Também sofro, e você sabe muito bem disso. Por você já deixei de fazer muitas coisas na minha vida.*

– *Ai, isso não, mãe. Tudo menos isso. Não agüento me sentir novamente culpada ao ouvir você dizer que morreu em vida por minha causa. Tudo menos isso. Chega! Chega dessa conversa de me fazer culpada de papai ter morrido e você não ter refeito a sua vida com outro homem. Por muito tempo eu quis substituí-lo para você. Hoje vejo o quanto me enganei, o quanto sofri e o quanto fiz você sofrer também. Foi preciso ter vindo para um outro país para me dar conta do tamanho da minha dependência de você. Sei que enxergar isso não é o suficiente para me desembaralhar de você, mas talvez possa ser um passo. Um primeiro grande passo em toda minha vida. Um passo para a minha redenção da cruz dos seus braços.*

Já não estavam de braços dados como quando saíram da galeria de arte. Andavam suficientemente afastadas para dizerem cara a cara essas duras palavras.

Mais tarde, no almoço, o cardápio foi marcado por uma rigorosa dieta de palavras. Uma dieta forçada pelo esgarçamento das relações, já que a economia de palavras nunca foi o mote de vida entre as duas. Na verdade, Alice mal tocou na comida. Uma espécie de anorexia advinha sempre que ela tinha algum aborrecimento, principalmente se este fosse em relação à sua mãe. Mas por que tudo isso estaria acontecendo agora? Quem poderia estar fomentando o surgimento dessa distensão entre as duas?

À noite, a idéia de sair sozinho com Alice foi facilitada para Miguel pela desavença entre mãe e filha. Para sua surpresa, ao propor um jantar a sós com Alice, houve um consentimento imediato das duas. Como bom enxadrista que era, já havia antecipado um lance ao propor que Elza fosse ver um espetáculo de dança *flamenca* com uma amiga sua. Um largo sorriso cresceu nos olhos de Miguel ao ver o caminho aberto com tanta facilidade para seus propósitos.

Com Karl ainda muito vivo em sua memória, e com o coração apertado de tanto sofrimento, Alice arrumou-se mecanicamente como se fosse uma obrigação tal como quem se arruma quando vai para o trabalho. Lembrou do medo que sentira quando encontrou Miguel pela primeira vez. Ainda sentia um certo temor, mas a vontade de superar o luto parecia irradiar-lhe uma avidez e um furor que só sentia quando pintava.

Que estranho sentimento então era esse que arfava em seu peito, a ponto de parecer querer arrebentar os botões da sua blusa? Até onde podia perceber, não sentia nenhuma atração por Miguel, mas algo nele a deixava confusa, tal como uma nuvem que ao encobrir a montanha receia por chover e se desmanchar no vale. Se já não era repulsa, então precisava pensar num outro nome para aquele sentimento impronunciável. Seria possível sentir atração pela repugnância, pelo nojo, o pior dela mesma? O pior dela que via se refletir nele?

– *Masoquismo*? – pensou em voz alta Alice.

– *O que, minha filha?*

– *Nada, mãe. Já estou descendo. Miguel está me esperando lá embaixo.*

– *Apesar de tudo, divirta-se, filha. E cuidado.*

– *???*

Pegou o xale, pousou-o suave sobre seus ombros e sentiu-se um pouco como Frida Kahlo: apaixonada pela pintura, por um homem que lá não estava e, pior de tudo, parecia dilacerada, trincada para sempre tal como acontece com uma rara porcelana chinesa da dinastia Ming.

Um reluzente Jaguar verde musgo estava estacionado com a porta entreaberta na frente do hotel. Miguel, quando a viu, desceu rapidamente e, num gesto largo e elegante, veio abrir a porta tal como numa cena romântica de um filme. Ele sabia ser um *gentlement à la Humphrey Bogart* numa cena de *Casablanca*, mas ao mesmo tempo, visto de certos ângulos, parecia ter a truculência de um grotesco ator mexicano de filmes B.

No jantar, Miguel havia reservado algumas surpresas para sua amada. Do romântico Bistrô, cuidadosamente escolhido para a ocasião, ao delicioso espumante, passando pelas iguarias na entrada até o *gran finale,* quando o *maître* trouxe embrulhado, num finíssimo papel seda cor-de-rosa, um quadro do pintor espanhol R. R. Segovia, cuja pintura recebera forte influência da obra de Francisco de Goya. A pintura, "A virgem desfolhada", era de uma beleza ímpar. Era um nu feminino no qual o dorso da mulher se confundia com o tronco vergado de uma árvore caindo num regato. Ao longe e ao fundo, como que por detrás de um lírico arbusto, insinuava-se a silhueta de um homem a contemplar oniricamente a cena. Alice, comovida com a extrema gentileza de Miguel, também curvou-se para lhe beijar a face. Este, num elegante gesto de recusa, ofereceu-lhe a mão para ser beijada. Ela, desconcertada, beijou-lhe assim mesmo aquelas mãos grossas e peludas.

Ali estava o veneno da sedução perversa. Encantada com a fantasia do ter, deixou-se ludibriar em seu ser. As dívidas contraídas ao longo da vida apresentam-se das mais diversas maneiras, pois a dádiva recebida hoje pode se transformar no holocausto da servidão compulsória de amanhã.

Miguel, sem ser direto, sutilmente deu a entender a preciosidade do quadro que agora estava trocando de mãos. Quem conhecesse arte, como Alice conhecia, sabia do valor extremado do quadro. Para uma pintora, a maior jóia adornada de ouro e brilhantes não teria chegado nem aos pés de tamanho mimo. A perversão ganha força exatamente na dimensão de se ter a certeza de saber como conquistar o outro sem a menor chance para que o outro possa se armar diante da ofensiva. A perversão, aliada à sedução, chega sempre antes do consentimento da vítima. Quando ela percebe, a queda já está em curso.

Alice começava a se apaixonar pela forma apaixonada como Miguel a tratava. Naquela noite ela se surpreendeu, pois achou que Miguel fosse tentar alguma aproximação, mas ele, "respeitosamente", portou-se como que a manter uma prudente meia distância entre ambos. Isso fez com que ela tivesse uma impressão favorável a respeito dele. Porém o que ela não sabia é que, como disse certa vez um grande homem, "quem sabe esperar não precisa fazer concessões". E Miguel sabia disso. Sabia mais, sabia que Alice havia passado por um dissabor muito grande pela morte de Karl e que qualquer deslize seu, qualquer tropeço, colocaria por água abaixo sua empreitada. Ao retornarem ao hotel, Alice, ainda comovida com a noite proporcionada pelo seu *marchand*, debruçou-se para dar um beijo no rosto de Miguel. Dessa vez, ele não se esquivou, ao contrário, com um leve movimento fez com que o canto dos lábios dela tocassem nos seus. Era um beijo na face que tocava no coração da boca. Ele queria mais e sabia que ela também queria ir além. Com um aceno fez sinal para que o porteiro do hotel viesse abrir a porta para ela.

Combinou que no dia seguinte pegaria ela e sua mãe para conhecerem uma área produtora de azeites nos arredores da cidade. No dia seguinte, no horário combinado, o jaguar verde musgo estava parado defronte ao hotel.

– *Bom dia! Hoje vocês vão conhecer o nosso monte das oliveiras.* Disse Miguel sorrindo.

– *Bom dia!* Responderam em uníssono as duas.

Elza, entrando atrás no carro, comentou: *Alice me contou sobre a noite de ontem. Ela gostou muitíssimo. Que quadro lindo você deu para ela!*

– *Tenho certeza*, respondeu Miguel, *que os quadros de Alice Rygue ainda farão mais sucesso dos que os de R. R. Segovia.*

– *Ah, Deus queira, torço muito para o sucesso da minha filha. Parece que foi Deus que colocou você no caminho dela para ajudá-la em definitivo em sua carreira.*

– Ela já é um sucesso. Só faltam os contatos certos para que seus quadros conquistem o preço devido no mercado internacional. E eu tenho os melhores contatos.

Essa última frase de Miguel soou meio arrogante para Alice, que escutava em silêncio aquela conversa, mas, como de tudo que ele dizia ele dava o testemunho de que era verdade, então talvez não fosse convencimento e sim constatação de uma realidade.

Ao chegarem ao local de destino, ambas ficaram inebriadas com o aroma das oliveiras que se mesclava ao dos azeites e à paisagem deslumbrante. Percorreram as plantações de Vicente y Nana, um casal amigo de Miguel que produzia em pequena quantidade um delicioso azeite de primeira pressão, extravirgem. O "Vina" era comercializado apenas nas redondezas e fazia muito sucesso entre os restaurantes da região. Em anexo à casa matriz, o casal havia aberto um charmoso restaurante que se debruçava no avarandado para um lindo vale. O segredo das saladas estava na variedade quase infinda de combinações que o casal fazia com os azeites: com alecrim, com sálvia, com manjericão e páprica, com cominho e noz moscada, com pimenta malagueta, com hortelã e pimenta do reino, com coentro, enfim, do tradicional às mais saborosas combinações. Não havia limites para as experiências bem-sucedidas. Após a salada, o prato principal: pequenas codornas cozidas no azeite com batatas *sauté* e alho porró. A sobremesa não ficava nada a dever: quiche de queijo brie com lascas de limão ao forno e geléia de damasco fresco. E, se nada mais faltava, então que viesse um capuccino e um olhar a se perder no horizonte da felicidade. Pois a plenitude parecia residir ali naquele instante. Longe o suficiente dos tormentosos dias anteriores, mas perto o suficiente de um povo caloroso que tinha, nas bochechas vermelhas e no coração acolhedor, um cardápio de vida para não mais se esquecer.

Ao fim do dia, partir foi de uma alegre tristeza. Alegria pelo dia compartilhado e tristeza não talvez pela certeza por não voltar mais àquele lugar, mas por não se ter a sabedoria de saber desfrutar a vida tal como aquele povo desfrutava: uma vida dura sim, mas simples, sem grandes pretensões, extremamente criativa. Antes de saírem, Vicente foi até um pesado armário e retirou de lá uma pequena "botija" com o que havia de melhor de seu azeite e deu para Elza e sua filha. Acrescente-se, então, que além de criativos e sábios em seu viver eram também generosos, e talvez essa fosse a maior de todas as fontes de suas virtudes.

Enquanto retornavam à cidade, Miguel contou que havia nascido numa fazenda produtora de azeites, na qual seu pai era o gerente de produção e uma espécie de capataz. Disse que, ainda pequeno, ficou muito impressionado quando viu um senhor ir repetidas vezes à fazenda e fazer uma vultosa oferta por quase toda a safra de azeite desde que junto viesse "aquele velho quadro pendurado na parede". Segundo o velho dono da fazenda, aquele quadro viera no tempo da guerra da Itália, trazido por algum antepassado seu que não sabia mais quem era. Como não fazia muita questão do quadro e via ali uma ótima oportunidade para vender de uma só vez quase toda a sua produção, concordou de bom grado que o quadro fosse junto.

– *Descobri que o "quadro velho" era um Giotto (Giotto di Bondone – 1267-1337) que havia sido roubado durante a primeira guerra mundial da Cappella degli Scravegni na cidade de Padova na Itália, e que hoje deve valer alguns milhões em qualquer leilão na Europa. Foi assim que me interessei originalmente pela pintura e resolvi investir tudo que ganhava em arte até poder ter a minha própria galeria e ser um* marchand. *Não queria ter as mãos duras e calejadas como meu pai.*

– *Acho que Chagall disse o mesmo a respeito de seu pai*, afirmou Alice.

– *Você gosta do Chagall?*

– *Dos clássicos é um dos meus preferidos. Vimos uma exposição na Alemanha muito bonita.*

– *No museu Lasar Segall?*

– *Você viu também?*

– *Claro, não perderia uma exposição daquelas por nada.*

– *Então você também gosta do Marc Chagall?*

– *Tal como você, Alice, é um dos meus preferidos.*

O carro chegou ao hotel e despediram-se combinando que no dia seguinte à tarde iriam visitar a galeria *Balesteros y Balesteros* de propriedade de Miguel.

No dia seguinte, após o almoço, rumaram então para o Plaza 35, 666. Alice estava de novo frente àquele número que tanto lhe tinha causado espanto há apenas algumas semanas. Um calafrio desceu-lhe pela espinha, fazendo com que suas pernas vacilassem por um instante. Astuta o suficiente para simular um pequeno tropeço e culpar o sapato, ela adentrou demonstrando confiança no número da Besta. Lembrou das palavras de Esther para que tomasse cuidado. Sorriu internamente como que agradecendo as palavras da sua sábia amiga. Sentiu-se mais aliviada e pôde finalmente olhar ao redor. E o que ela viu a espantou muito: quadros valiosos, peças raras de arte de diversas partes do mundo, objetos de disputa por vários colecionadores, objetos inusitados como um leque folheado a ouro que teria pertencido a Marie Bonaparte, a primeira bengala que Carlitos teria usado no cinema e um sem número de outros objetos que se estendiam pelos dois andares da galeria. Enfim, era uma galeria de arte mas era também um antiquário. Alice ficou impressionada com uma grande parte da história universal ali comprimida naquelas duas enormes salas. Ou deveria dizer três? Havia uma outra porta ao fundo de um corredor que estava trancada. Quando perguntado se havia mais objetos do outro lado, Miguel pigarreou em seu espanhol, procurou desconversar e disse que ali só havia objetos sem valor, arquivos de escritório, papéis velhos, almoxarifado, etc, etc, e etc.

Quando diante de uma simples pergunta alguém se justifica ou se explica demais, é que na verdade está querendo esconder alguma coisa que não quer que apareça, mas o excesso de explicação conclama a culpa sob o manto da mentira e isso acaba por (re)velar ainda muito mais.

Enfim, não souberam do que se tratava, mas desconfiaram, e a confirmação de que as duas haviam percebido alguma coisa estava nos olhares que elas trocaram. Em certas ocasiões, não precisavam dizer nenhuma palavra uma para a outra. Um olhar valia mais do que mil palavras. Ao cair da noite foram a uma cantina tipicamente espanhola: extremamente alegre em sua decoração de flores enormes e coloridas, com vasos de flores em cada mesa e um jarro de vinho da casa de cortesia.

No dia seguinte haviam marcado um passeio pelos pontos turísticos de Madrid, mas Elza acordou vomitando muito. Vomitava e desmaiava em seguida. Apavorada, vendo que sua mãe não melhorava, Alice ligou para Miguel que acionou imediatamente uma ambulância para levá-la para um hospital. Novamente Miguel dava provas mais do que suficientes da sua solidariedade ao conseguir não só um pronto atendimento para Elza como também usar de seu plano de saúde para conseguir que ela fizesse alguns outros exames complementares.

No final da tarde, após muita angústia, o médico chamou Alice para conversar. Os primeiros exames indicavam uma tumoração no seio "bem maior do que uma azeitona" e uma mancha no pulmão, "de aproximadamente 5 cm e meio de extensão". Câncer, essa palavra abominável que nenhuma filha gostaria de ouvir sobre a mãe, foi o diagnóstico sentenciado pelo médico junto com a recomendação de retornarem ao Brasil para continuar fazendo os exames e o tratamento necessário. O prognóstico a respeito da evolução e do tratamento da doença era o pior possível.

Olhos encharcados, abatidos pela notícia cinzenta, foi através deles que mãe e filha se encontraram na sala anexa e tudo compreenderam sob o véu do silêncio. Choraram abraçadas sem vontade para o depois. Queriam permanecer ali, mas ao mesmo tempo gostariam de não estar naquele local, de não receber aquela notícia, pois partir sem a outra era um tema que não cabia no vocabulário das duas. Enlaçadas desde sempre, uma sem a outra eram como um livro sem o capítulo final, ou como um rio sem ter um mar para desaguar.

Elza contou então o episódio da constatação do caroço ainda na Alemanha quando se tocou diante do espelho e saiu chorando do banheiro. É claro que ouviu da filha a necessária reprimenda, mas não havia raiva na fala de Alice, havia, sim, uma profunda compunção e tristeza.

– *Mãe,* – disse Alice aos soluços, quase em tom de súplica – *por que você não me avisou nada? Eu que estou sempre contigo e que tenho sido sua melhor amiga em todas as circunstâncias que já passamos juntas. Por que esse silêncio comigo?*

– *Ah, filha, a boca é o esconderijo do coração. Por amar você demais não queria que se preocupasse comigo, nem que a sua viagem aqui na Europa fosse abalada por qualquer coisa.*

– *Mas isso não é qualquer coisa, mãe. Você não é qualquer coisa que eu tenha. Você é tudo para mim, o ar que respiro, e a tinta que flui para meus quadros. Você é a minha vida. Sempre fomos assim uma para a outra. Engraçado, sempre tive medo da sua fragilidade, de que alguma coisa pudesse vir a acontecer com você. Mas isso acontecer justamente agora?*

– *Quando isso acontece nunca é a hora, ao menos, nunca é a nossa hora. Mas com certeza não será nada demais, filha. Vou fazer os exames e o tratamento necessário e com certeza vou ficar melhor do que agora.*

– *Deus queira que sim.*

– *Ele há de querer.*

– *Vocês querem vir comigo?* Perguntou Miguel já ao lado das duas.

– *Estamos esperando a liberação do médico para sairmos do hospital.*

– *Já está comigo.*

– *Então vamos,* afirmaram as duas, que, de braços dados e cabisbaixas sem sequer olhar para os lados, foram saindo como que cumprindo um dever, pois não havia outra escolha para o momento.

Capítulo XXVIII

Interlúnio XIV

Começamos a fechar a casa. Embalamos o que deveria ficar bem guardado. Despachei com bastante antecedência, por navio, para a Alemanha, meus últimos trabalhos, minha maleta de pintura, muitas tintas, outras haveria de comprar lá, assim como meus pincéis favoritos. Pincel, um artefato tão fálico, é como uma roupa íntima. Só você pode usá-lo. Pincel não se empresta. Tinta sim. Pincel possui a marca da suavidade, do mistério e da sensibilidade da mão de cada pintor. E eu guardava muitos segredos em mim, outros tornavam-se mistérios insolúveis. Certo dia, num fim de tarde de inverno, quase noite, estava distraidamente sentada defronte à tela em branco, olhando direto em seus olhos, esperando que algo me chamasse para dentro dela. Silenciosa e cúmplice de mim mesma, comecei a roçar o pêlo do pincel na parte interior da minha coxa nua. Instintivamente, fui levando o pincel para cima até que aqueles sedosos e macios pelos de marta tocassem meu clitóris por debaixo da minha calcinha já encharcada. Os gritos do silêncio reinaram absolutos dentro de mim. Quando se está sozinha, você percebe, absoluta, as delícias das variações sobre um mesmo tema. Nessa noite escura eu estava radiante. Pintei com todo meu vigor, num misto de frenesi e êxtase até as cinco horas da madrugada. O nome do quadro? Pareceu-me óbvio: "Delícias e variações sobre um mesmo tema". Quando acabei, meus olhos se anuviaram ligeiramente; suspirando, fechei o ateliê. Estávamos de partida. A casa e sua história ficariam de resto. Nós iríamos para aquilo que a vida nos reservasse. Eu estava ansiosa e radiante por finalmente poder sair do meu interlúnio. Tinha a estranha sensação de saber que a vida me guardava para outra vida depois da

Alemanha. Saber que se pode ter uma vida depois da vida sem ao menos ter morrido é um prêmio. É como estar aberta para o amanhã sabendo de antemão o dia a ser consumido. Não que eu soubesse o que iria acontecer, mas eu sabia o que fazer para fazê-lo acontecer. E isso muda tudo na vida de uma pessoa. Eu possuía um *savoir-faire* sobre a arte que nunca aprendi na Escola Nacional de Belas Artes que eu havia cursado, porque isso não se ensina. Era quase como se esse *savoir-faire* me credenciasse para um *savoir-vivre*, coisa que nunca soube. Mas eu tinha certeza de que, através do meu trabalho, havia aberto as portas para um novo dia. Talvez, por ter vivido de maneira tão sombria, ou, talvez, por ter morrido quotidianamente de maneira tão clara, aguardava, noturna, o dia da partida. O certo é que a vida havia sido longa em tão breve espaço de tempo. A não ser nos estuários da memória, não se recupera o tempo perdido. E não sabia se, de fato, gostaria de recuperar alguma coisa daquele tempo enfumaçado e nebuloso. Se a vida é um risco, eu queria lamber suas entranhas. Queria me debruçar sobre cenários jamais vistos, provar desejos inusitados e aprender a grande lição que me faltava sobre a vida: como é que se pode estar viva sem deixar de viver? Como é que se pode viver sem ser *partner* da morte? Dever-se-ia inventar uma nova vida? Uma outra identidade? Como se reinventar sendo você mesma? Esperava que a viagem me trouxesse algumas dessas respostas. Viajar é desprender as amarras e soltar-se no tempo e no espaço. Minha mãe iria comigo. Como é que eu me desprenderia dessa amarra? O tempo e o espaço deveriam ser construídos de outra maneira. Isso já era uma resposta. Restava colocá-la em prática. Talvez, pensei, viver possa ser só isso: avançar sobre o tempo e o espaço. Simplesmente isso. As pessoas ao seu redor irão se aglutinando a você. Ri satisfeita com meu "improviso para uma vida melhor". Parecia o tema para uma música de jazz. Então que fosse assim: que a minha vida se transformasse em música lúdica, que ela se transformasse numa pintura de uma partitura musical. Bastaria saber interpretar essa partitura. Desafinar agora era proibido. O tom certo da harmonia deveria ser buscado para que o acorde da vida pudesse soar como num concerto de pássaros. Contudo, sabia que para se tocar uma corda ela tem que estar tensa o suficiente para que o som saia límpido. Se você afrouxa demais, ela não toca, se você a estica para além do que ela agüenta, arrebenta. Me sentia intensa, como se fosse uma orquestra pronta para um concerto em mim mesma.

Capítulo XXIX

O eterno retorno

No dia seguinte, os três estavam voltando para a Alemanha. Ainda no aeroporto de Madrid, Elza havia telefonado para Ravi contando o que se passara. Quando chegaram em Frankfurt, Ravi os esperava no portão de desembarque. Abraçou Elza calorosamente, deu um beijo na testa de Alice mas não dirigiu sequer um olhar para Miguel. Sem darem uma só palavra, com Miguel sentado à frente do táxi, foram direto para o apartamento delas.

Elza foi se deitar, Ravi a acompanhou solícito até a cama, enquanto Alice esquentava uma água para fazer um chá com torradas para sua mãe. Miguel percebeu que estava sobrando ali naquele lugar e que teria que agir rápido senão perderia a chance de se aproveitar da situação, que na verdade era extremamente favorável para ele devido à fragilidade na qual as duas se encontravam. O empecilho poderia ser Ravi. Teria então que arranjar um jeito de poder estar a sós com Alice. Demonstrando solidariedade, Miguel vai até a cozinha onde estava Alice e se oferece para ir com ela no dia seguinte até a Universidade de Kassel, para resolver questões de fim de curso, pois ele sabia que ainda faltava entregar um trabalho final, e acompanhá-la até a Documenta para resolver sobre os trabalhos dela que estavam expostos. Ela agradeceu, pegou o chá com torradas e perguntou a Ravi se no dia seguinte poderia ficar com sua mãe, já que teria que resolver algumas questões e não queria deixá-la sozinha. Miguel, sem entrar no quarto, sorriu satisfeito ao ouvir Ravi dizer que concordava.

De manhã cedo, Alice acordou com sua mãe tossindo muito. Recostou-a na cama, fez o café da manhã, mas não tinha fome. Esperou que Ravi chegasse, tomou um rápido banho e foi até a Universidade, onde Miguel já a esperava.

– Preciso lhe falar, querida Alice. Tenho tentado sempre ajudar você, mas parece que você vive se esquivando de mim.

– Desculpe, Miguel. Tenho sido muito injusta com você. No início, não sei por que tinha medo de você. Depois fui percebendo o quanto tem feito não só por mim, mas por minha mãe também.

– E farei mais ainda se você quiser.

– Como assim?

– Alice, não quero ser só o seu marchand, *quero ficar com você, cuidar de você, aliás, cuidar de vocês, casar com você, me apaixonei desde o primeiro momento em que a vi na Documenta.*

Alice parecia embaralhada. Tudo acontecia muito depressa. Eram muitas coisas em turbilhão. A vinda para a Alemanha, o romance com Karl, o romance de sua mãe com Ravi e seu câncer, a morte de Karl e agora Miguel a se dizer apaixonado por ela. Deixou-se cair num banco de jardim rodeado por alguns ciprestes. Miguel sentou-se ao seu lado e, abraçando-a calorosamente, deu-lhe um longo beijo. Se a princípio ela quis se esquivar, ao cabo de alguns segundos entregou-se totalmente na correspondência ardente do beijo.

Ficaram ali sem ver o que se passava ao redor por um tempo que já se vai ao longe. Sua entrega repentina era muito mais o ímpeto de se livrar do seu torvelinho atual do que a reciprocidade apaixonada que sentira por Karl. Era como se ela quisesse encontrar naquele homem, naqueles beijos, naqueles braços o fim, mas ao mesmo tempo a resposta para todas as suas preocupações. Assim, se entregou quase como quem faz um holocausto de si própria, uma imolação ao deus obscuro.

Depois foram resolver as questões burocráticas da universidade. Nesse ínterim, Miguel retira de sua pasta alguns documentos para ela assinar. Já totalmente confiante naquele homem, assina iludida pelo amor dele, quase que sem ver o que acabara de assinar. Uma procuração que dava plenos poderes e direitos a Miguel de comercializar seus quadros, repassando para a artista apenas uma pequena parcela do lucro obtido. Apesar do "serviço feito", Miguel ainda pensou que poderia tirar outros proveitos daquela situação, ou melhor, que poderia usar Alice para suas satisfações sexuais.

Ao saírem da universidade em direção à Documenta, Miguel, alegando que esquecera um importante documento no hotel, convenceu não só Alice a passar lá como a subir para o quarto com ele. Novamente ele a toma em seus braços e a leva para a cama. Alice, quase que anestesiada, oferece seu corpo sem a menor resistência àquele que parecia ter um apetite insaciável. Ele usa o corpo dela diversas vezes, diversas vezes pervertidamente, diversas vezes pervertidamente ele a amarra, diversas vezes pervertidamente ele a amarra e bate com força em seu rosto, em seu corpo, usa-o de todas as formas, de todas as maneiras, numa fúria em relação à qual ela só faz gemer sem saber se era de prazer, de dor, ou ambos. Era como se ela pressentisse merecer aquilo, talvez um castigo por algo que ela nem sabia que havia cometido. Talvez o fato de apenas existir, apenas existir de forma tão enviesada em relação ao mundo do qual ela gostaria de participar. E ele a usava como se fosse propriedade dele e, com isso, dizia que a amava, e que finalmente havia encontrado a mulher ideal para a vida dele. A posição perversa a que ele a submetia na verdade parecia condizer com sua própria vida de extorsões, favorecimentos ilícitos, comércio e falsificação de objetos de arte. Ele a usava como se fosse também uma falsificação do seu modo de existir, como se ela fosse uma extensão do seu próprio corpo.

As horas escureciam lá fora. Sem que ela se desse conta, a noite veio com uma velocidade absoluta, revelando o seu desamparo e o fracasso em voltar rapidamente e cuidar de sua mãe que tanto precisava dela naquela hora. Enfureceu-se com Miguel e consigo mesma por ter sido uma filha tão relapsa quando sua mãe mais precisava dela. Porém algo a havia capturado naquela cena de quarto de hotel. Jamais havia sentido tanta dor e prazer mesclados, fusionados em seu próprio corpo. Achava que só sentia algo parecido quando pintava. Com Karl e sua calorosa doçura, havia sido diferente, mais romântico e sonhador. Aquela relação era tão real e desconcertantemente avassaladora que ela estava sentindo como se tivesse perdido o discernimento das coisas, dos lugares, das nuances das formas e das cores. Ela que sempre teve um sentido artístico aguçadíssimo para o mundo que a cercava. Como se algum parâmetro houvesse sido rompido. Algo nela se desvirginava. Jamais experimentara algo assim. Estava assustada, com medo das incertezas do futuro.

– *Como podemos saber do futuro, minha querida. Estamos nesse mundo para aproveitá-lo antes que deixemos de ter força suficiente para levar uma idéia adiante. É com o vigor da minha determinação que eu a quero. Quero ter com você uma vida em comum, na Espanha ou no Brasil. Onde você quiser, mas, de preferência, nos dois lugares. Faremos da vida uma eterna aventura sem padrões nem regras a nos consumir. Quero consumir você e quero que você me consuma também. Hoje fui eu que a possuí como quis, mas da próxima vez pode ser você a me possuir como você desejar.*

Encolhida no banco do carro que Miguel havia alugado, aflita para chegar logo a casa, ela ouvia aquelas palavras zunirem através de seu corpo ainda resfolegando pelas horas vividas.

Entrou sozinha em casa. Em cima da mesa da sala havia um bilhete: "Alice, sua mãe estava se sentindo melhor, mas não queria ficar sozinha e eu tinha que terminar um trabalho que estou escrevendo. Como todo os livros estão no meu apartamento, achei melhor trazê-la ao invés de deixá-la aí. Quando você chegar por favor venha até aqui. Estamos esperando você. Carinhosamente, Ravi".

A vontade era correr para o apartamento de Ravi, que ficava a poucos metros dali. Mas, já que não havia ninguém em casa, se deu conta de que não podia chegar lá do jeito que estava. Seu corpo cheirava ao perfume do sexo em contrabando. Foi tomar um banho e trocar de roupa.

O apartamento de Ravi, tal como se podia esperar de todos os outros, era exatamente igual ao delas. Mas a diversidade da cultura ali se presentificava através de incensos e objetos indianos que davam um ar oriental de acordo com seu habitante. Quando entrou, sua mãe estava dormindo, deitada num tatame no canto da sala com uma manta vermelha e dourada por cobrir suavemente o seu corpo. Sentiu delicadeza e cuidado naquele gesto. Quanta diferença entre os seres humanos, pensou. Ravi desligou seu lap-top e ficaram conversando sobre sua mãe, a Índia e outras amenidades. Conversava sozinha com ele pela primeira vez e, assim, pôde finalmente perceber o que sua mãe vira nele. Havia uma aura de bondade e luz que emanava não só dos gestos quase que em câmera lenta de suas mãos, mas da sua maneira doce de falar e de sua visão harmoniosa de mundo. A lógica de sua proposição sobre a convivência entre os povos era de uma clareza que quase se podia chorar ao ouvi-lo falar do amor às diferenças, do príncipe Sidarta Gautama, o Buda – aquele que despertou – e da não-violência que aprendera através dos ensinamentos de Gandhi. Sobre o câncer não se falou, mas Ravi deu seu depoimento sobre a vida para além da vida. Era um ser humano ao mesmo tempo simples e culto, refinado e modesto em relação aos bens materiais. Cometera, porém, o deslize de ter aceitado o dinheiro de Miguel para financiar seu livro e agora se via num dilema moral: contar para Elza e Alice o que sabia sobre ele ou esperar que o retorno delas ao Brasil acabasse por separá-los. E se houvesse algo de pior antes disso? E se Miguel conseguisse articular seus propósitos nada éticos sobre a obra de Alice? Deveria ao menos arriscar saber se algo dessa ordem estava acontecendo.

– *Alice, soube que o Miguel interessou-se em representá-la como seu* marchand. *Vocês já conversaram sobre isso?*

– *Ah sim. Já está tudo acertado. O Miguel é uma pessoa muito boa. Ele tem nos ajudado muito, inclusive ajudou muito a minha mãe quando ela passou mal lá na Espanha. Sou muito grata a ele. Reconheço que de início minha intuição feminina estava totalmente errada sobre ele. De início ele me amedrontou e não sabia por quê. Agora vejo-o de maneira diferente. Ele tem lá suas estranhezas, mas é uma pessoa muito humana, até me propôs casamento.*

Ravi ficou por um momento em silêncio, pensando se "ser humano" seria propor ao outro casamento, e rindo, emendou:

– *Todo ser humano deveria vir com uma nota de rodapé para que houvesse explicações para nossas não-sabedorias.*

– *???*

– *Ah, deixa para lá. Só estava pensando alto algumas bobagens.*

Ravi achou que aquele não seria o melhor momento para falar sobre esse assunto tão delicado. Elza se achava debilitada e Alice se sentia grata e interessada em Miguel. O mais certo mesmo é que era ele que não veria mais Elza, pois esta retornaria ao Brasil e ele certamente para a Índia. Na vida, pensou, fazemos eternos retornos, não só aos nossos lugares de origens, mas também ao que há de mais arcaico em nós mesmos.

Os poucos dias que se seguiram foram de dor, despedidas e separações. Alice retornou à Documenta para dizer que quem passaria a representá-la legalmente frente às suas obras seria Miguel Balesteros. Procurou por Esther Tonembaum, mas soube que ela havia viajado para Haifa, em Jerusalém, onde faria uma exposição, e que só retornaria em quinze dias. Deixou uma longa carta na qual reafirmava o desejo de reencontrá-la e agradeceu todo o apoio e o laço de amizade estabelecido. Passou rapidamente na casa de Erika, não sem um certo frio na barriga, mas só encontrou sua filha "Lili" Marlene. Contou sobre a doença repentina de sua mãe e a necessidade imediata de retorno ao Brasil. Marlene disse por sua vez que sua mãe havia assumido a fábrica de brinquedos de seu pai para que não deixasse morrer seu sonho de ver um sorriso no rosto de uma criança. Talvez Alice não devesse ter voltado àquela casa. Saiu mais angustiada do que quando entrou. Aliás, sentia que, ao mesmo tempo que sua vida se relançava para um mais além dela mesma, uma outra parte se interrompia e estancava tal como pipa que se vai no vento ao longe. Não havia dúvidas em relação ao que deveria fazer, pois também pensara, ao seu modo, é claro, no eterno retorno que sempre fazia ao estranho aconchego do colo materno. Pensou que "nós sempre retornamos ao lugar de onde deveríamos nos separar". De mais a mais, nunca sonhara em morar na Alemanha. Embora estivesse saindo antes do tempo previsto, conseguiu na Universidade de Kassel que seu trabalho de conclusão do curso sobre história da arte fosse enviado posteriormente. Miguel havia lhe prometido que dentro de dois meses, no máximo, estaria indo para o Brasil para reencontrá-la e oficializar formalmente o pedido de casamento. Alice não negou e fez votos mesmo para que Miguel fosse o quanto antes, pois assim ela se sentiria mais amparada para atravessar aquela indesejável situação com sua mãe.

O vôo de volta para o Brasil foi pesado e triste. Não traziam na bagagem o que tinham ido buscar. A bagagem da experiência havia sido por demais intensa para aquelas duas mulheres. A experiência do amor, quando é amalgamada à dor da perda, tende a ser verdadeira, porém muitas vezes carrega em si uma verdade cruel: a difícil constatação do retorno à solidão. Traziam sim, em suas bagagens, expectativas e incertezas diante do futuro.

Capítulo XXX

Interlúnio XV

Na noite da véspera da nossa partida, em meio a caixas e malas espalhadas pela sala, eu e minha mãe nos largamos exaustas no sofá. Olhamos uma para outra e, cúmplices, no mais profundo silêncio de nós duas, vimos passar diante dos nossos olhos a história de duas vidas fundidas numa só. Carne e unha, como se costuma dizer. Mas eu acrescento: alma e corpo, sensibilidade e razão, ferocidade e covardia, mansidão e loucura, felicidade e tristeza. Não sabíamos bem onde começava uma e terminava a outra. Não sabíamos onde começava o mal-estar e onde a respiração ficava menos ofegante. A linha fusional era tão tênue que se tornava impossível demarcar a diferença que nos separava. Se nossos trabalhos não se confundiam e nossas diferenças de idades eram visíveis, tudo isso se perdia quando a questão era o relacionamento afetivo, as conversas noites adentro e as brigas intermináveis. Nessa noite, nessa única noite, silenciosas como estávamos, fomos juntas tomar banho. Nos secamos na mesma toalha e, ainda sem dizer uma única palavra, nem precisava, não colocamos nossas roupas de dormir. Fomos só com a penumbra da noite, nuas, para debaixo do edredom. Estávamos desprovidas de tudo e, portanto, precisávamos nos prover/sorver uma à outra. Enrosquei-me no seu ventre, aconcheguei meu rosto em seus seios quentes e adormeci.

Capítulo XXXI

A cama desfeita

Depois de um mês da volta ao Brasil, Elza havia piorado muito. A quimioterapia parecia não ter conseguido o efeito desejado. Seu estado era crítico quando recebeu uma carta do Ravi. Nela ele contava que havia recebido o grau máximo em sua pesquisa na universidade, da saudade enorme que sentia dela, do seu recente retorno para a Índia e da sua desistência de publicar seu livro com dinheiro de origem tão obscura. Contou que surgiu uma oportunidade de publicar seu livro por uma editora européia e que o dinheiro que havia "ganho" doou para uma instituição de caridade na Índia. Contou de fato quem era Miguel, as chantagens que ele fez com Karl, a ameaça de contar para Erika seu envolvimento com Alice, seus negócios obscuros, as falsificações de quadros, e soube que a polícia andava perguntando e procurando por ele. Disse ainda que, logo após o retorno de Alice para o Brasil, eles haviam se encontrado casualmente num café e Miguel havia lhe falado com enorme arrogância sobre o "contrato" que Alice havia assinado delegando a ele plenos poderes sobre sua obra. Disse ainda saber que aquelas notícias que ele estava dando não vinham em boa hora devido à saúde precária em que ela se encontrava, mas que se preocupava também muito com Alice e o destino funesto que a esperava caso mantivesse qualquer relação com Miguel.

Estupefata, Elza deixou-se cair no sofá da sala, chorando em desespero. "Ai, que terrível", lamentava-se. "Coitada da minha filha, que destino cruel a aguarda. Vou sofrer mais do que estou sofrendo, tenho certeza de que a farei sofrer mais ainda, mas não deixarei de contar para ela o teor desta carta. Aquele cachorro, aquele monstro cruel, como pôde fazer isso com minha filha? Cretino! Bastardo!".

Quando Alice chegou, sua mãe não precisou lhe contar nada. Fatigada que estava, Elza dormia ainda no sofá. No chão estavam as folhas da carta caídas do outono de sua mão. Quando Elza acordou, Alice ainda estava chorando sentada no chão ao seu lado. As duas se abraçaram e juntas juraram amor eterno mais do que qualquer amante poderia jurar. Ali solidificaram mais uma vez o que sempre foi na verdade um pacto de não-separação entre as duas. À tarde, Alice conseguiu telefonar para Esther, que confirmou toda a história, pois ela também havia sido interrogada pela polícia sobre o paradeiro de Miguel. Disse ainda que podia ficar tranqüila em relação às suas obras, porque a própria polícia estava anulando todos os contratos que ele havia feito. Mais aliviada, Alice contou para sua mãe a conversa que tivera com Esther. "Melhor assim", pensou, "até que minha intuição feminina sobre esse cafajeste não estava tão errada como eu havia suposto".

Ravi ainda enviou outras cartas para Elza. Falava do seu retorno para a Índia e do seu engajamento com o ensino para crianças carentes a respeito de tudo que ele aprendera e ainda de sua devoção cada vez maior pelo budismo. Sabia que jamais retornaria a ver Elza e mesmo a Europa. A cada dia que passava, comprometia-se cada vez mais com os problemas da sua terra e de seu povo, e quanto mais se dedicava mais se afastava da capital e rumava ensinando para o interior da Índia. Por onde passava, aquele homem deixava um rastro de luz que parecia emanar não só da sua delicadeza ao transmitir seus ensinamentos, mas do próprio mistério da alma humana. Agora, uma multidão cada vez maior e não só as crianças paravam para ouvi-lo. Era toda uma postura do seu corpo, de suas mãos que iluminava quem ele tocasse. A energia de luz e vida em pura ascese fez com que ele fosse sendo chamado por onde passava de lótus-peregrino.

É sabido que no momento em que Brahma, o criador, brota do ventre de Vishnu, em que está dormindo no seio das águas originais, as águas tranqüilas do infinito, sobre os anéis enroscados da serpente Ananta, e cria o mundo em um instante – ou o recria –, ele está sobre uma flor de lótus, que é sua matriz ou seu berço. O símbolo precede o acontecimento, a idéia antes da forma. A flor de lótus é a própria imagem da existência, da vida. Ela é o primeiro símbolo. Sem ela, todo discurso seria impossível. É assim que Ravi caminha; através de um discurso que remonta sempre às origens da vida e desta ressurge o próprio caminho a ser percorrido na medida mesma em que ele avança sobre a vida. Quanto mais caminha mais ele se interioriza, geográfica e psiquicamente, em sua própria alma.

As cartas de Ravi para Elza vão ficando cada vez mais belas, pois ele passou a falar do amor como alguém que algum dia o experimentou em sua mais profunda dimensão e agora se dispõe a contar – ou seria revelar? – o impossível de ser revelado. A experiência epifânica do amor havia aberto nele uma outra dimensão de luz, cor, sons e palavras que encantavam quem as escutasse. Porém um profundo mistério começou a surgir em suas cartas: algumas vezes, assim que as palavras eram lidas – como é que elas poderiam saber que estavam sendo lidas? –, elas iam sumindo pouco a pouco das folhas de papel. Em outras ocasiões, e estas foram suas últimas cartas, as palavras simplesmente iam desaparecendo lentamente do fim para o início, tal como os afrescos há muito tempo guardados que vão desaparecendo em contato com a luz e o ar. Talvez ali estivesse o amor em toda sua dimensão: palavras que ficam encantadas ao entrarem em contato com o simples hálito da vida.

Dois meses depois, rodeada de cartas perfumadas com o incenso magicamente erótico das palavras de Ravi, Elza veio a falecer. Um vazio mudo e angustiante se instalou no coração de Alice. A dor percorria seu corpo até o infinito dela mesma.

Foi assim que ela acordou naquela manhã de domingo. Ainda enroscada sob o edredom que o inverno permitia, sentiu-se estranha como jamais havia se sentido em toda a sua vida. Encolheu as pernas em posição fetal. Um arfar pesado, taquicárdico, ressoava descompassado em seu peito. Quis levantar da cama e não encontrou forças. Uma apatia desfalecente parecia consumir suas eternidades mais particulares. A dor estava voltando, com força dilacerante, intensa como havia sido sua vida e súbita como a morte. Sentiu novamente uma protuberância. Uma incômoda e desnecessária protuberância parecia se formar por dentro do seu umbigo.

Alice olhava ao redor como se procurasse suplicante pela sua mãe. A dor aumentava muito, quis falar ao telefone, mas só conseguiu jogá-lo no chão. Quis gritar, mas sua voz não saía. Já não havia mais voz, talvez já não houvesse nem mais Alice, pois tudo que era ela era ao mesmo tempo a sua mãe.

Quando abriram a porta, o médico foi chamado e constatou com assombro o que jamais vira até então. Um vermelhidão corava na altura do umbigo por debaixo da blusa branca de Alice. Cuidadoso, destapou e constatou a cor da vergonha. O que não deveria existir, lá estava. O que deveria ser cortado ao nascer parecia que havia crescido de novo como se quisesse se religar à sua mãe: um pequeno pedaço de carne, um apêndice, uma excrescência, um pedaço de cordão umbilical.

Um suave aroma surgiu por debaixo da blusa. Não era um cheiro ruim tal como se poderia esperar naquelas circunstâncias. Era de flor de jasmim o perfume que exalava daquele local, exatamente o perfume que sua mãe sempre usou. O cheiro da saudade se desaguava no estuário do perfume da memória. Desaguavam o sono e o sonho como coisa una e única, como amor e sentimentalidades infindos, fusionados. O nó górdio, esse nó que só se desfaz cortando, estava finalmente visível em sua inexistência.

Por cima da mesa ao lado da cama, pairava insólito o convite para a Bienal de Veneza do próximo ano.

Capítulo XXXII

O despertar

Alice abriu devagarinho, semicerrando, os olhos. Tudo estava confuso e encoberto por um estranho e familiar aroma violáceo. Jasmim era o nome evanescente que teimava em não se apagar.

Embora ainda enfraquecida pelo seu longo e doloroso desmaio, ela pressentiu que não se reconhecia ali naquele lugar. Como num passe de mágica, ela acordou, quebrando uma espécie de encanto. Tentou balbuciar algumas palavras, mas não conseguiu. Sua cabeça ainda estava zonza e a garganta ressequida. Como um vertiginoso *thriller*, apareciam-lhe todas as imagens ainda muito vívidas em seu coração, a Alemanha, suas relações amorosas, o regresso com sua mãe...

Minha mãe, pensou sorrindo saudosa. Não havia tristeza em sua alma. Reinava uma paz celestial que a fez pensar que, também ela, havia morrido.

Sentiu que uma mão forte a amparava. Defronte aos seus olhos brilhou um par de olhos verdes que lhe respondeu com um sorriso e uma voz aveludada de certezas:

– Alice, eu sou o médico que a socorreu. Você agora está bem. Vai ficar aqui no hospital para mais alguns exames de rotina e depois acho que podemos liberar você. Como é que você está se sentindo?

Aquilo tudo era verdade, ou ela simplesmente reeditava o país das maravilhas? Sim, aquilo era verdade. Há muito tempo que ela não ouvia a pergunta feita pelo médico. Ela estava se sentindo. Se sentindo como ela nunca havia se sentido antes. Estava provando o sentido da vida. Ela existia em seus sentimentos. Não eram ruins, não eram catastróficos nem angustiantes. Eram dela. E havia satisfação nesse sentir. Sentia que se pertencia e havia nisso regozijo e contentamento. Sentia-se segura como quem acaba de atravessar uma enorme turbulência num avião e pousa em terra firme. Pela primeira vez parecia existir por ela mesma. Sentiu uma leve brisa roçar-lhe a face e agradeceu feliz por aquele pequeno gesto generoso da natureza para com ela. A natureza dava-lhe as boas vindas. Era como se ela nascesse de uma só vez com todo o aprendizado do mundo. Ela havia aprendido, como fênix, a nascer. Seus pensamentos sobrevoavam o leito frio e ganhavam amplidão para além da veneziana que deixava vazar um tímido sol entre suas frestas. Alice parecia irradiar luz própria: "Se anoitecer me solto na amplidão do infinito das possibilidades não visíveis e ganho o mundo. Não terei mais medo. Estarei iluminada como um quadro de *Vermeer*". Todo o medo angustiante havia deixado de existir. Um nó insolúvel, que a atrelava à mãe, seu nó górdio, havia sido cortado.

– *Há quanto tempo estou aqui?* Perguntou Alice.

Aqueles olhos verdes de voz aveludada de certezas voltaram a lhe sorrir como se já a estivessem observando há dias e soubessem muito sobre ela. Alice pressentiu que isso fosse possível. Ficou um pouco envergonhada pela sua desvantagem. Não sabia onde estava nem o nome do médico que agora a fitava para além dos olhos. Ajeitou-se melhor, procurando uma nova acomodação sobre o travesseiro. Passou a mão sobre seus olhos, procurando com a outra ajeitar seus longos cabelos.

– *Há duas semanas. Há duas semanas venho aqui todos os dias para saber como você está. Soube um pouco da sua história através da sua vizinha que nos chamou e através de sua amiga Esther Tonembaum.*

– *Esther? Esther Tonembaum? Ela está aqui?* Alice animou-se ao ouvir novamente aquele nome tão querido.

– *Achamos um cartão dela na sua bolsa e ligamos para ela em Israel, mas só conseguimos localizá-la em Nova Iorque. Você nos deu algum trabalho, mocinha.* O médico sorriu em seus olhos verdes que agora pareciam se iluminar ao estabelecer o primeiro contato com Alice Rygue. E completou: *A Esther foi super-simpática e nos enviou um e-mail contando algumas coisas a seu respeito. Fique tranqüila, porque ela não falou nada que pudesse melindrá-la. Ao contrário, ela foi muito discreta e polida ao falar o que sabia para nos ajudar sobre a sua história.*

– *Ah, Esther querida, quanta saudade. Se ao menos ela estivesse aqui agora... Mas, enfim, quanto à discrição dela, eu não esperaria outra coisa. A Esther é uma grande amiga...*

– *... que você conheceu em Kassel, na Alemanha.* Completou o médico, interrompendo Alice.

– *Puxa, você está sabendo muito sobre mim.* Havia tranqüilidade em Alice, embora ela estivesse espantada – mas era um espanto alegre – de ver como aquele homem de olhos verdes sabia coisas sobre ela, enquanto ela não sabia nada a seu respeito. O que mais ele sabia? *O que mais você sabe sobre mim?*

Então ele contou o que sabia sobre ela: sua carreira de artista plástica, sua bolsa de estudos, sua exposição na Documenta de Kassel, sua viagem com sua mãe para a Alemanha, o falecimento desta e o retorno de Alice para o Brasil.

– *Então, doutor, você soube exatamente o que precisava saber.* É claro que Esther havia poupado de entrar em detalhes sobre os relacionamentos conturbados de Alice Rygue com Karl, Miguel e, obviamente, com sua mãe. *Mas você sabe muito sobre mim e eu nem ao menos sei o seu nome.*

– *Carlos.*

– *Carlos?* Os olhos de Alice Rygue encheram-se de lágrimas e alegria. Lembrou-se imediatamente de seu querido Karl. Era coincidência que o médico que havia lhe salvado a vida também se chamasse Carlos?

– *Carlos. Carlos Nardi. Aliás, por que você se espantou quando eu disse meu nome?*

– *Ah, nada. Só me fez lembrar de uma outra pessoa.*

– *Seu namorado?* Perguntou Carlos, tentando mostrar alguma indiferença.

– *Não, não tenho namorado.*

Carlos Nardi havia ficado encantado com Alice desde o primeiro momento em que a vira desacordada em seu quarto. Era como uma nuvem estrangeira recém-pousada de uma terra longínqua que passava a habitar sua vida. Carlos sentia o gosto salgado da vida a escorrer-lhe pelos olhos. Em Alice havia brilho em seus olhos adormecidos, havia luz que emanava de seu hálito. Carlos parecia provar o hálito da vida e se regozijava nisso também. Porém ele havia ficado secretamente apaixonado por ela. Como poderia dizer-lhe isso? Teria tempo antes que ela se fosse? E se ele nunca mais a visse? E se ela retornasse para a Europa? Eram tantas perguntas sem respostas que começaram a assolar seus pensamentos que resolveu se afastar e deixá-la descansar. Amanhã tornaria a vê-la. Até lá era tempo suficiente para pensar em algo que pudesse sugerir um novo encontro.

– *Vou ter que visitar outros pacientes.* Era mentira, pois ele já havia passado todas as suas visitas daquele dia. *Vou deixar a Manoela de sobreaviso. Qualquer coisa que você queira, é só apertar essa campainha que ela virá logo atender você. A Manoela é a melhor enfermeira desse hospital. Ela é uma mãezona para os pacientes. Aliás, ela já a conhece há duas semanas.*

Alice ficou pensando que na verdade todos ali naquele hospital, ao menos no seu andar, já deveriam conhecê-la. Os outros é que eram estranhos para ela. Seu problema realmente sempre foi a estranheza que ela sentiu a vida inteira em relação aos outros.

Assim que Carlos saiu do quarto, entrou uma enfermeira que, pelo sorriso largo, Alice foi logo adivinhando – *Manoela?*

– *Ora pois, se não é a minha menina! Deus e Nossa Senhora de Fátima sejam louvados. Já estava achando que eras muito preguiçosa e que só querias ficar dormindo. Ainda bem que acordaste.*

Manoela era uma portuguesa bonachona, "arredondada nas lateralidades e nas extremidades", como ela mesma sempre rindo dizia, com a face do rosto bem avermelhada, os cabelos ruivos amarrados para trás sob um lenço vermelho e branco. Com os braços fortes acostumados a carregar um belo leitão, foi sem esforço que ela docemente segurou Alice e a levou para tomar um banho.

– *Durante duas semanas te banhei sem notares.* Disse Manoela sorrindo. *Agora vais comigo porque é preciso ficar bem bonita para retomar a vida. Vamos, minha menina. Vamos que a vida te espera bem bonitinha lá fora.*

Alice Rygue sentiu-se aconchegada por aqueles braços fortes e carinhosos. Após duas semanas deitada na cama, suas pernas estavam bambas e seu corpo bastante enfraquecido. Sabia que era hora de convalescer. Dali para frente sua vida deveria estar aprumada sobre seus pés. Enquanto pensava estas coisas, deixava Manoela conduzir a água morna e a espuma do sabonete que deslizavam delicadamente sobre seu corpo. Agora seca, enrolou-se num roupão e deixou aquela delicada e majestosa portuguesa atravessar com ela o improvável caminho que separava o banheiro da cama, distância que deveria ter uns dez longos passos.

Sem o soro da vida que a alimentava, a parca comida trazida fazia parte do cardápio de restrições e dietas para quem havia acabado de se submeter a uma sonoterapia induzida. Essa era a terapia indicada para uma fortíssima crise emocional, resultado de uma cirurgia necessária para retirada de tumoração umbilical. Nada mais grave que justificasse uma longa permanência naquele hospital. Segundo toda junta médica convocada para determinar sobre o caso Alice Rygue, havia unanimidade quanto ao retorno imediato ao trabalho artístico e o que mais a vida pudesse lhe proporcionar. Todos concordavam que o trabalho é, em si mesmo, terapêutico.

Após o jantar, Manoela lhe deu um valium que a faria dormir bem até o dia seguinte. Quando a penumbra adentrou seu quarto, restando apenas a fresta de luz amarelada que timidamente surgia por detrás da porta, Alice pôde pela primeira vez estar consigo mesma. Esse regozijo da penumbra foi suficiente para Alice Rygue sentir a noite pela janela da alma a tempo ainda de olhar para uma estrela e adormecer sorrindo para ela.

Nessa noite sonhou que andava no meio de cordas e barbantes que se emaranhavam sobre seu corpo e a faziam tropeçar continuamente. Depois de um longo esforço para se desvencilhar, ficou só com duas grandes cordas. Agora ela estava num gramado muito verde onde havia uma árvore no meio. Das duas cordas fez um enorme balanço no qual se pôs a balançar até seus pés tocarem nas nuvens. Enquanto balançava, sentia seu corpo todo numa espécie de bem-aventurança no contato com o vento adocicado pelo sol.

Foi acordada por Manoela, que vinha lhe trazer o café da manhã. Uma xícara de café com leite, dois pacotes de cream cracker com quatro biscoitos em cada um, um recipiente com mel, outro com margarina e um pão de sal. Embora tenha lembrado do pão integral com queijo minas e seu suco de laranja, comeu tudo como se fosse o melhor desjejum já provado por ela. Manoela ria a se fartar de "sua menina", como ela a chamava. – *Minha menina está com uma fominha d'quelas. Hoje, irás comer uma refeição caprichada no almoço. Minha mãe, que Deus e Nossa Senhora a tenham, sempre dizia que uma boa alimentação é sinal de saúde. Por isso é que fiquei com saúde demais.* Manoela ria de si mesma e de felicidade por ver a sua menina melhorando rapidamente.

Por volta das dez horas da manhã, a porta se abriu vagarosamente. Eram os olhos verdes que iluminavam o quarto sem se fazer anunciar.

– *Bom dia, Alice. Como você está passando hoje?*

– *Bom dia, Carlos. Parece que acordei de um sonho. Me sinto muito bem. Leve. Como se, se pusesse os pés no chão, eu fosse flutuar.*

– *Ah, então está ótima. Mas cuidado para não voar para muito longe.*

– *E para onde eu iria?*

"Para longe de mim", foi o que Carlos teve vontade de responder, mas limitou-se a dar um sorriso e permanecer em silêncio.

– *Se seus exames estiverem bem, amanhã você terá alta.*

– *Eu acho ótimo. Estou doida para ir para casa e retomar minha vida.*

"Você é a minha vida", engasgou-se novamente em sua tartamudez, o médico. – *A sua cirurgia foi muito tranqüila. Fui eu quem operou você. Sou cirurgião geral. Do ponto de vista cirúrgico, correu tudo muito bem. Retiramos um tumor que abscedou na região do umbigo, na verdade não temos visto caso assim por aqui, mas está tudo bem com você.*

– *Não entendi nada. Como assim, um tumor que abecê o quê?*

– *Abscedou. Um tumor que se tornou um abscesso. Não era maligno, mas devido à inflamação provocou dores fortíssimas em você tal como se fosse uma cólica aguda. Não descobrimos nada além disso; portanto, nada que impeça você de estar em sua casa amanhã. O único contratempo foi a forte crise emocional que você teve quando acordou da cirurgia e que procedemos com uma pequena sonoterapia. Acho que produziu o efeito esperado.*

– *Realmente estou me sentindo ótima como uma bela pincelada de cores.*

Após essa rápida visita, o dia transcorreu morno para Alice. Como ela nunca gostou muito de televisão e música não tinha, ficou cantarolando músicas conhecidas e fez uma brincadeira consigo mesma para passar o tempo: lembrar da música mais antiga da qual tivesse recordação. Acabou nas cantigas de roda e nas canções para dormir.

No dia seguinte, às dez horas, Carlos entrou no quarto de Alice com os resultados dos exames. – *Você está de alta, mocinha.* Seu sorriso era largo, mas seus olhos verdes estampavam um brilho de preocupação. "Vou perdê-la de vista. Nunca mais terei a chance de reencontrá-la". Enquanto pensava nisso, automaticamente retirou um cartão do bolso do seu jaleco. – *Alice, aqui está o número do meu telefone. Se você precisar de alguma coisa, é só me ligar. Pode me ligar a qualquer hora. Se você quiser tomar um café...*

– *Isso é um convite?* O semblante de Alice Rygue parecia ter uma luz que irradiava azuis.

– *Claro que é.*

– *E você não tem uma namorada?*

– *Não. Terminei um noivado de seis anos com uma mulher que só me trazia problemas e chateações. Ela não era uma pessoa alegre, como você me parece ser.*

E sorrindo Alice disse: – *Ih, porque você ainda não viu meus momentos desbotados de mau humor.*

– *Não se preocupe, Alice, todos nós temos nossos dias de azedume.*

– *Não sei por que, mas pressinto que a minha vida agora vai ganhar novos ares mais fecundos e sem tanto peso...*

– *Será que sua vida já não decolou, pelo sucesso que você fez na Alemanha?*

– *O sucesso profissional é muito bom, mas se a gente não estiver bem pode-se fazer o sucesso que for que a vida continua cinza.*

– *Acho lindo o seu jeito de falar sempre fazendo metáforas com as cores.*

– *Isso tá no meu sangue, ou na minha palheta, ou são minhas veias que são multicoloridas mesmo.*

– *Acho que do mesmo modo que nas minhas veias corre a medicina a pintura salta em seu mundo através do corpo das suas palavras.*

– *Mas minhas palavras também são meu corpo, ou melhor, dão corpo ao corpo.*

– *Acho que precisamos mesmo sair daqui e irmos conversar em outro lugar. Amanhã é sexta e não estarei de plantão. O que você acha?*

– *Pra mim está ótimo. Vamos sair para comer alguma coisa?*

– *Claro, você deve estar com muita vontade de comer alguma coisa realmente saborosa. Conheço um restaurante que você vai adorar. De que tipo de comida você gosta?*

– *Eu como de tudo. Minha mãe sempre me ensinou a comer qualquer coisa, desde que "o tempero fosse honesto com o paladar", como ela dizia.* Alice nem parecia notar, mas falava sobre sua mãe com tal leveza e de um jeito que jamais havia falado anteriormente, isto é, sem o peso da culpa de existir sem ser através dela. *Nem precisa ser uma cozinha refinada, mas tem que ter sabor. Isso para mim é fundamental. Se o ambiente for aconchegante, melhor ainda.*

No dia seguinte, quando as cores do entardecer já desfaziam sua intensidade sem a menor cerimônia pela noite que se avizinhava, Carlos chegou à casa de Alice para buscá-la para jantar. Alice havia pedido que ele passasse um pouco antes porque queria mostrar seu ateliê. Não entendia muito de arte, mas o que viu o deixou com uma certeza:

– *Com esse seu talento acho que você faria um enorme sucesso na Europa. Por que você não volta para lá?*

Alice ficou meio chocada com aquela afirmação de Carlos. "Mas como assim voltar?". Pensou ela. "Como é que esse sujeito me manda voltar, quer dizer, ir para a Europa, se eu o acabo de conhecer? Que cara estranho. O que que ele quer comigo?". Antes que ela dissesse alguma coisa, ele se apressou em esclarecer o que havia dito.

– *Alice, sei o que você deve estar pensando. Você deve estar pensando que eu, mal a conheci, a convidei para jantar e a estou mandando de volta para a Europa. Não é isso?*

– *Pensei que eu havia me enganado de endereço e que você não tinha a menor sensibilidade. Ainda bem que você reconheceu, porque eu estava pensando exatamente nisso.*

Carlos deu um sorriso e continuou. – *Posso não entender muito de arte, mas acho que tenho um pouco de sensibilidade e cuidado com o que eu digo para uma mulher. Principalmente para alguém como você. Mas eu vou lhe contar tudo no jantar e esclarecer para você por que eu disse para você voltar para a Europa.*

Até chegarem ao restaurante, Alice ficou extremamente curiosa, porém ficou calada, pensando sobre esse encontro com o seu médico.

O restaurante era uma casa muito aconchegante ao final de um belo jardim com plantas exóticas e outras bem brasileiras. Havia um pouco de tudo, embora em extrema harmonia. Ciprestes enredados por pequenas alamedas de marias-sem-vergonhas, samambaias com avencas saindo do xaxim, bromélias de várias cores, tufas de bambu japonês com lago em volta, delicadas orquídeas que pareciam se desmanchar dos caules das árvores, *dracenas marginatas*, duas enormes figueiras que em dia de sol deveriam produzir uma bela sombra e ao lado direito, já próximo a casa, um pequeno quiosque com quatro cadeiras e uma mesa redonda rodeado por onze-horas. Embora morasse na mesma cidade, Alice nunca havia estado ali antes.

– *Acho que você deveria estar na Alemanha quando inauguraram esse restaurante.* Falou Carlos, adivinhando o pensamento dela.

O dono era Janos, um holandês de bochechas fartamente redondas e avermelhadas que havia morado alguns anos no Brasil quando criança. Na adolescência, retornou para a Holanda, estudou culinária, conheceu uma brasileira em Delft, sua cidade natal, e decidiram retornar ao Brasil quando inauguraram o *Delft Menu,* ao sopé de uma colina em Itaipu, Niterói.

O cardápio era composto por uma ave (do singelo frango à portentosa perdiz, da humilde codorna ao orgulhoso faisão), uma carne vermelha não menos exótica (canguru, capivara, avestruz, etc) e um peixe de água doce (pirarucu, pacu, tucunaré ou cascudo). O cliente escolhia um dos três tipos de carne, as variações de acompanhamentos, que, só para citar alguns, iam do repolho roxo com picles, passando pelo purê de maçã com nozes e chegando até um creme de espinafre com lascas finas de aipo e mangochutney com manjericão. Além disso, havia uma variedade enorme de molhos e especiarias que parecia a própria Companhia das Índias, e ainda algumas saladas da época. O cliente deveria escolher as opções desejadas e o prato era feito na hora de acordo com cada cliente, o que fazia do restaurante um lugar único em sua excentricidade, sem perder o aroma e o sabor da cozinha de Janos. Outro destaque do *Delft Menu* era a carta de vinhos. Janos, num lance de sorte, conseguiu comprar de outro holandês, um velhinho à beira da morte e sem herdeiros, que na verdade era um grande colecionador de vinhos, toda sua adega. Essa dica quem lhe passou foi seu avô, que havia convivido com *Van Billden* na época da Segunda Guerra Mundial e que por algumas vezes esteve em sua mansão tomando um excelente *cabernet sauvignon* lá pelos idos dos anos sessenta, no Brasil. A cozinha "experrimental" de Janos, como ele mesmo a chamava, era temperada pela música popular brasileira, sua grande paixão. Das caixas de som escondidas estrategicamente pelo jardim emanava sempre um Tom Jobim ao molho de Vinícius, ou um suculento Chico com Cartola, seu Cd *made at home* preferido.

Alice Rygue estava saborosamente encantada com aquele lugar mágico e deliciosamente enamorada da sensibilidade de Carlos Nardi.

– *Agora posso lhe revelar*, falou ele em meio ao jantar, *o meu desejo de que você volte para a Europa.*

– Mal posso esperar para saber.

– É que daqui a seis meses estarei indo para a Itália fazer um doutorado e pensei se você não gostaria de ir comigo. Desculpe a minha franqueza, pois a gente se conhece há tão pouco tempo, mas as coisas comigo são assim mesmo, repentinas. Assim que vi você, e com o passar dos dias ali no hospital cuidando de você, fui descobrindo em mim algo que eu pensei que não sentiria nunca mais. Alice sorria com os olhos e sua alma resfolegava enquanto Carlos falava. *E o que eu pensei é que o amor não pudesse mais brotar em mim. Amor, Alice, ambos iniciam com a mesma letra. A primeira de um alfabeto para se conjugar todas as outras. E eu quero conjugá-las com você. Quero que nossas letras, nossas cartas, nossas conversas se misturem entre coisas simples como um café da manhã a dois, ou entre as nuances das cores da vida. Um amor apaixonado. Quero que você seja a mulher da minha vida, porque eu farei tudo para ser o homem da sua vida também. Quero...*

Alice o silenciou com um longo beijo. Naquele momento, naquele lugar mágico, ela descobria a vida da qual estivera desabrigada. Beijaram-se como se o mundo ao redor não existisse. Beijaram-se como se o universo todo fosse apenas duas bocas e uma só alma, um só coração. Beijaram-se tanto e tão ardorosamente que até a noite se calou para que eles pudessem se iluminar.

Capítulo XXXIII

Uma gôndola para dois

Seis meses se passaram num segundo. Alice Rygue invocou o deus Apolo, o deus da luz e das artes, para acompanhá-la nesse novo trajeto da sua vida. Mas ela se sentia uma outra mulher. Radiante como uma adolescente intrépida e confiante como uma mulher madura, feminina como nunca se sentira antes. Seus quadros ganhavam novas cores, novas nuances, mais suavidades, cores alegres, vivas e menos sombrias. Durante esses seis meses, ela e Carlos viam-se sempre que podiam. Aos poucos descobriu que a família dele era toda de Milão na Itália. Vinha de lá o sobrenome Nardi. E era também em Milão que Carlos iria fazer seu doutorado. Mas escolheriam uma cidadezinha próxima a Milão para morarem. Algum lugar entre Milão e Veneza, mas que de trem fosse viável ir e voltar no mesmo dia. Alice sempre gostou da idéia de ter um ateliê junto de sua casa. Numa cidade ao redor de Milão, seria economicamente mais viável e eles já haviam decidido por um lugar menos cosmopolita para viver.

Assim que decidiu sobre sua ida para a Itália, ou seja, naquela mesma noite no restaurante, quando chegou em casa, Alice enviou um e-mail para a curadoria da Bienal de Veneza, confirmando e aceitando o convite para expor lá três quadros. Ela precisou viajar para Milão vinte dias antes de Carlos para alugar provisoriamente um ateliê onde pudesse desenvolver seus projetos visando a Bienal. Giuseppe, ou simplesmente Gigio, como gostava de ser chamado, um tio de Carlos Nardi, havia feito contato para ela com dois artistas locais, mas ela precisava resolver isso pessoalmente por conta do translado das telas já esboçadas. Todo artista, e Alice não fugia à regra, acaba tendo ciúme da sua obra e quer acompanhá-la de perto. Antes da partida, acompanhados de certificações de lugar, horário e ponto de encontro, eles ainda tiveram a oportunidade de retornar ao *Delft Menu* para um último jantar.

Embora houvesse uma insistência do Gigio e de toda a "família milanesa" para que ela ficasse na casa dele, Alice preferiu se hospedar no Bernina Hotel na *Via Napo Torriani* em frente à estação de trem. Teria maior liberdade para se locomover e, além do mais, não tinha nenhuma intimidade com a família dele. Quando Carlos chegasse, aí sim, veriam como fazer até se instalarem definitivamente.

Marcaram de se encontrar na praça de São Marcos em Veneza. Foi um pedido de Alice. Ela sonhava com aquela cena romântica. Ele chegaria numa manhã de sábado em Milão e faria uma conexão para Veneza. Haviam marcado de se encontrar às quatro horas da tarde no meio da praça. Alice estava em Veneza desde o dia anterior para ver o local de sua exposição.

A ansiedade pelo reencontro fez tremer a xícara de café nas mãos de Alice e abriu-lhe um sorriso no rosto. Eram três e meia, pagou a conta do seu almoço e foi vagarosamente se encaminhando para a praça de São Marcos. Enquanto caminhava, reparava a cor ferrugem das tintas das paredes e as persianas largas; a luz e o ar passavam através das janelas daquelas casas antigas como o vento que soprava.

Chegou dez minutos antes do horário marcado. Ficou andando a esmo, em semicírculos, entre os pombos que revoavam sem nenhuma razão específica de um lado para outro. Talvez fizessem isso só pela força do hábito de exercitarem suas asas. Olhou o relógio. Já eram quatro e meia e Carlos não chegava. Sentiu suas mãos gelarem e procurou em vão um lugar para sentar. Andou até em frente da imponente igreja. Olhou suplicante para o alto como que pedindo uma resposta. Os sinos da catedral badalaram cinco horas. E se ele não viesse? E se sua vida ficasse novamente sem rumo? Enquanto parecia aturdida nesses pensamentos, sentiu duas mãos que, vindas de trás subitamente, lhe tampavam os olhos.

– *Pensei que você não viesse mais.* Respondeu aliviada Alice, adivinhando a pele das mãos de Carlos sobre seu rosto. Virou-se e sentiu sua alegria voltar sob a luz intensa daqueles olhos verdes que a encantavam.

– *Houve um pequeno atraso no vôo e fiquei também preocupado de não encontrar você aqui. Quero você para sempre, Alice. Eu amo você.*

– *Eu também amo você e o quero por toda a minha vida.*

– *Vem*, disse Carlos. *Antes de chegar aqui preparei uma surpresa para você. Aluguei uma gôndola para passarmos o fim de tarde pelos canais de Veneza.*

Embarcaram juntos na mesma gôndola para nunca mais se separarem. Carlos, após a conclusão do seu doutorado, conseguiu ser contratado pelo Hospital Geral de Milão. Alice montou um ateliê num terreno ao lado da sua casa num bairro campestre um pouco afastado do centro de Milão.

Ainda hoje, quando se passa pela pequena estrada em frente da sua casa, pode-se observá-la, refazendo de uma outra maneira o seu nó górdio. A vida flui e retorna a partir de uma outra história que se inicia. Enquanto pinta, suas cores vão tecendo um espaço de possibilidades. Ainda hoje, Alice sente saudades da sua mãe, mas imediatamente olha para si mesma e se reconhece grávida de vida, feminina, artisticamente feminina para o mundo e para Carlos, que é uma parte generosa dele.

Companhia de Freud editora

OBRAS PUBLICADAS

- Psicanálise e Tempo
  Erik Porge
- Psicanálise e Análise do Discurso
  Nina Leite
- A Clínica do Escrito
  Jean Allouch
- Mal-Estar na Procriação
  Marie-Magdeleine Chatel
- Marguerite ou "A Aimée" de Lacan
  Jean Allouch
- Revista Internacional nº 1
  A Clínica Lacaniana
- A Criança na Clínica Psicanalítica
  Angela Vorcaro
- A Feminilidade Velada
  Philippe Julien
- O Discurso Melancólico
  Marie-Claude Lambotte
- A Etificação da Psicanálise
  Jean Allouch
- Roubo de Idéias?
  Erik Porge
- Os Nomes do Pai em Jacques Lacan
  Erik Porge
- Revista Internacional nº 2
  A Histeria
- Anorexia Mental, Ascese, Mística
  Éric Bidaud
- Hitler – A Tirania e a Psicanálise
  Jean-Gérard Bursztein
- Littoral
  A Criança e o Psicanalista
- O Amor ao Avesso
  Gérard Pommier
- Paixões do Ser
  Sandra Dias
- A Ficção do Si Mesmo
  Ana Maria Medeiros da Costa
- As Construções do Universal
  Monique David-Ménard
- Littoral
  Luto de Criança
- Trata-se uma Criança – Tomos I e II
  Congresso Internacional de Psicanálise e suas Conexões – Vários
- O Adolescente e o Psicanalista
  Jean-Jacques Rassial
- — Alô, Lacan?
  — É claro que não.
  Jean Allouch
- A Crise de Adolescência
  Octave Mannoni e outros
- O Adolescente na Psicanálise
  Raymond Cahn
- A Morte e o Imaginário na Adolescência
  Silvia Tubert
- Invocações
  Alain Didier-Weill
- Um Percurso em Psicanálise com Lacan
  Taciana de Melo Mafra
- A Fantasia da Eleição Divina
  Sergio Becker
- Lacan e o Espelho Sofiânico de Boehme
  Dany-Robert Dufour
- O Adolescente e a Modernidade Tomos I, II e III
  Congresso Internacional de Psicanálise e suas Conexões – Vários
- A Hora do Chá na Casa dos Pendlebury
  Alain Didier-Weill
- W. R. Bion – Novas Leituras
  Arnaldo Chuster
- Crianças na Psicanálise
  Angela Vorcaro
- O Sorriso da Gioconda
  Catherine Mathelin
- As Psicoses
  Philippe Julien
- O Olhar e a Voz
  Paul-Laurent Assoun
- Um Jeito de Poeta
  Luís Mauro Caetano da Rosa
- Estética da Melancolia
  Marie-Claude Lambotte
- O Desejo do Psicanalista
  Diana S. Rabinovich
- Os Mistérios da Trindade
  Dany-Robert Dufour
- A Equação do Sonhos
  Gisèle Chaboudez
- Abandonarás teu Pai e tua Mãe
  Philippe Julien
- A Estrutura na Obra Lacaniana
  Taciana de Melo Mafra
- Elissa Rhaís
  Paul Tabet
- Ciúmes
  Denise Lachaud
- Trilhamentos do Feminino
  Jerzuí Tomaz
- Gostar de Mulheres
  Autores diversos
- Os Errantes da Carne
  Jean-Pierre Winter
- As Intervenções do Analista
  Isidoro Vegh
- Adolescência e Psicose
  Edson Saggese
- O Sujeito em Estado Limite
  Jean-Jacques Rassial
- O que Acontece no Ato Analítico?
  Roberto Harari
- A Clínica da Identificação
  Clara Cruglak
- A Escritura Psicótica
  Marcelo Muniz Freire
- Os Discursos e a Cura
  Isidoro Vegh
- Procuro o Homem da Minha Vida
  Daniela Di Segni
- A Criança Adotiva
  Nazir Hamad
- Littoral
  O Pai
- O Transexualismo
  Henry Frignet
- Psicose, Perversão, Neurose
  Philippe Julien
- Como se Chama James Joyce?
  Roberto Harari
- A Psicanálise: dos Princípios Ético-estéticos à Clinica
  W.R. Bion – Novas Leituras
- O Significante, a Letra e o Objeto
  Charles Melman
- O Complexo de Jocasta
  Marie-Christine Laznik
- O Homem sem Gravidade
  Charles Melman
- O Desejo da Escrita em Ítalo Calvino
  Rita de Cássia Maia e Silva Costa
- O Dia em que Lacan me Adotou
  Gérard Haddad
- Mulheres de 50
  Daniela Di Segni e Hilda V. Levy
- A Transferência
  Taciana de Melo Mafra
- Clínica da Pulsão
  Diana S. Rabinovich
- Os Discursos na Psicanálise
  Aurélio Souza

- Littoral
  O Conhecimento Paranóico
- Revista Dizer - 14
  A medicalização da dor
- Neurose Obsessiva
  Charles Melman
- A Erótica do Luto
  Jean Allouch
- Um Mundo sem Limite
  Jean-Pierre Lebrun
- Comer o Livro
  Gérard Haddad
- Do Pai à Letra
  Hector Yankelevich
- A Experiência da Análise
  Norberto Ferreyra
- A Fadiga Crônica
  Pura H. Cancina
- O Desejo Contrariado
  Robert Lévy
- Psicanálise de Crianças Separadas
  Jenny Aubry
- Lógica das Paixões
  Roland Gori
- Um Narrador Incerto, entre o Estranho e o Familiar
  Lucia Serrano Pereira
- Gide-Genet-Mishima
  Catherine Millor
- Dependência Química na Adolescência
  Hélio Fernandes Mattos
- O Sexo Conduz o Mundo
  Colette Chiland
- Um Homem de Palavra
  Nazir Hamad
- A Arte de Reduzir as Cabeças
  Dany-Robert Dufour
- Poetas, Crianças e Criminalidade... Sobre Jean Genet
  Alba Flesler / Claudio Martyniuk / Fernando Sabsay / Isidoro Vegh
- A Paixão do Sujeito Freudiano
  Bernard Penot
- Clínica Lacaniana: As Homossexualidades, Revista Internacional n. 2
- A Escola do Sujeito
  Claude Dumézil
- A Significação do Falo
  Diana Rabinovich
- A Angústia e o Desejo do Ouro
  Diana Rabinovich
- O Próximo
  Isidoro Vegh
- Sombra do Teu Cão
  Jean Allouch
- Crueldade no Feminino
  Sophie de Mijolla-Mellor e Julia Kristeva
- A Descoberta de João
  Marcelo Pio da Costa
- Separações Necessárias
  Emilio Rodrigué
- Os Nomes Indistintos
  Jean-Claude Milner
- Lacaniana I
  Moustapha Safouan
- Psicanálise e Saúde Mental
  Sonia alberti e Ana Cristina Figueiredo (org.)
- O Caminhante Analítico
  Victor Smirnof
- Figuras do Real
  Ginette Michaud
- Do Amor do Outro ao Amor de Si
  Patrick Delaroche
- A Topografia de Lacan
  Jean-Paul Gilson
- O Conhecimento Paranóico
  Revista Litoral
- Letra e Pulsão de Morte
  André Green
- Enigma do Incesto
  Laure Rozen
- O Inferno do Dever
  Denise Lachaud
- A Quarta Mulher
  Paul Tabet
- Lacaniana II
  Moustapha Safouan
- Dez Conferências de Psicanálise
  Moustapha Safouan
- Estados de Abandono
  Jacques André
- Transferência e Estados Limites
  Jacques André
- Da Paixão
  Jacques André
- A Anatomia da Terceira Pessoa
  Guy Le Gaufey
- A Criança no Espelho (Freud Wallon Lacan)
  Émile Jalley
- A Violência na Adolescência
  Pierre Kamerer
- Para uma Clínica do Real
  Isidoro Vegh
- Clínica dos Fracassos da Fantasia
  Silvia Amigo
- As Figuras do Real
  Patrick Delaroche
- O Nó Górdio
  Carlos Eduardo Leal
- Amor e Ódio
  Michele Benhaim
- Oriente Médio: Povos Autoritários Sociedades Bloqueadas
  Philippe Draz Vincent
- Dicionário da Sexualidade Humana
  Philippe Brenot
- Dicionário da Justiça
  Löic Cadiet
- O Jornalista e seu Poder
  Gerard Spitéri
- Michel Foucault: a Inquietude da História
  Mathieu Potte-Bonneville
- O Sexo do Mestre
  Jean Allouch
- Psicoterapia-Psicanálise-Didática 1 – debates
  Analyse Freudienne Presse
- Psicoterapia-Psicanálise-Didática 2 – debates
  Analyse Freudienne Presse
- A Pulsão de Morte
  Michel Plon (org.)
- A Crueldade no Feminino
  Sophie de Mijolla-Mellor
- Por Que Não Há Relação Sexual?
  Roberto Harari
- A Saúde Totalitária
  Roland Gori
- A Morte de Deus
  Dany-Robert Dufour
- O Espelho do Artista
  Yolanda Freyre
- Nietzsche e o Demônio do Meio-dia
  Jean-Baptiste Botul
- Fim da Picada
  Guilherme Knabb
  Mariana Friedheim
- Psicanálise de Pais
  Durval Checchinato
- Separações Necessárias
  Emilio Rodrigué
- Reflexões Sobre a Questão Gay
  Didier Eribon
- "Inseto"
  Claire Castillon
- A Lógica do Gênero
  Laure Murat
- No Reino das Mulheres
  Irène Frain
- O Inestimável Objeto da Transmissão
  Pierre Legendre
- Enigma do Incesto
  Da fantasia à realidade
  Laure Razon

Impresso por:

Edil
Artes Gráficas

Tel/Fax: (21) 2159 7979
E-mail: edil@edil.com.br